我们一起解决问题

弗布克流程设计与工作标准丛书

企业运营管理
流程设计与工作标准

流程设计·执行程序·工作标准·考核指标·执行规范

王永东　孙宗虎　编著

人民邮电出版社

北　京

图书在版编目（ＣＩＰ）数据

企业运营管理流程设计与工作标准 ： 流程设计·执行程序·工作标准·考核指标·执行规范 / 王永东, 孙宗虎编著. -- 北京 ： 人民邮电出版社, 2021.4
（弗布克流程设计与工作标准丛书）
ISBN 978-7-115-56233-3

Ⅰ. ①企… Ⅱ. ①王… ②孙… Ⅲ. ①企业管理
Ⅳ. ①F270

中国版本图书馆CIP数据核字(2021)第052181号

内容提要

这是一本帮助企业运营管理人员干好工作的图书。本书始于流程，细说过程，关注全程，附带规程，成于章程，体现了很强的操作性和实务性。

本书在介绍流程与流程管理的基础上，详细介绍了产品运营管理、供应链运营管理、生产运营管理、质量运营管理、营销与销售运营管理、风险与内控运营管理、法务与合规运营管理、财务运营管理、人力资源运营管理、项目运营管理、资本运营管理等14大工作事项。

本书适合企业中高层运营管理人员，尤其是企业运营管理流程设计者阅读，也适合高等院校企业运营管理专业师生、培训和管理咨询人员阅读。

◆编　　著　王永东　孙宗虎
　　责任编辑　程珍珍
　　责任印制　胡　南

◆人民邮电出版社出版发行　　北京市丰台区成寿寺路11号
　邮编 100164　　电子邮件 315@ptpress.com.cn
　网址 https://www.ptpress.com.cn
　廊坊市印艺阁数字科技有限公司印刷

◆开本：787×1092　1/16
　印张：16.75　　　　　　　　　　2021年4月第1版
　字数：450千字　　　　　　　　　2025年4月河北第20次印刷

定　价：79.80元

读者服务热线：（010）81055656　印装质量热线：（010）81055316
反盗版热线：（010）81055315

"弗布克流程设计与工作标准丛书"序

"弗布克流程设计与工作标准丛书"自 2007 年上市以来得到了广大读者的认可，其间，结合广大读者提出的许多宝贵意见和管理发展现状，我们对这套丛书进行了改版。在此我们向通过邮件、电话给我们提出意见、指出错误的热心读者深表谢意！

为了满足广大读者细化内容、增强标准的实用性、添加考核指标、提供执行规范、更新业务流程的诉求，我们对本丛书中的 15 本图书再次进行了修订。

在借鉴前两版的基础上，我们对本丛书进行了全新的设计，务求根据读者的新诉求、管理的新变化、业务的新形态、技术的新发展，以流程化、标准化、绩效化和规范化为中心，直面企业的管理和业务两大类工作，提供工作流程，设计范本，细化包括执行程序、工作标准、考核指标、执行规范在内的整体工作解决方案，以实现向工作要效率、向管理要效能、向结果要价值的目标。

本丛书通过流程、程序、标准、指标和规范，把完成一项工作的所有过程要素"逐一细化，一网打尽"，从而让管理者、业务执行者能够更系统、更规范、更有效地完成工作任务，实现工作目标，倍增工作价值。

工作流程：让执行有导图可看，有路径可鉴。

工作程序：让执行有步骤可依，有重点可抓。

工作标准：让执行有依据可参，有尺度可量。

工作指标：让执行有结果可考，有效益可算。

工作规范：让执行有制度可循，有方案可用。

本丛书的写作始于流程，细说过程，关注全程，附带规程，成于章程。通过流程、过程、全程、规程，最终形成关于各项工作的章程。

始于流程：对每一项工作都绘制了工作流程图，将工作显性化、程序化、阶段化。

细说过程：对每个程序步骤都给出了重点提示，将工作关键化、细节化、重点化。

关注全程：对工作的进展和目标达成全程关注，将工作阶段化、进程化、成果化。

附带规程：对每项工作都附带了相关制度规范，将工作制度化、规范化、方案化。

成于章程：通过对工作的 360 度解析，最终形成一系列关于工作规则的规范性文书。

在修订图书的过程中，我们也考虑了技术变化对工作的影响，并将新技术对工作方式、工作方法、工作流程的改变，尽力体现在相关的流程、程序、标准、指标和规范的设计中。

本丛书试图通过完美的设计，并兼顾技术发展对工作的影响，为读者提供贴合工作实际的管理内容，以达到"人与事的完美结合"，实现从"如何做"向"如何有效地做"的转变，最终为读者提供一套关于"干工作、干好工作、追求卓越工作"的有效解决方案。

我们希望本丛书能够为您的管理工作减少一些流程设计方面的麻烦，为您提供流程设计方面的帮助，并为您和您的企业在工作规范化方面提供完备的章程。

您的意见对我们下次改版非常重要！再次期待您的宝贵建议！

2020 年 6 月

企业运营管理 流程设计与工作标准

《企业运营管理流程设计与工作标准：流程设计·执行程序·工作标准·考核指标·执行规范》一书围绕企业运营管理工作的流程设计，并辅以相应的工作标准，将企业运营管理14大事项的执行工作落实到具体的流程上，既解决了"由谁做""做什么"的问题，也解决了"如何有效地做、按照什么标准做"的问题。本书提供了一整套关于企业运营管理人员如何干工作、干好工作、追求卓越工作的有效解决方案。

本书系在之前版本基础上修订而成，旨在更加符合当前企业发展大趋势和精细化管理需求，具体修订内容如下。

一、重构了流程体系，使逻辑关系更清晰

首先，从整体内容结构上，本书重新梳理了流程的顺序，从"服务"与"管理"两大维度将企业运营管理工作划分为产品运营管理、供应链运营管理、生产运营管理、质量运营管理、营销与销售运营管理、风险与内控运营管理、法务与合规运营管理、财务运营管理、人力资源运营管理、项目运营管理、资本运营管理等14大工作事项，梳理了企业运营管理的工作内容，使企业运营管理流程更加符合当今企业的实际情况。

其次，根据梳理后的企业运营管理流程体系，结合企业切实推动流程管理的需要，本书增补了一些新的流程和工作标准，进一步细化了企业运营管理的具体工作事项，使企业运营管理流程更加全面、详细，便于企业将流程管理应用到运营管理的每一个具体事项上。

最后，为方便企业推动流程管理或应用本书推动流程再造，本书的每一章都新设了一节内容，即在介绍流程设计之前，先对流程设计的目的或流程在企业中发挥的作用进行了说明，并给出了本章流程之间的内在逻辑关系，为企业选用本书介绍的相关流程提供了决策依据。

二、细化了管理过程，使内容更翔实

（1）对于某一个具体的流程，本书按企业运行实际情况重新梳理或更新了流程步骤，进一步细化、补充了流程中节点事项的工作标准，使企业运营管理流程、工作标准更加符合运营管理实际工作的需要，以方便企业相应部门的员工"拿来即用"。

（2）本书还针对企业运营管理流程中关键事项的落实与执行设计了相应的考核指标与操作说明，为流程中关键事项的执行效果提供考核依据，从而确保流程与工作标准能够得到高效执行，最终为企业推动流程管理提供有力的保障。

三、根据管理现状编写，使企业能据实而作

本书提供的是"参照式"流程设计范本。随着企业管理水平的不断提高，企业的流程与工作标准也在不断地发生变化，因此，读者在应用本书时可参考以下建议。

（1）读者可根据所在企业的实际情况，适当修改或重新设计书中提供的企业运营管理流程与工作标准，使之更加适合本企业的情况。

（2）读者可参照本书中的流程，将所在企业每个部门内每个岗位的工作流程适当压缩，力求达到流程再造的目的，以提高企业的运营效率。

（3）读者要在实践中不断改进已经形成的工作流程，真正做到因需而变、高效管理、高效工作，最终达到"赢在执行"的目标。

我们衷心希望本书能为企业在运营管理方面推动流程管理提供业务运用层面的指导和实务性的解决方案。

再次感谢数以万计的读者对本书的支持与厚爱，没有你们这些实践专家提供的建议，就不会有本书的这些改进和补充。

目录 Contents

第2章　运营管理

第 3 章　产品运营管理

企业运营管理
流程设计与工作标准

第 6 章　质量运营管理

目
录

第7章　营销与销售运营管理

第 8 章　风险与内控运营管理

第 9 章　法务与合规运营管理

目录

第 10 章　财务运营管理

第 11 章　人力资源运营管理

目
录

第 14 章　新媒体运营管理

　　管理的核心目标是用制度管人，按流程做事。不论是制度设计，还是流程设计，都是每一个企业要开展的工作，而且是每年都要循环开展的工作。

　　企业在进行流程设计之前，应先对流程的概念有一个清晰的认识，并在此基础上掌握流程图绘制的方法，选好绘制工具，然后着手设计。同时，企业要根据自身的运营情况，及时对流程进行修改、调整和再造。

1.1　流程

1.1.1　流程的定义

　　关于流程，不同的人有不同的看法。有人认为，流程就是程序，其实，"流程"和"程序"是两个互相关联但绝不等同的概念。"程序"体现出一件工作中若干作业项目哪个在前、哪个在后，即先做什么、后做什么。而在"流程"中，除了体现出先做什么、后做什么之外，还体现出每一项具体任务是由谁来做，即甲项工作由谁负责、乙项工作由谁负责等，从而反映出他们之间的工作关系。

　　只有通过流程，才能把一件工作的若干作业项目或工作环节，以及责任人之间的相互工作关系清晰地表示出来。

　　一般情况下，企业流程有以下五大特征：

　　（1）流程是为达成某一结果所必需的一系列活动；

　　（2）流程活动是可以被准确重复的过程；

　　（3）流程活动集合了所需的人员、设备、物料等；

　　（4）流程活动的投入、产出、品质和成本可以被衡量；

　　（5）流程活动的目标是为服务对象创造更多的价值。

　　我们不妨给流程下一个定义："流程是为特定的服务对象或特定的市场提供特定的产品或服务所精心设计的一系列活动。"

　　流程包括六大要素，即输入的资源、活动、活动的相互作用（结构）、输出的结果、服务对象和价值。流程的基本模式如图 1-1 所示。

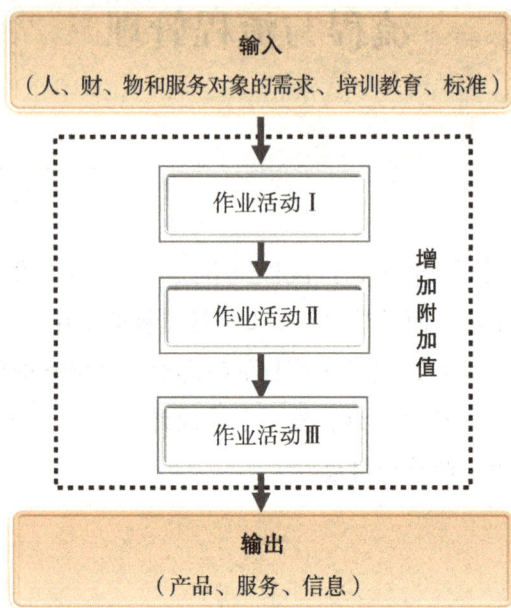

图 1-1　流程的基本模式

1.1.2　流程的分类

企业流程可分为决策流程、管理流程和业务流程三大类，具体内容如表 1-1 所示。

表 1-1　企业流程的分类

序号	类别	定义	特点 / 构成
1	决策流程	◎能确保企业达到战略目标的流程 ◎确定企业的发展方向和战略目标，整合、发展和分配企业资源的过程	◎股东、董事、监事会等组建流程 ◎战略、重大问题及投资流程 ◎企业决策流程的构成如图 1-2 所示
2	管理流程	◎企业开展各种管理活动的相关流程 ◎通过管理活动对企业业务的开展进行监督、控制、协调、服务，间接为企业创造价值	◎上级组织对下级组织的管控流程 ◎资源配置流程（人、财、物以及信息） ◎企业管理流程的构成如图 1-3 所示
3	业务流程	◎直接参与企业经营运作的相关流程 ◎安排完成某项工作的先后顺序，对每一步工作的标准、作业方式等内容做出明确规定，主要解决"如何完成工作"这一问题	◎涉及企业"产、供、销"环节 ◎包括核心流程和支持流程 ◎企业业务流程的构成如图 1-4 所示
备注	从企业经营活动角度来说，企业流程又可分为战略流程、经营流程和支持流程		

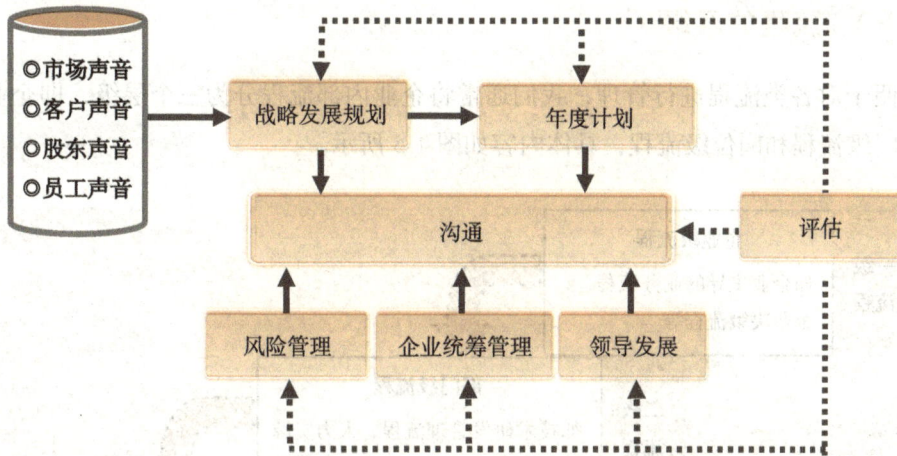

图 1-2　企业决策流程的构成

市场声音
客户声音
股东声音
员工声音

战略发展规划　→　年度计划

沟通　评估

风险管理　企业统筹管理　领导发展

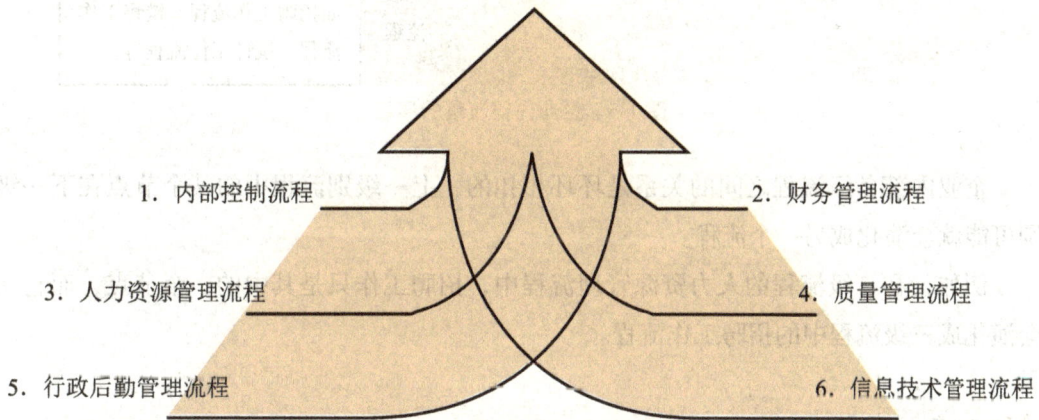

1. 内部控制流程　　2. 财务管理流程

3. 人力资源管理流程　　4. 质量管理流程

5. 行政后勤管理流程　　6. 信息技术管理流程

图 1-3　企业管理流程的构成

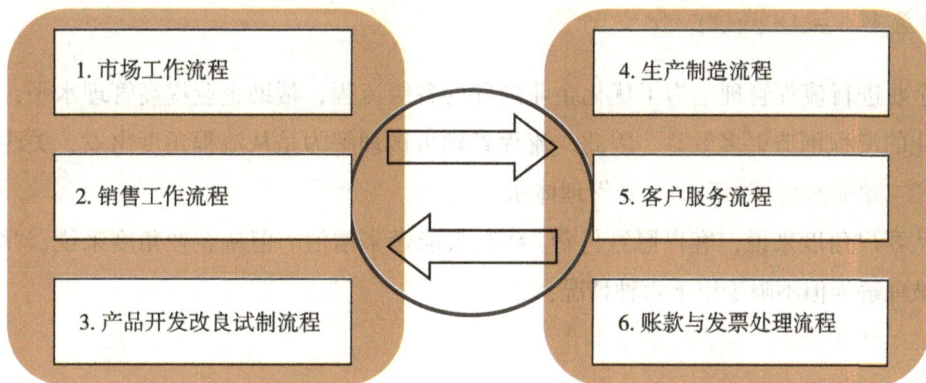

1. 市场工作流程　　4. 生产制造流程

2. 销售工作流程　　5. 客户服务流程

3. 产品开发改良试制流程　　6. 账款与发票处理流程

图 1-4　企业业务流程的构成

1.1.3 流程的层级

为便于对各类流程进行管理，我们通常将企业内部流程分为三个层级，即企业级流程、部门级流程和岗位级流程，具体内容如图 1-5 所示。

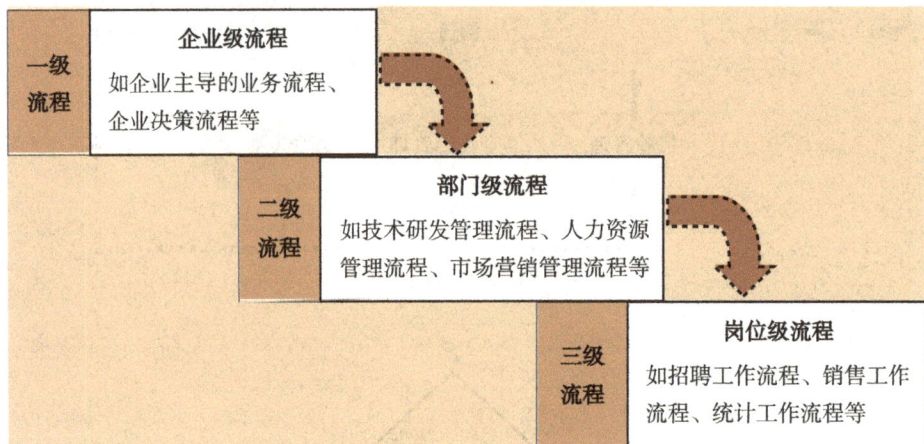

图 1-5 企业内部流程的层级

企业内部各级流程之间的关系是环环相扣的，上一级别流程中的某个节点在下一级别可能就会演化成另一个流程。

例如，在二级流程的人力资源管理流程中，招聘工作只是其中的一个节点，而它又会演化成三级流程中的招聘工作流程。

1.2 流程管理

1.2.1 流程管理的含义分析

企业进行流程管理是为了优化企业内部的各级流程，帮助企业提高管理水平，并通过优化的流程创造更多效益。因此，流程管理可被理解为是从流程角度出发，关注流程能否"为企业实现增值"的一套管理体系。

从客户角度来说，客户愿意付费 / 购买就能带来增值。但从企业角度来说，"增值"可以被理解为但不限于以下六种情况：

（1）效益提升，投资回报率上升；

（2）工作效率提高，业绩提升；

（3）工作质量、产品 / 服务质量提升；

（4）各种浪费减少，经营成本降低；

（5）沟通顺畅，办公氛围和谐、向上；

（6）品牌价值提升，知名度提升。

企业流程管理主要是对企业内部进行革新，解决职能重叠、中间层次多、流程堵塞等问题，使每个流程从头至尾责任界定清晰，职能不重叠、业务不重复，达到缩短流程周期、节约运作成本的目的。

1.2.2　流程管理的目标分析

流程管理是按业务流程标准，在职能管理系统授权下进行的一种横向例行管理，是一种以目标和服务对象为导向的责任人推动式管理。

流程管理的目标分析说明如表 1-2 所示。

表 1-2　流程管理的目标分析说明

项次	分析项	具体描述
1	流程管理的最终目的	◎提升客户满意度，提高企业的市场竞争能力 ◎提升企业绩效
2	流程管理的宗旨	◎通过精细化管理提高管控程度 ◎通过流程优化提高工作效率 ◎通过流程管理提高资源的合理配置程度 ◎快速实现管理复制
3	流程管理的总体目标	管理者依据企业的发展状况制定流程改善的总体目标
4	总体目标分解	在总体目标的指导下，制定每类业务或单位流程的改善目标
5	流程管理的工作标准与要求	◎保证业务流程面向客户、管理流程面向企业目标 ◎流程中的活动都是增值的活动 ◎员工的每一项活动都是实现企业目标的一部分 ◎流程持续改进
6	流程管理在企业发展各阶段的具体目的	企业需要根据自身发展阶段和遇到的具体问题对流程管理有所侧重 ◎梳理：工作顺畅，信息畅通 ◎显化：建立工作准则，便于员工查阅、了解流程，便于员工之间沟通并发现问题，便于员工复制流程及对流程进行管理 ◎监控：找到监测点，监控流程绩效 ◎监督：便于上级对工作进行监督 ◎优化：不断改善工作，提升工作效率

1.2.3　流程管理工作的三个层级

总体来说，企业流程管理工作包括三个层级，即流程规范、流程优化和流程再造。各个层级的主要内容及适用情况如表 1-3 所示。

表 1-3 流程管理工作三个层级的主要内容及适用情况

层级划分	主要内容	关键输出	适用时机/阶段
第一层级 流程规范	整理企业流程，界定流程各环节的工作内容及相互之间的关系，形成业务的无缝衔接	◎流程清单 ◎流程体系框架图 ◎各流程图	适合所有企业的正常运营时期
第二层级 流程优化	流程的持续优化过程，持续审视企业的流程，不断完善和强化企业的流程体系	◎流程诊断表 ◎流程清单（新） ◎流程体系框架图（新） ◎各流程图（新）	适合企业任何时期
第三层级 流程再造	重新审视企业的流程和再设计	◎流程再造分析报告 ◎流程清单（新） ◎流程体系框架图（新） ◎各流程图（新）	适合企业变革时期，以适应企业变革阶段治理结构的变化、战略改变、商业模式变化，以及出现的新技术、新工艺、新产品、新市场等情况

需要注意的是，在流程建设管理工作中，企业应遵循"点面结合"的原则，在加强流程管理体系整体建设（面）的同时持续改进具体流程内容（点）。

1.3 流程管理工作的开展

1.3.1 项目启动

为确保流程能够满足企业战略发展的要求，企业需要从全局视角开展流程管理工作，构建企业流程体系框架，找到关键流程，设计出符合企业实际和发展需求的流程与流程体系。

企业可组建流程建设项目小组，启动流程建设项目的工作指引，具体内容如表 1-4 所示。

表 1-4 启动流程建设项目的工作指引

步骤	步骤细分	具体说明	责任主体	输出
启动流程建设项目	成立项目小组	具体参见表 1-5	流程管理部门	◎项目小组成员名单及职责说明 ◎项目工作计划
	选择规划工具或方法	包括基于岗位职责的建设方法（从下到上）、基于业务模型的建设方法（从下到上）和借助第三方（咨询公司）的流程建设方法等	流程管理部门	◎规划项目操作指引 ◎会议记录/纪要
	制订工作计划	明确项目里程碑，确定各项具体工作清单与步骤及其责任主体，可使用甘特图	流程规划项目组	

步骤	步骤细分	具体说明	责任主体	输出
启动流程建设项目	发布项目操作指引	包括项目简介、工作计划、成员名单及职责、建设步骤方法、各步骤的详细操作说明、流程图模板、案例、已有流程清单、项目组激励方案等	流程管理部门	◎规划项目操作指引 ◎会议记录/纪要
	召开项目启动会	会议重点是项目整体介绍、背景及理念、角色与职责定位、总体计划、项目最终成果及意义等	流程管理部门	
备注	本阶段常用的工具或方法有甘特图、项目管理法等			

流程建设工作需要得到企业领导层的重视与支持，项目小组的组建及成员构成如表 1-5 所示。

表 1-5　流程建设项目小组的组建及成员构成

角色定位	成员构成	主要职责
企业流程管理委员会	由企业高层领导组成，如总经理、各主管副总等，成员人数控制在 3~5 人	◎提供资源支持 ◎任命建设项目经理 ◎审核建设项目计划 ◎参与关键问题决策 ◎参与关键环节的建设及决策
流程建设项目经理	可由流程管理部门经理担任，也可考虑增设项目副总，由相关部门经理担任	◎编制项目计划 ◎监督项目成员完成目标 ◎评估项目成员工作表现
项目助理	可由流程管理部门人员担任	协助项目经理管理项目日常工作，如整理文档等
成员（各部门负责人）	项目成员应具有丰富的工作经验，多为各部门负责人，由其参与部门流程建设工作；也可指派部门人员参与项目小组的工作。各业务部门的流程应统一建设	◎根据项目计划，组织本部门完成相应的流程建设工作 ◎参与本部门流程图和企业全景流程图的绘制，宣传贯彻和应用流程建设成果
成员（流程管理部门的人员）	流程管理部门的工作人员均应参与到项目中来	负责流程建设方法、工具的开发及各部门的相关培训与指导工作

1.3.2　识别流程

在识别流程阶段，企业需要做的是识别本企业有哪些流程，编制流程清单，界定流程之间的界限及为流程命名，帮助企业从流程的视角弄清企业管理现状，为后续的流程建设、每个流程的具体描述提供良好的基础。

由于各部门流程识别、流程清单的梳理对之后的工作至关重要，因此这项工作一般应由各部门领导牵头组织，先整理出部门业务流程主线，明确本部门的关键环节和核心业务，进而确定主要业务流程及流程之间的关系。识别流程阶段的工作指引如表 1-6 所示。

表 1-6　识别流程阶段的工作指引

步骤	步骤细分	具体说明	责任主体	输出
识别流程	流程建设培训	流程管理部门对各部门进行流程建设方面的培训，培训的重点是如何使用各种表格等，具体内容包括项目简介、涉及的概念、目的和产出、职责划分、建设步骤、表格编制、工作计划、答疑等	流程管理部门	◎培训课程 ◎培训计划 ◎部门流程清单 ◎企业流程清单（参见表 1-7）
	各部门流程识别	进行部门内岗位分析、业务线分析；将职责分解，细化到岗位、业务活动，并按活动的先后顺序排列，提炼出流程；界定流程的上下接口、输入/输出及责任主体；汇总部门内流程，编制部门流程清单	各部门，包括岗位代表人员、部门负责人	
	编制企业流程清单	流程管理部门汇总各部门流程清单，与各部门充分沟通，删除重复流程，查漏补缺，形成企业流程清单	流程管理部门	
备注	本阶段常用的工具及方法有战略地图、业务单元分析法、部门职能分析法、岗位工作分析法等			

1.3.3　构建流程清单

流程建设项目小组在本阶段的主要任务是与各部门进行沟通、讨论，对企业流程进行分类和分级，构建企业流程框架，输出企业流程清单，具体内容如表 1-7 所示。

表 1-7　企业流程清单

序号	一级流程	二级流程	三级流程	归口管理部门	流程状态
备注	流程状态的填写说明：1 代表流程已有且有效；2 代表流程已有，待梳理；3 代表无文件，待设计梳理				

1.3.4　评估流程重要程度

本阶段的工作任务是评估企业流程的重要程度，识别出关键流程、核心流程等，将其作为流程设计、运行管理、优化再造工作的重点，以提高企业流程建设工作的效率和效益。

企业的所有活动都是为了提高客户的满意度，实现价值，企业流程重要程度的衡量标准是流程的增值性。一般情况下，直接与客户产生业务关系的流程（如售后服务流程）、与企业核心竞争力相关的流程（如产品质量管理流程）等为企业的重要流程。

表1-8为某公司流程建设项目的流程重要程度评估分析表，供读者参考。

表1-8　某公司流程建设项目的流程重要程度评估分析表

流程名称	与客户相关度（30%）	与整体绩效相关度（30%）	与战略相关度（25%）	流程横向跨度（15%）	评估得分	重要程度等级
××××流程	60	60	60	60	60	
用表说明	1. 以"××××流程"的评估为基准，其他各流程与之对比 2. 各评估项单项总分为100分，各单项评分乘以权重后的"和"为总分 3. 重要程度评估根据最终评分结果，采取强制百分比法，排名前5%的为A级流程，排名前5%～20%（包含）的为B级流程，排名前20%～30%（包含）的为C级流程，排名前30%～50%（包含）的为D级流程，其他为E级流程 4. 评级结果为A、B、C级的流程要重点管理					

1.3.5　完善体系框架

完成流程重要程度评估分析后，企业需要在流程清单的基础上进一步完善流程体系框架，标注流程的重要程度等级，具体内容如表1-9所示。

表1-9　企业流程的重要程度等级

一级流程	二级流程	三级流程	归口管理部门	流程状态
××××流程（B级）	××××流程（B级）	××××流程（A级）		
		××××流程（B级）		
	××××流程（C级）	××××流程（C级）		
		××××流程（D级）		

1.3.6　进行流程设计

企业在进行流程设计时，应遵循以下七个步骤。

第 1 步：界定流程范围

流程设计的第 1 步是界定流程范围，即确定信息的输入和输出。

在这一环节，企业需要回答以下几个问题。

● 有哪些流程业务活动？

● 流程从何处开始，于何处终止？

● 流程的输入和输出是什么？

● 输出的成果交给谁（客户）？

● 客户有何要求？

在此，我们以设计"外部招聘管理流程"为例来说明流程范围界定，具体内容如表 1-10 所示。

表 1-10　外部招聘管理流程范围界定

流程名称	外部招聘管理流程	流程编号	
流程责任部门 / 责任人	人力资源部 / 招聘主管	流程对应客户	各用人部门
本流程业务活动	人力资源部招聘、面试、录用管理工作		
流程开始	招聘需求	流程结束	录用决策、签订劳动合同
流程输入	已批准的招聘计划、临时招聘需求	流程输出	面试评估报告、劳动合同
流程客户要求（目标）	1. 期限内完成招聘任务 2. 人岗匹配		

第 2 步：确定流程活动的主要步骤

流程设计人员在界定完流程范围后，接下来需要进行调查分析，确定本流程活动的主要步骤，操作方法如图 1-6 所示。

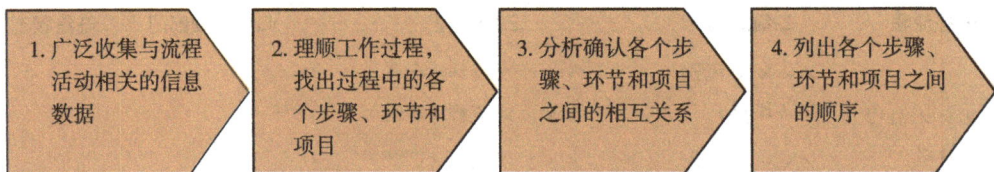

图 1-6　确定流程活动的主要步骤

我们以设计"外部招聘管理流程"为例，其主要步骤（参见表 1-11）包括招聘需求汇总、招聘岗位分析与条件确定、发布招聘信息、简历收取与筛选、面试与评估、做出录用决策、签订劳动合同及试用期管理等。

第 3 步：详细说明步骤

本阶段应针对已确定的流程活动的主要步骤进行分析和描述，需要完成以下工作：

- 分析每一个步骤的输入、输出（成果）；
- 明确后续步骤的客户要求；
- 确定每一步骤工作/活动的检查、考核、评估指标；
- 确定每一步骤涉及的部门/人员，明确其责任、权限和资源需求；
- 确定本流程的层次及与上下层级之间的关系。

我们仍以设计"外部招聘管理流程"为例，本阶段流程活动的主要步骤及具体描述如表 1-11 所示。

表 1-11　外部招聘管理流程活动的主要步骤及具体描述

流程名称	外部招聘管理流程		流程编号	
流程责任部门/责任人	人力资源部/招聘主管		流程对应客户	各用人部门
本流程业务活动	人力资源部招聘、面试、录用管理工作			
流程开始	招聘需求		流程结束	录用决策、签订劳动合同
流程输入	已批准的招聘计划、临时招聘需求		流程输出	面试评估报告、劳动合同
流程客户要求（目标）	1. 期限内完成招聘任务 2. 人岗匹配			
流程步骤	步骤描述		重要输入	重要输出
招聘需求汇总	人力资源部在经过批准的年度招聘计划指导下，按时进行计划内的人员招聘工作		招聘计划	—
	计划外招聘需由部门提出招聘申请并拟定上岗要求和资格条件，报总经理或相关副总经理审核		岗位说明书	招聘岗位清单
招聘岗位分析与条件确定	人力资源部根据当时的市场薪资行情和企业薪资架构体系，初步拟定待招聘的职位等级及基本薪资范围		—	—
	根据待招聘职位的高低，呈交相应的决策层核准，之后正式启动招聘工作 ◎部门经理及以上管理职位由总裁核准 ◎部门主管及主管以下职位由分管人力资源副总经理核准		—	—
发布招聘信息	通过内外部多种渠道发布招聘信息，同时收集人才资料，可经由下列方式进行 ◎发布内部职位空缺公告 ◎在媒体发布招聘广告 ◎接洽人才中介机构 ◎请高校推荐 ◎参加人才交流会等		岗位说明书	招聘广告

流程步骤	步骤描述	重要输入	重要输出
简历收取与筛选	人力资源部收到应聘者的各项资料后，先进行初步审核，审阅其学历、经验是否符合企业要求，再将审核通过的应聘者的资料转交用人部门进一步审核，通过书面资料审核淘汰一部分不符合岗位要求的应聘者	应聘简历	面试人员清单
面试与评估	由人力资源部主导，对通过审核的应聘者进行笔试及面试，从人员的基本素质方面进行评估，筛选出符合要求的应聘者	面试清单	面试记录面试评估表
	在人力资源部的协助下，由相关业务部门的人员对应聘者进行专业技能考核	—	面试评估表
	◎主管级别及以下职位由副总经理进行最终面试 ◎部门经理及以上管理职位由总经理进行最终面试	—	面试评估表
做出录用决策	根据企业高层领导及用人部门的意见，人力资源部告知被录用者其最终职位和薪资情况	—	—
	将其他优秀但未被录用的应聘者的资料存入人才库	—	人才库
	通过面试的应聘者必须参加体检，体检未通过者不予录用	—	体检报告
签订劳动合同	人力资源部发出录用通知单，与被录用者签订劳动合同，并根据招聘/录用管理制度为被录用者办理相关的入职手续	—	劳动合同
试用期管理	执行试用期管理流程	—	—
考核评估方法	招聘任务是否按期完成、招聘人数完成率、招聘计划出错次数、招聘广告出错次数等		

第4步：选择流程形式

根据流程的分类、层级、复杂程度，以及流程活动的内部关联性等因素，企业流程主要有四种展现形式，即箭头式流程图、业务流程图、矩阵式流程图和泳道式流程图。

☆ 箭头式流程图

箭头式流程图的特点是直观、一目了然，适用于企业员工都熟悉流程中各项作业概况的情况或流程中各项作业任务较简单的情况。箭头式流程图的示例如图1-7所示。

企业在设计箭头式流程图时，需要注意以下两个问题。

●在图中明确执行主体，如果是单一的执行主体，可将执行主体省略。

●用简洁的语言对流程图中的主要活动进行解释说明，以进一步明确活动要求和指令。

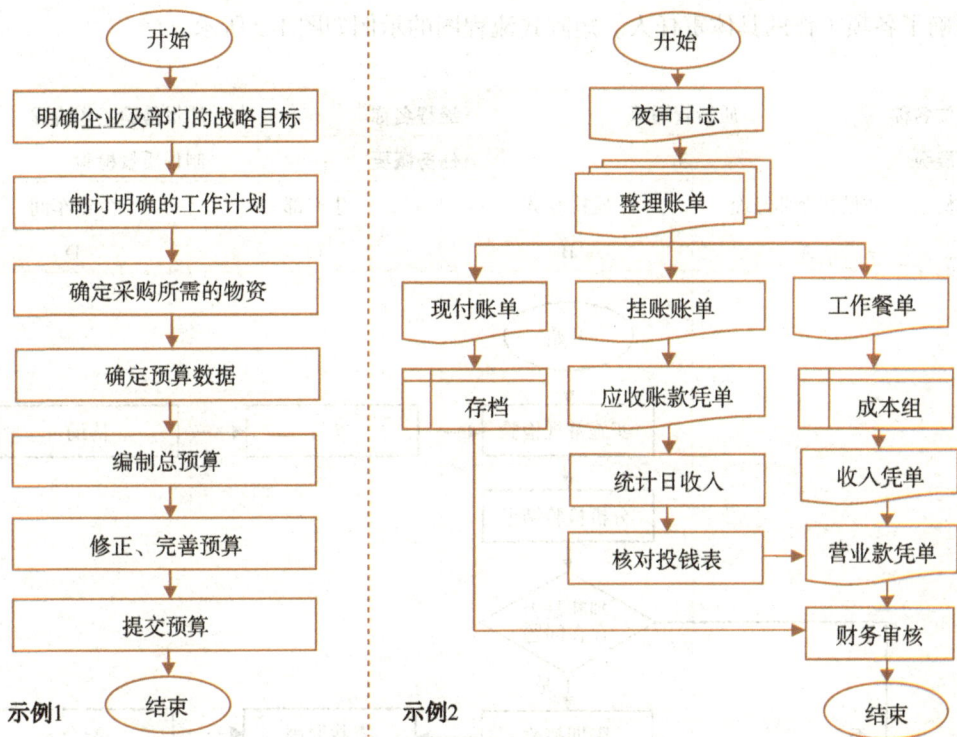

图 1-7　箭头式流程图示例

☆ 业务流程图

在业务流程图中，需要明确流程的上下执行主体、活动内容、要求及指令，并将要求和指令用统一的语言表达出来。流程活动的承担者之间必须是平等、互助、尊重、关怀的关系。业务流程图的示例如图 1-8 所示。

时间顺序	部门（岗位）1	部门（岗位）2	……	要求及说明

图 1-8　业务流程图示例

☆ 矩阵式流程图

矩阵式流程图有纵、横两个方向的坐标，它既解决了先做什么、后做什么的问题，又明确了各项工作的具体责任人。矩阵式流程图的示例如图1-9所示。

单位名称	质量管理部		流程名称	制程质量检验工作流程
层级	3		任务概要	制程质量检验
主体	质量管理部经理	质检专员	生产部	生产车间
节点	A	B	C	D

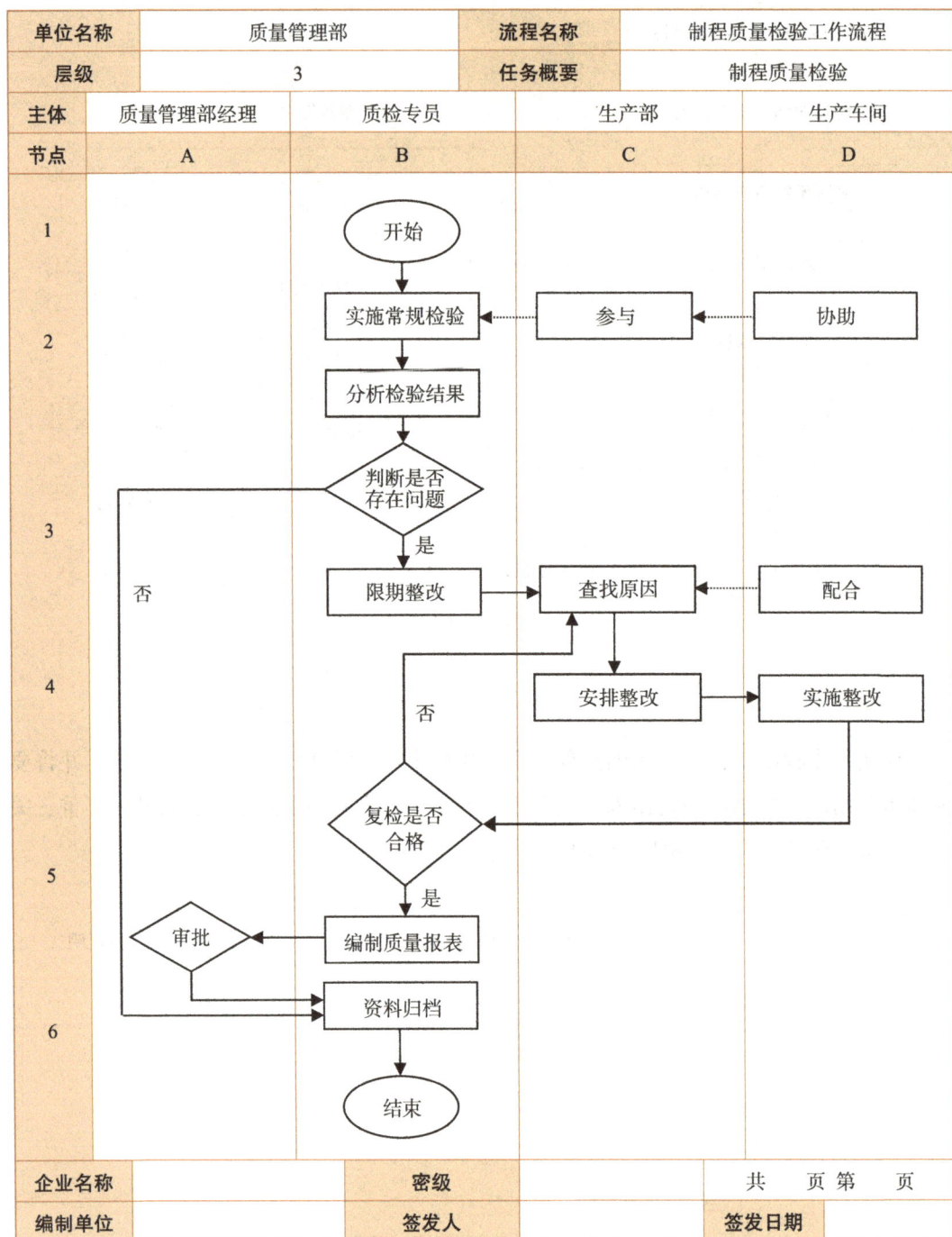

图 1-9　矩阵式流程图示例

与矩阵式流程图相似，泳道式流程图也是通过纵、横双向坐标来设计流程，纵向为分项工作任务，横向是承担任务的部门、岗位（即执行主体）。

这种流程图样式与其他流程图类似，但在业务流程的执行主体上，主要通过泳道（纵向条）区分执行主体。泳道式流程图的示例如图 1-10 所示。

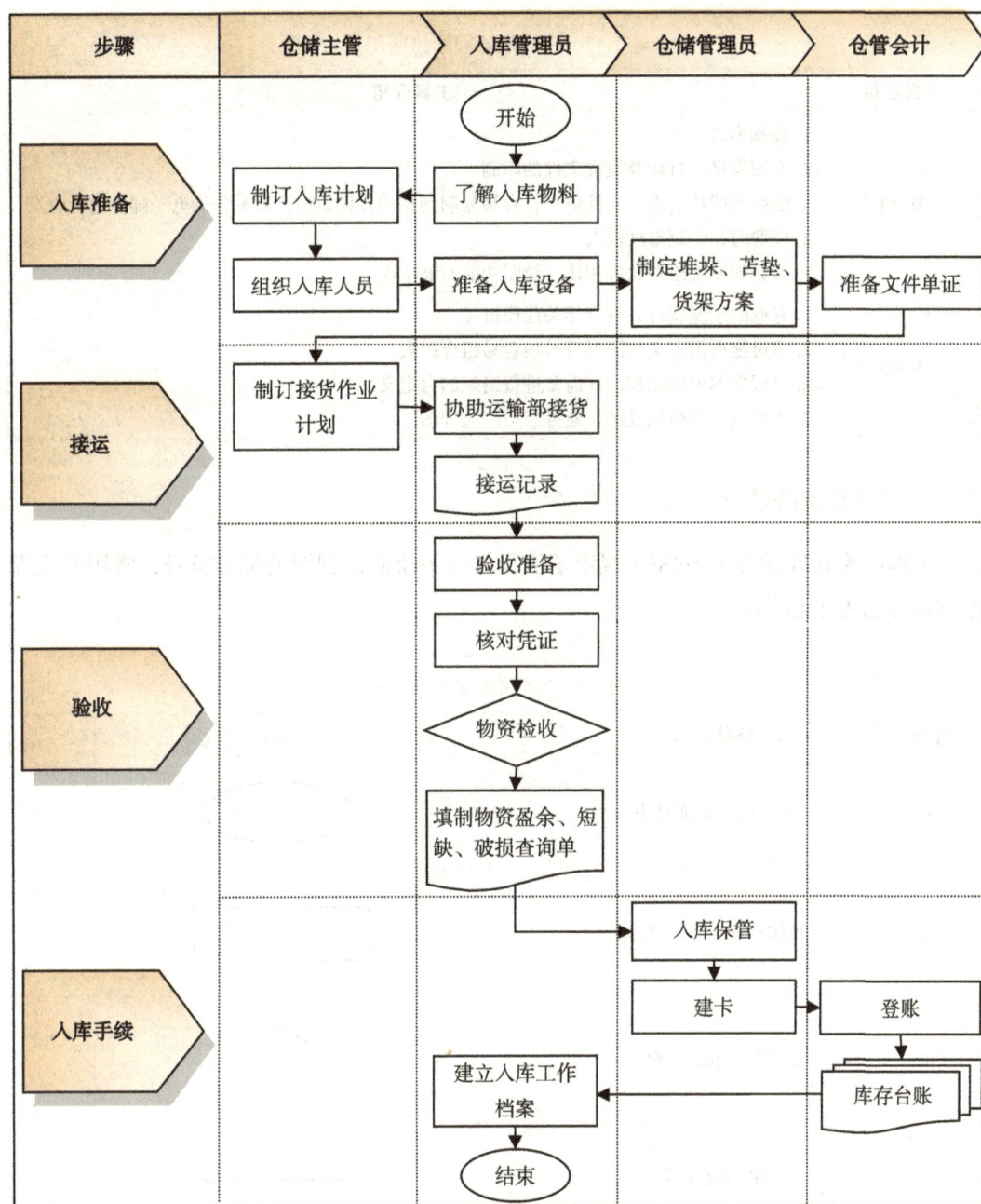

图 1-10　泳道式流程图示例

第5步：绘制流程草图

流程图的绘制是指流程设计人员将流程设计或流程再造的成果以书面形式呈现出来。

☆ 绘制工具的选择

绘制流程图常用的工具有 Word、Visio 等，这两个工具各有各的特点（见表 1-12），流程图设计人员可根据本企业流程设计要求、个人使用习惯等自由选择。

表 1-12　常用的流程图绘制工具

工具名称	工具介绍
Word	1. 普及率高 2. 方便发排、打印及流程文件的印制 3. 绘制的图片清晰，义件量小，容易复制到移动存储器中，容易作为电子邮件进行收发 4. 较费时，绘制难度较大 5. 与其他专用绘图软件相比，绘图功能不够全面
Visio	1. 专业的绘图软件，附带相关建模符号 2. 通过拖曳预定义的图形符号很容易组合图表 3. 可根据本单位流程设计需要进行组织的自定义 4. 能绘制一些组织复杂、业务繁杂的流程图

☆ 流程绘制符号

美国国家标准学会（ANSI）规定了流程设计中绘制流程图的标准符号，常用的流程绘制符号如表 1-13 所示。

表 1-13　常用流程绘制符号

序号	符号名称	符号
1	流程的开始或结束	⬭
2	具体作业任务或工作	▭
3	决策、判断、审批	◇
4	单向流程线	→

序号	符号名称	符号
5	双向流程线	 ←——→
6	两项工作跨越、不相交	
7	两项工作连接	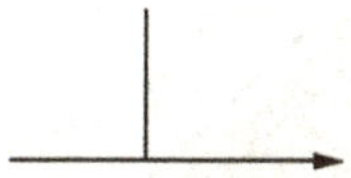
8	作业过程中涉及的文档信息	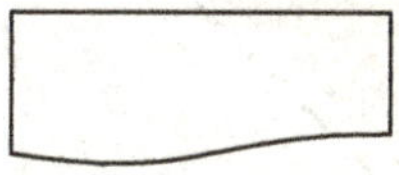
9	作业过程中涉及的多文档信息	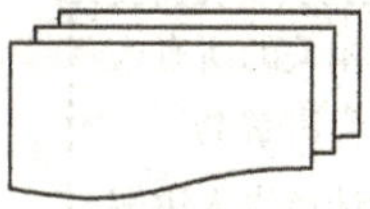
10	与本流程关联的其他流程	
11	信息来源	
12	信息储存与输出	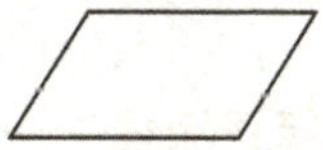

实际上，流程绘制的标准符号远不止表 1-13 所列的这些。但是，流程图的绘制越简洁、明了，操作起来就越方便，企业也更容易接受和落实；符号越多，流程图就越复杂，越难以落实到位。所以，一般情况下，企业使用 1~4 项流程绘制的标准符号就基本可以满足绘制流程图的需要了。

☆ 绘制草图

不同的流程展现形式体现了不同层次的流程。例如，一二级流程适合用矩阵式流程图和泳道式流程图呈现，而三级流程中的部分业务流程适合用箭头式流程图和业务流程图呈现。

值得一提的是，流程设计人员在绘制流程图的过程中，需要确定该流程与上下游流程之间的接口，以及与规范流程运行要求相关联的制度之间的关系，并根据实际情况尽量将其在流程图中反映出来，如流程图中可根据流程节点给出相应的制度、表单等。

第 6 步：反馈流程意见

流程图绘制完成后，需要通过意见征询、试运行等方式获得相关意见和建议，发现不足和纰漏，以便对其做出进一步修改和完善，直至最终定稿。

针对初步绘制的流程图，流程设计人员可通过以下三种方式征求各方的意见，具体内容如图 1-11 所示。

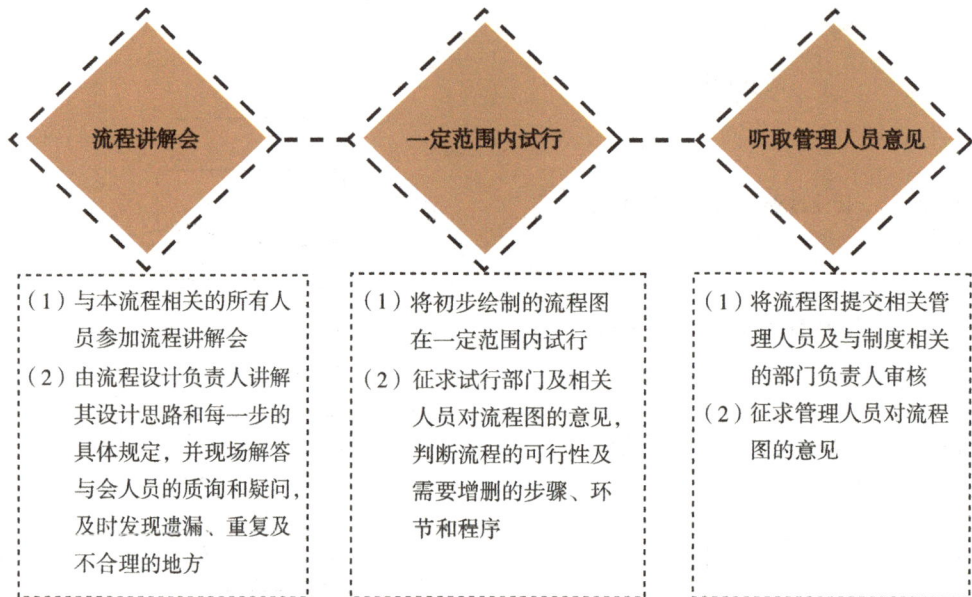

流程讲解会 ┈▶ 一定范围内试行 ┈▶ 听取管理人员意见

（1）与本流程相关的所有人员参加流程讲解会
（2）由流程设计负责人讲解其设计思路和每一步的具体规定，并现场解答与会人员的质询和疑问，及时发现遗漏、重复及不合理的地方

（1）将初步绘制的流程图在一定范围内试行
（2）征求试行部门及相关人员对流程图的意见，判断流程的可行性及需要增删的步骤、环节和程序

（1）将流程图提交相关管理人员及与制度相关的部门负责人审核
（2）征求管理人员对流程图的意见

图 1-11　流程图草案意见征询方式

第 7 步：调整修正流程

通过上述方式进行意见征询后，流程设计人员应综合分析意见征询结果，汇总各种修改意见，对流程图进行修改和完善，提交权限主管领导审核后再呈交总经理批准，或在董事会审议通过后公示执行。

☆ **流程定稿要求**

老员工能够按流程图做事，新员工根据流程图知道怎样做事。

☆ **流程试运行与检查**

流程设计人员要监控流程试运行过程，检查并汇总试运行过程中出现的问题，做好检查记录，为问题分析和流程改善做准备。流程实施与检查内容说明如表 1-14 所示。

表 1-14　流程实施与检查内容说明

项次	检查项目	具体检查内容
1	检查流程是否稳定	◎在实施过程中是否出现例外活动 ◎在实施过程中是否出现步骤、时间、权责方面的冲突 ◎是否出现上一部分的步骤成果（输入）不能充分影响下一步骤的情况 ◎是否出现资源（特别是人力资源）与任务不匹配的情况
2	检查程序是否合理	◎适宜性：程序适应内外部环境变化的能力 ◎充分性：程序各过程的展开程度 ◎有效性：达到的结果与所使用的资源之间的关系，要确保程序的经济性

☆ **流程简化**

流程简化的目标是用最少的资源执行流程，减少资源浪费。流程简化的方法包括取消环节、合并环节、环节调序、简化环节、自动化环节以及一体化环节等。

流程简化工作的一般操作方法如下：

- 对评估流程进行再评估，确认和削减增加资源耗费的活动；
- 评估各种测量方法，判断其能否提供有用和可控的信息；
- 缩短时间，测试输出数量/质量是否相应减少；
- 依据上述变动调整程序简化计划；
- 将程序置于自动运行状态，通过周期性检查发现问题。

1.3.7　流程发布、实施与检查

1. 流程的确定与发布

流程设计人员将经过实践检验的流程图提交给企业领导审核签字后，以适当的方式向全体员工公示，并自公示之日起生效，以便于员工遵照执行。

一般情况下，常用的流程公示方式有四种，企业可根据实际情况选择运用，具体内容如表 1-15 所示。

表 1-15　流程公示的四种方式及操作说明

序号	公示方式	操作说明
1	全文公告公示	在企业公共区域将流程图及相关说明全文公告，并将公告现场以拍照、录像等方式加以记录
2	集中学习	召开员工会议或组织员工进行集中学习、培训，并让员工签到确认参与了学习或培训
3	员工阅读并签字确认	将流程及相关说明做成电子或纸质文件交由员工阅读并签字确认。确认方式包括在流程文件的尾页签名、另行制作表格登记、制作单页的"声明"或"保证"

序号	公示方式	操作说明
4	作为劳动合同附件	将流程文件作为劳动合同的附件，在劳动合同专项条款中约定"劳动者已经详细阅读，并自愿遵守本企业的各项规定"等内容

企业的经营管理人员或人力资源管理人员，对流程公示工作要细心谨慎，并注意以下两大事项。

事项 1：务必让当事人知晓

务必将相关通知、决定等送到当事人手中，而不是"通告一贴，高高挂起"，要确保能够达到公示与告知的目的。

事项 2：注意留存公示的证据

不同的公示方式有不同的证据留存方式。例如，让员工在"签阅确认函"上签字确认，可签"已经阅读、明了，并且承诺遵守"等。

2. 优化流程实施的环境

设计了流程并不意味着企业的运行效率和经济效益必然会有大幅度的提高，更重要的工作是抓好流程管理的落实。

在管理和实施流程的过程中，企业不能忽视对流程实施环境的管理，其中应该注意以下几点。

●建立合适的企业文化

企业流程设计或再造一般均以流程为中心、以追求客户满意度的最大化为目标，这就要求企业从传统的职能管理向过程管理转变。

企业在实施流程管理时，需要改变过去的传统观念和习惯做法，建立一种能够适应这种转变的以"积极向上、追求变革、崇尚效率"为特征的企业文化，以使每个流程中的各项活动都能实现最大化增值的目标，为企业经济效益的提高做贡献。

●提高企业领导对流程管理的认识

提高企业领导，特别是企业高层领导对流程管理的认识是企业发展中的重要问题，是企业提高运营效率和经济效益的重要措施，是企业战胜竞争对手的主要手段，是企业发展战略中的重要因素。

只有企业的董事长、总经理、总监等高层领导重视流程管理，才能推动企业的流程再造，实施才能见到效果。

●加强培训，使企业上下共同提高对流程的认识

在实施流程管理的过程中，企业高、中层管理人员是推动流程管理的骨干，广大员工则是推动流程管理的重要力量。

通过培训，使企业的管理团队与员工提高对流程设计或再造的认识，共同认识到流程的意义，认识到流程再造对企业生存和发展的作用，只有这样推动与实施流程再造，才能达到良好的效果。

此外，通过培训，可以提高员工的自觉性，使员工自觉遵守新的流程。

3. 实现流程的有效落实

企业的流程图绘制完毕、装订成册后，需要发给企业各部门，以便员工遵照执行。流程图实际上是企业的一项规章制度，它可以帮助企业建立正常的工作规则和工作秩序。

以下是流程有效落实的四种思路，具体内容如图 1-12 所示。

新员工入职流程、制度培训　　　　　　明确流程负责人，实行问责制

流程E化　　　　　　流程制度化

注：流程 E 化是指应用现有的 IT 技术，实现企业各项管理和业务流程的电子化。

图 1-12　流程有效落实的四种思路

4. 开展有针对性的流程检查

流程检查的目的是提高企业的效益，保证流程目标的最终实现。

●控制流程检查的成本投入。流程检查成本投入需要与该流程的产出价值相匹配，否则既浪费资源，又不能创造价值。企业在流程检查工作中要有成本意识，强化"投资回报"的概念。

●把握好流程检查的度。在设计流程检查方案时，需要确定流程检查的精细度、频次及抽样方法，控制检查成本。流程检查工作要抓住关键流程，抓住流程的关键环节，结合实际情况和流程的运转时间确定流程检查的频次和抽样方式。

5. 流程检查重点的选取

流程检查需要与流程实际执行情况相匹配，合理设置流程关键控制点。

●对于流程成熟度高（流程绩效表现合理且稳定）、人员工作能力较强的流程，企业可降低检查投入，也可取消相关的关键控制点。

●对于流程成熟度较低（流程绩效波动较大）的流程，企业需要加强对该流程的检查力度或新增关键控制点，以稳定流程绩效。

流程检查重点选取的矩阵分析如图 1-13 所示。

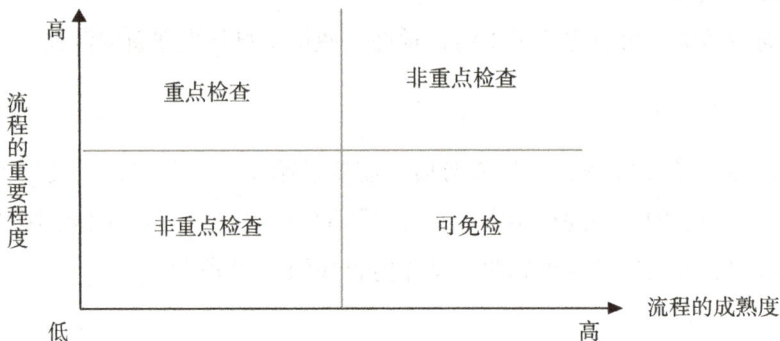

注：流程的重要程度评估请参照本章 1.3.4 所述内容。

图 1-13　流程检查重点选取的矩阵分析

6. 流程检查工作的实施程序

流程检查工作的实施程序如图 1-14 所示。

7. 流程绩效评估与改进

从本质上看，流程绩效评估是为企业战略与经营服务的，企业需要对某些关键的流程进行绩效评估，将流程绩效作为企业绩效管理的一个重要维度。

● 确定流程的绩效目标

企业战略目标被分解为部门绩效目标与岗位绩效目标，并被包含在关键流程中，即流程被赋予绩效目标。因此，流程的绩效评估需围绕目标展开，实行目标导向的流程绩效评估。

● 流程绩效评估维度

企业流程绩效评估的维度及指标如表 1-16 所示。

表 1-16　流程绩效评估的维度及指标

评估维度	详细说明	指标举例
效果	◎流程的产出 ◎流程的产出满足客户（包括内部客户和外部客户）需求和期望的程度	产量、产值、计划目标完成率、外部客户满意度、内部客户满意度等
效率	通过效果评估，确认资源节约与浪费的情况	处理时间、投入产出比、增值时间比、质量成本等
弹性	流程应具备调整能力，以便满足客户当前的特殊要求和未来的要求	处理客户特殊要求的时间、被拒绝的特殊要求所占的比例、特殊要求递交上级处理的比例等

```
                        ┌─────────┐
                        │   开始   │
                        └────┬────┘
                             │
                ┌────────────▼────────────┐
                │     明确流程检查的目的      │
                └────────────┬────────────┘
                             │
                ┌────────────▼────────────┐
                │      明确流程的关键节点     │
                └────────────┬────────────┘
                             │
                ┌────────────▼──────────────────┐          ┐
                │     分析、筛选流程检查重点         │          │
                │ （分析流程现状及容易出错的关键节点） │          │
                └────────────┬──────────────────┘          │
                             │                              │  流程检查规划
                ┌────────────▼──────────────────┐          │
                │   确定流程中各检查点的检查方法与标准 │          │
                │  （查阅资料与记录、现场观察、访谈）  │          │
                └────────────┬──────────────────┘          ┘
                             │
                ┌────────────▼────────────┐                ┐
                │  编制检查工作计划，制作检查表 │                │
                └────────────┬────────────┘                │
                             │                              │
                ┌────────────▼────────────┐                │  流程检查实施
                │ 与被检查部门沟通，确认目标与计划 │              │
                └────────────┬────────────┘                │
                             │                              │
                ┌────────────▼────────────┐                │
                │  按计划进行流程检查并详细记录 │                │
                └────────────┬────────────┘                ┘
                             │
                ┌────────────▼────────────┐                ┐
                │ 汇总并分析检查结果，编制流程检查报告 │            │
                └────────────┬────────────┘                │
                             │                              │
                ┌────────────▼────────────┐                │  流程实施问题的改进与跟进
                │  与被检查部门沟通，分析原因  │                │
                └────────────┬────────────┘                │
                             │                              │
              否         ◇───▼────◇                         │
        ┌─────────────◇ 流程设计是否有问题 ◇                  │
        │              ◇─────┬──◇                           │
        │                    │ 是                           │
┌───────▼──────┐   ┌────────▼────────┐                     │
│  流程优化与再造 │   │ 制定流程实施问题的改进措施 │             │
└──────────────┘   └────────┬────────┘                     │
                            │                               │
                   ┌────────▼────────┐                      │
                   │ 执行、跟进、评估改进措施 │                  │
                   └────────┬────────┘                      │
                            │                               │
                        ┌───▼───┐                           ┘
                        │  结束  │
                        └───────┘
```

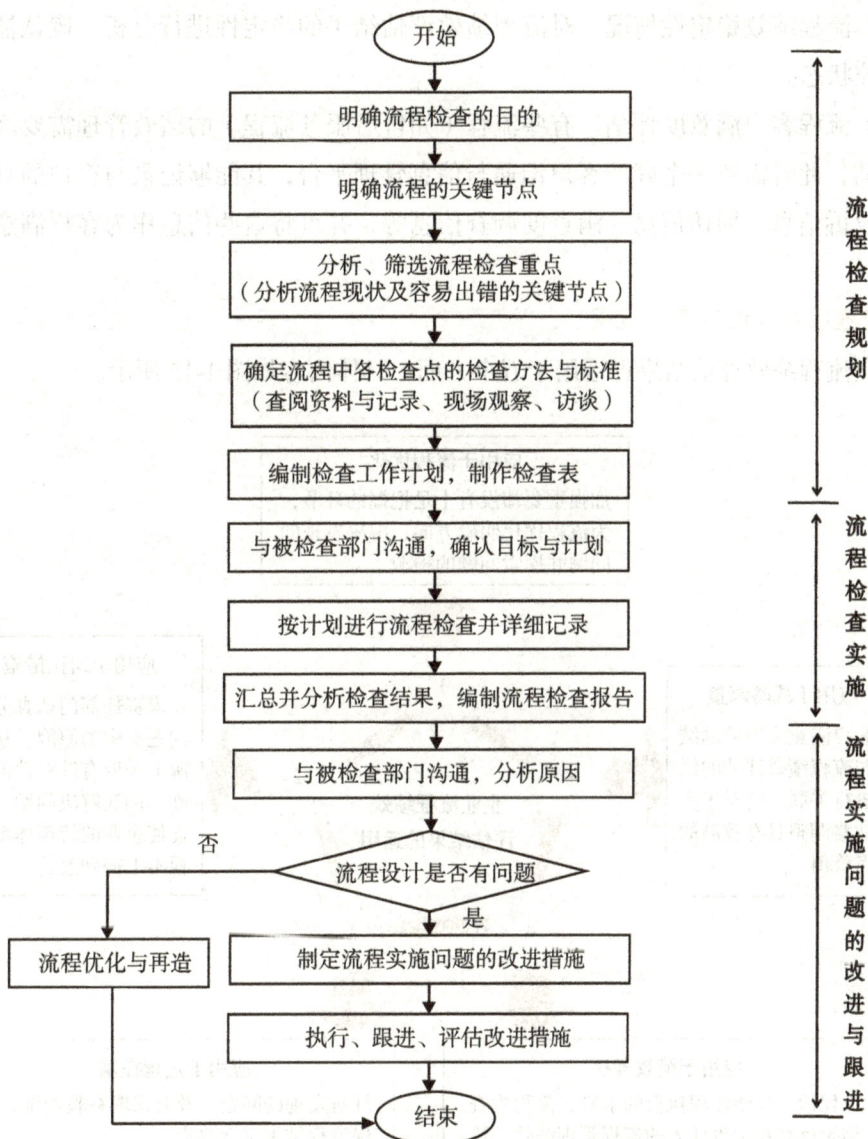

图 1-14　流程检查工作的实施程序

● **流程实施绩效评估的标准及方法**

流程实施绩效评估的标准及方法如下。

（1）流程绩效目标达成情况。对比流程实际绩效与流程绩效目标，找出实际绩效与流程绩效目标之间的差距，分析差距产生的原因并加以改进。

（2）内部流程绩效排名情况。企业内部可以做横向比较，这适用于不同区域的业务流程竞争、成功经验分享等。

（3）外部同类竞争对比情况。与同行业主要竞争对手的流程绩效进行对比，以了解企业在该方面的市场表现。

（4）流程绩效稳定性情况。对流程绩效评估结果的稳定性进行分析，确认流程是否处于受控状态。

（5）流程客户满意度评估。有些流程（如售后服务流程）的绩效管理需要客户与市场的评估，此时需要一个好的客户沟通与信息管理平台，其能够记录与客户的日常沟通信息、投诉信息、回访信息、满意度调查信息等，并可将这些信息作为客户满意度评估的依据。

● 流程绩效评估结果的运用

企业流程绩效评估结果可运用于五个方面，具体内容如图 1-15 所示。

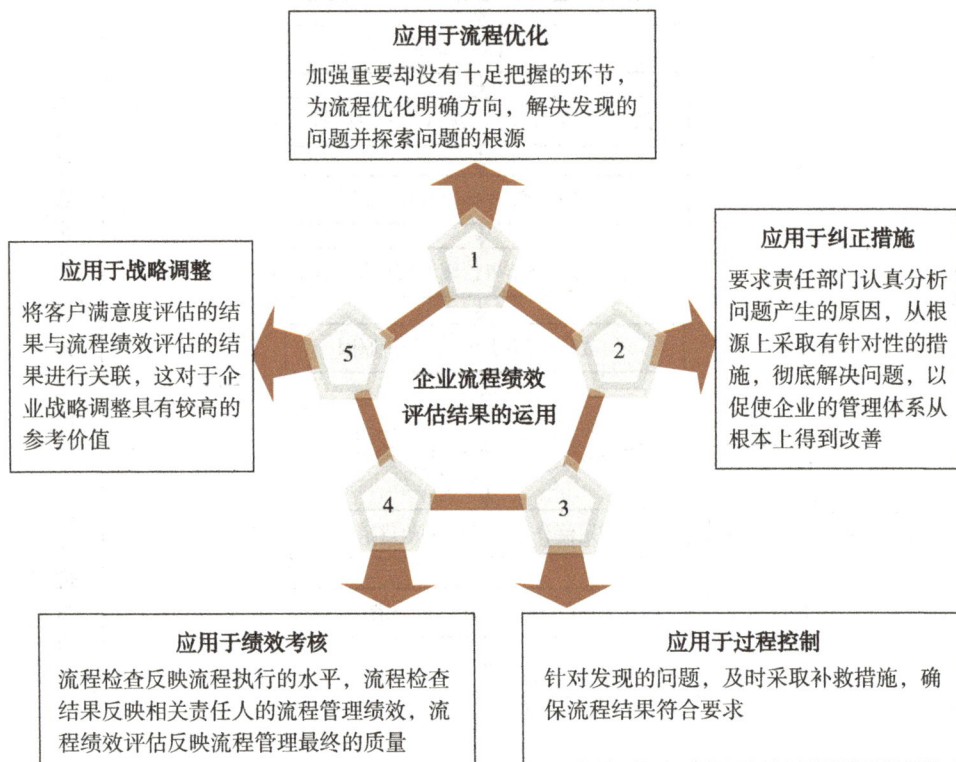

应用于流程优化
加强重要却没有十足把握的环节，为流程优化明确方向，解决发现的问题并探索问题的根源

应用于纠正措施
要求责任部门认真分析问题产生的原因，从根源上采取有针对性的措施，彻底解决问题，以促使企业的管理体系从根本上得到改善

应用于战略调整
将客户满意度评估的结果与流程绩效评估的结果进行关联，这对于企业战略调整具有较高的参考价值

企业流程绩效评估结果的运用

应用于绩效考核
流程检查反映流程执行的水平，流程检查结果反映相关责任人的流程管理绩效，流程绩效评估反映流程管理最终的质量

应用于过程控制
针对发现的问题，及时采取补救措施，确保流程结果符合要求

图 1-15　企业流程绩效评估结果的运用

1.4　流程执行章程设计

1.4.1　配套制度设计

制度是规范员工行为的标尺之一，是企业进行规范化、制度化管理的基础。只有不断推进规范化、制度化管理，企业才能逐步发展壮大。

1. 制度设计步骤

企业在设计流程配套制度时，要明确需要解决的问题及要达到的目的，要为制度准确定位，要开展内外部调研，明确制度规范化的程度并统一制度格式等。制度设计的步骤如图 1-16 所示。

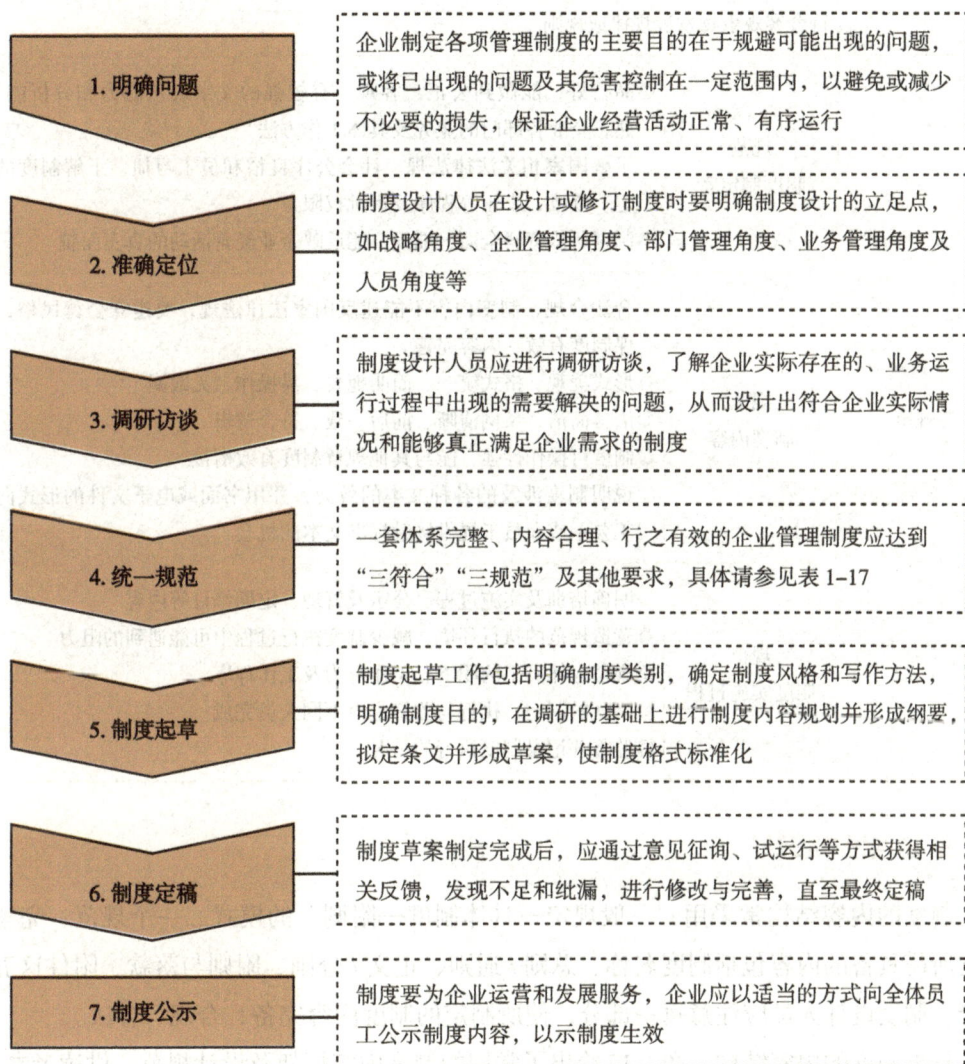

1. 明确问题	企业制定各项管理制度的主要目的在于规避可能出现的问题，或将已出现的问题及其危害控制在一定范围内，以避免或减少不必要的损失，保证企业经营活动正常、有序运行
2. 准确定位	制度设计人员在设计或修订制度时要明确制度设计的立足点，如战略角度、企业管理角度、部门管理角度、业务管理角度及人员角度等
3. 调研访谈	制度设计人员应进行调研访谈，了解企业实际存在的、业务运行过程中出现的需要解决的问题，从而设计出符合企业实际情况和能够真正满足企业需求的制度
4. 统一规范	一套体系完整、内容合理、行之有效的企业管理制度应达到"三符合""三规范"及其他要求，具体请参见表 1-17
5. 制度起草	制度起草工作包括明确制度类别，确定制度风格和写作方法，明确制度目的，在调研的基础上进行制度内容规划并形成纲要，拟定条文并形成草案，使制度格式标准化
6. 制度定稿	制度草案制定完成后，应通过意见征询、试运行等方式获得相关反馈，发现不足和纰漏，进行修改与完善，直至最终定稿
7. 制度公示	制度要为企业运营和发展服务，企业应以适当的方式向全体员工公示制度内容，以示制度生效

图 1-16 制度设计步骤

2. 制度设计规范及要求

要想设计一套体系完整、内容合理、行之有效的企业管理制度，制度设计人员必须遵循一定的规范及要求，相关内容如表 1-17 所示。

表 1-17　制度设计规范及要求

设计规范		具体要求
三符合		符合企业管理者最初设想的状态
		符合企业管理科学原理
		符合客观事物发展规律或规则
三规范	规范 制度制定者	◎品行好，能做到公正、客观，有较强的文字表达能力和分析能力，熟悉企业各部门的业务及具体工作方法 ◎了解国家相关法律法规、社会公序良俗和员工习惯，了解制度的制定、修改、废止等程序及审批权限 ◎制度所依资料全面、准确，能反映企业经营活动的真实面貌
	规范 制度内容	◎合法合规，制度内容不能违反国家法律法规，要遵守公德民俗，确保制度有效、内容完善 ◎形式美观、格式统一、简明扼要、易操作、无缺漏 ◎语言简洁、条例清晰、前后一致、符合逻辑 ◎制度可操作性强，能与其他规章制度有效衔接 ◎说明制度涉及的各种文本的效力，并用书面或电子文件的形式向员工公示或向员工提供接触标准文本的机会
	规范 制度实施过程	◎明确培训及实施过程、公示及管理、定期修订等内容 ◎营造规范的执行环境，减少制度执行过程中可能遇到的阻力 ◎规范全体员工的职责、工作行为及工作程序 ◎制度的制定、执行与监督应由不同人员完成 ◎监督并记录制度执行的情况

3. 制度框架设计

　　制度的内容结构常采用"一般规定—具体制度—附则"的模式。一个规范、完整的制度所需具备的内容包括制度名称、总则/通则、正文/分则、附则与落款、附件这五大部分。制度设计人员应注意每一部分，使所制定的制度内容完备、合规、合法。

　　根据制度的内容结构，图 1-17 给出了常用的制度内容框架及设计规范，供读者参考。

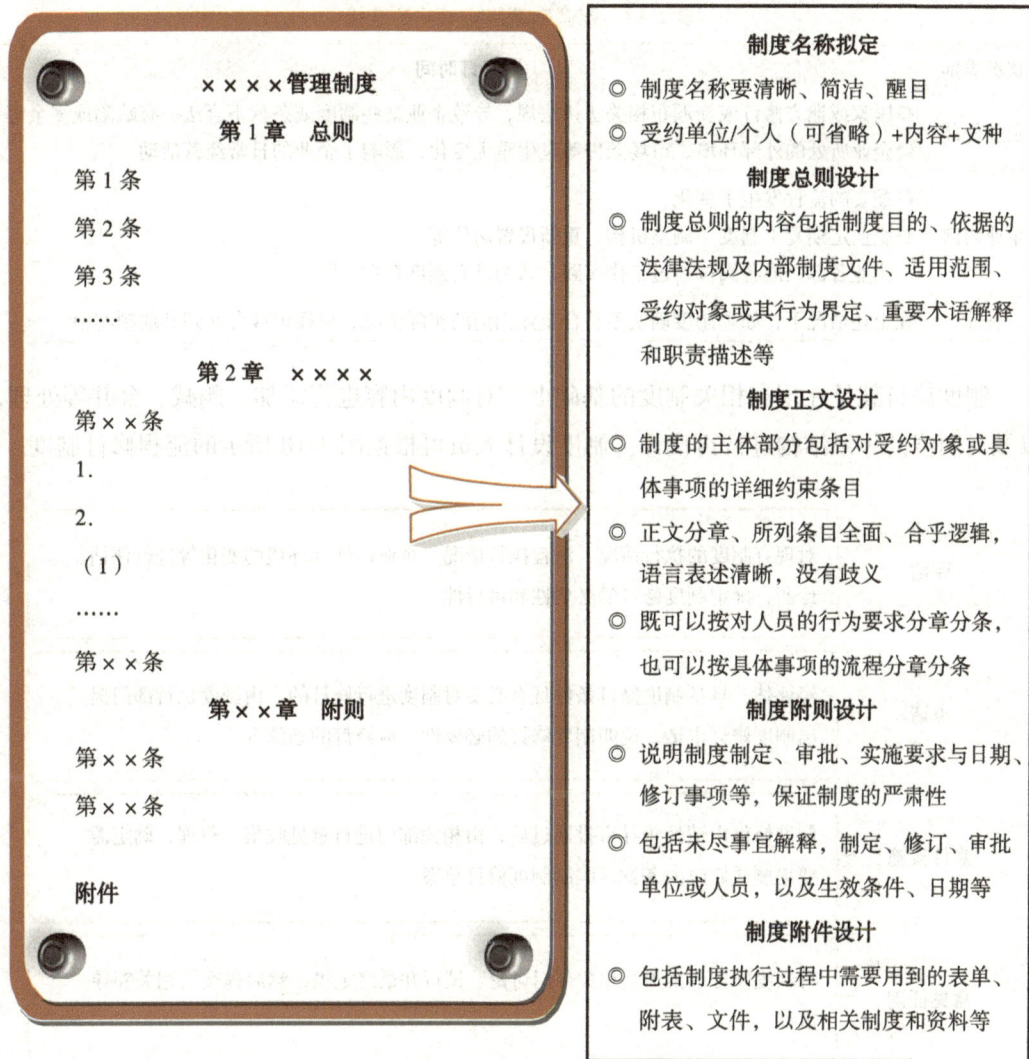

制度名称拟定

◎ 制度名称要清晰、简洁、醒目

◎ 受约单位/个人（可省略）+内容+文种

制度总则设计

◎ 制度总则的内容包括制度目的、依据的法律法规及内部制度文件、适用范围、受约对象或其行为界定、重要术语解释和职责描述等

制度正文设计

◎ 制度的主体部分包括对受约对象或具体事项的详细约束条目

◎ 正文分章、所列条目全面、合乎逻辑，语言表述清晰，没有歧义

◎ 既可以按对人员的行为要求分章分条，也可以按具体事项的流程分章分条

制度附则设计

◎ 说明制度制定、审批、实施要求与日期、修订事项等，保证制度的严肃性

◎ 包括未尽事宜解释，制定、修订、审批单位或人员，以及生效条件、日期等

制度附件设计

◎ 包括制度执行过程中需要用到的表单、附表、文件，以及相关制度和资料等

图 1-17　制度内容框架及设计规范

　　需要说明的是，对于针对性强、内容单一、业务操作性强的制度，正文中不用分章，可直接分条列出，但总则与附则中的有关条目不可省略。

4. 制度修订

　　企业在发展过程中，有些制度可能会成为制约其发展的因素，因此企业需要不断修订、完善甚至废止这些制度。总之，不断推进制度化管理伴随着企业发展的整个过程。

　　制度设计人员或修订人员需要根据实际情况，及时修订与企业发展不相适应的规范、规则和程序，以满足企业日常经营及长远发展的需要。配套制度修订时间的选择如表 1-18 所示。

表 1-18　配套制度修订时间的选择

状况类别	修订时间
企业外部	◎国家或地方修订或新颁布相关法律法规，导致企业某些制度或条款不合法、有缺陷或多余等 ◎企业所处的外部环境、市场条件等发生重大变化，影响了企业的日常经营活动
企业内部	◎配套的流程发生了变化 ◎企业定期复审制度、调整机构、重新设置岗位等 ◎企业各部门或各岗位通过工作实践，认为已有制度存在问题
备注	在上述情况下，如果制度确实不符合企业当前的实际情况，可撤销或合并到其他制度中

制度修订就是在现存相关制度的基础上，对制度内容进行添加、删减、合并等处理，以及对制度的体系结构进行再设计。制度设计人员可根据图 1-18 所示的流程修订制度。

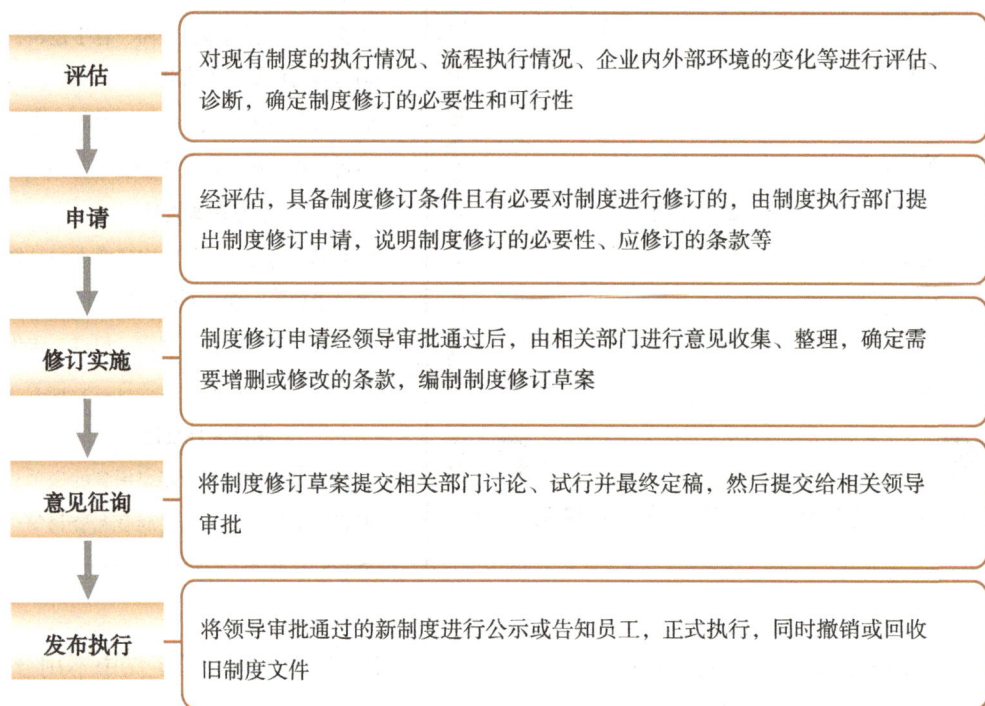

图 1-18　制度修订流程

在制度修订的过程中，制度设计人员要注意以下几点：

- 要适应企业新的机构运行模式与流程管理的要求；
- 要发挥各制度管理部门的主动性和制度执行部门的能动性；
- 要强化各项工作的管理责任要求；
- 要强调各职能部门的管理服务标准；
- 要规范制度的编制格式，为制度的再修订和日后的统稿工作制定标准。

1.4.2　辅助方案设计

方案是指某一项工作或行动的具体计划或针对某一问题制定的规划。撰写工作方案是员工必须完成的一项任务。一份实操性强、思路清晰、富有创新性的方案，不仅有利于方案的实际操作，而且能获得上级领导的称赞。

1. 方案设计的步骤

方案设计步骤如图 1-19 所示。

第1步　确定方案目标主题

将方案的目标主题确立在一定范围内，力求主题明晰，重点突出

第2步　收集相关资料

围绕目标主题收集相关资料

第3步　调查外部环境态势

围绕目标主题进行全面的外部环境调查，掌握第一手资料

第4步　整理与分析资料

综合调查获得的第一手资料和手中的其他资料，整理出对目标主题有用的信息

第5步　提出具体的创意/措施

根据企业的实际需要提出方案策划的创意/措施，并将其具体化

第6步　选择、编制可行方案

将符合目标主题的创意细化成具体的执行方案

第7步　制定方案实施细则

根据选定的方案，将具体的任务分配到各职能部门，分头实施，并按进度表与预算表进行监控

第8步　制定检查、评估办法

对选定的方案制定出详细可行的检查办法、评估标准及成果巩固措施

图 1-19　方案设计步骤

2. 方案的内容结构

方案一般包括指导思想、主要目标、工作重点、实施步骤、政策措施和具体要求等内容，其结构如图 1-20 所示。

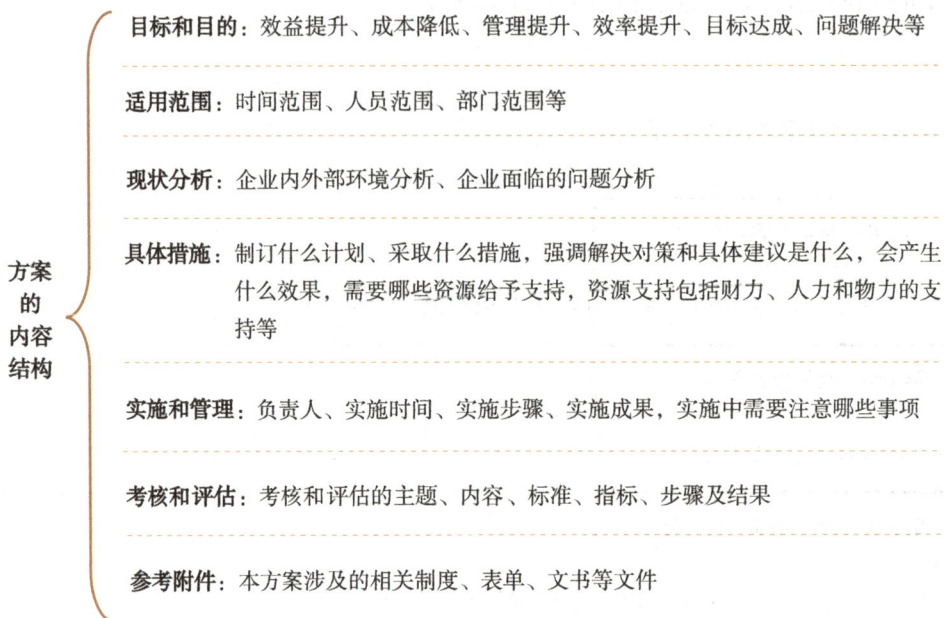

方案的内容结构：

- **目标和目的**：效益提升、成本降低、管理提升、效率提升、目标达成、问题解决等
- **适用范围**：时间范围、人员范围、部门范围等
- **现状分析**：企业内外部环境分析、企业面临的问题分析
- **具体措施**：制订什么计划、采取什么措施，强调解决对策和具体建议是什么，会产生什么效果，需要哪些资源给予支持，资源支持包括财力、人力和物力的支持等
- **实施和管理**：负责人、实施时间、实施步骤、实施成果，实施中需要注意哪些事项
- **考核和评估**：考核和评估的主题、内容、标准、指标、步骤及结果
- **参考附件**：本方案涉及的相关制度、表单、文书等文件

图 1-20　方案的内容结构

1.4.3　文书设计

文书是用于记录信息、交流信息和发布信息的一种工具。企业管理文书是指企业为了某种需要，按照一定的体例和要求形成的书面文字材料，包括各类文书、公文、文件等。

1. 企业管理文书分类

企业管理文书分类如表 1-19 所示。

表 1-19　企业管理文书分类

文书分类	具体文书种类
通用类文书	请示、批复、批示、通知、决定等，由企业统一规定编写格式与编号
合同类文书	劳动合同、业务合同等
会务类文书	企业各类会议的开幕词、闭幕词、演讲稿、会议记录、会议纪要、会议报告和会议提案等
社交类文书	介绍信、感谢信、慰问信、表扬信、祝贺信和邀请函等

文书分类	具体文书种类
法务类文书	纠纷报告书、申诉书、仲裁申请书、起诉书和答辩书等
事务类文书	计划、总结、建议、报告、倡议、简报、启事、消息、号召书、意向书、企划书、调查报告等
制度规范类文书	制度、守则、规定、办法、细则、方案、手册等
与业务工作相关的文书	各项职能及日常事务相关文书，如内部竞聘公告、招聘广告、营销广告等

2. 文书设计的注意事项

- 遵循企业规定的文书格式、编写要求和编号规范。
- 语言表述规范、完整、准确，避免表达残缺、出现歧义等情形。
- 语言简明精炼、言简意赅，行文流畅，主题明确。

3. 文书设计规范

我们以工作计划为例，对文书的设计规范进行说明。工作计划是对即将开展的工作的设想和安排，如提出任务指标、任务完成时间和实施方法等。工作计划既是明确工作目标、推进工作开展的有效指导，也是对工作进度和工作质量进行考核的依据之一。工作计划的内容结构如图 1-21 所示。

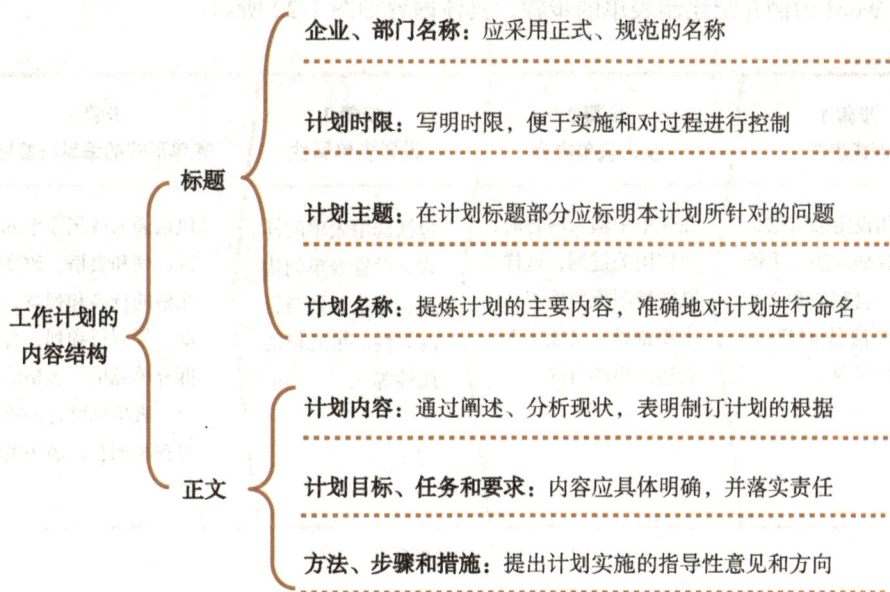

图 1-21　工作计划的内容结构

工作计划的内容结构
- 标题
  - **企业、部门名称**：应采用正式、规范的名称
  - **计划时限**：写明时限，便于实施和对过程进行控制
  - **计划主题**：在计划标题部分应标明本计划所针对的问题
  - **计划名称**：提炼计划的主要内容，准确地对计划进行命名
- 正文
  - **计划内容**：通过阐述、分析现状，表明制订计划的根据
  - **计划目标、任务和要求**：内容应具体明确，并落实责任
  - **方法、步骤和措施**：提出计划实施的指导性意见和方向

1.4.4　表单设计

1. 表单种类

表单主要分为文字表单、工具表单和数量表单三种：

- 文字表单就是将文字信息按要求整理成表单，借以说明某一概念或事项等；
- 工具表单是企业员工经常使用的一种表单；
- 数量表单用于呈现数据，以便相关人员进行统计。

2. 表单的编制要求

表单的编制要求如下：

- 表单的内容要与标题相符；
- 表单的内容应言简意赅；
- 表单的格式应简洁明了且前后连贯。

3. 设计表单

设计表单就是将表单的行、列看作一个坐标的横轴、纵轴，将需要表达的内容清晰、简洁、直观地置入坐标中予以展现。

常见的表单绘制工具有 Word、Excel 等，表单设计人员可以根据工作需要进行选择。下面以 Word 为例介绍绘制表单的步骤，具体内容如图 1-22 所示。

步骤 1 创建表单	步骤 2 输入表单内容	步骤 3 设置表单属性	步骤 4 表单形式的编辑与修饰
运用设定插入法、选择插入法、手绘法、复制法和文本转换法等创建所需的表单	在表单中输入内容时，要使用关键词，这样既能简明扼要地表达主要意思，又能实现表述工整的目的	包括选用表单的样式，设置表单的边框、底纹、列与行的属性、单元格的属性等	包括插入或删除单元格、行、列和表格，改变单元格的行高和列宽，移动、复制行和列，合并、拆分单元格，表格的拆分，表单标题行的重复、对齐和调整，表头的绘制等

图 1-22　绘制表单的步骤

1.5.1 流程诊断分析

流程优化的前提是对现有流程进行调查和研究，分析流程中存在的问题，即流程诊断。

1. 流程诊断分析工作的步骤

流程诊断分析工作的步骤如表 1-20 所示。

表 1-20 流程诊断分析工作的步骤

步骤	工作内容	采用的方法
1. 流程信息收集	◎收集信息/数据，了解企业流程执行现状 ◎找出流程建设、管理中存在的问题 ◎了解企业员工所关心的问题 ◎加强企业员工之间的沟通，让所有员工树立流程管理意识	内部调查、专家访谈、讨论会、外部客户访谈和座谈会等
2. 问题查找与分析	◎清晰地阐述需要解决的问题 ◎将大问题细分成若干小问题，这样更容易解决 ◎分析、探究问题的根源，提出解决方案	NVA/VA 分析法、5Why 分析法、鱼骨图法和逻辑树法等
3. 编制诊断报告	◎根据问题的根源，结合企业的实际情况编制诊断报告 ◎提出问题解决方案，提供创意，优化/再造流程	—

2. 流程诊断分析工作的要求

在流程诊断分析过程中，流程管理人员要重视以下要求，提高诊断工作的科学性、合理性和有效性。

- 不要拘泥于数据，要探究"我试图回答什么问题"。
- 不要在一个问题上绕圈子。
- 开阔视野，避免钻牛角尖。
- 假设也可能被推翻。
- 反复检验观点。
- 细心观察。
- 寻找突破性的观点。

3. 流程诊断分析的方法

企业常用的流程诊断分析方法有 NVA/VA 分析法、5Why 分析法等，具体内容如下。

● NVA/VA 分析法

NVA/VA 分析法是指将构成某一个流程的各项工作任务分为三类，即非增值活动、增值活动和浪费。NVA/VA 分析法的说明如图 1-23 所示。

VA			步骤2	步骤3		步骤5			步骤8
NVA		步骤1			步骤4		步骤6	步骤7	

注：了解增值活动（VA）在流程的全部活动中所占的比重，找出需要改进的重点，制定切实可行的改进目标。

◆ 非增值活动（NVA）指不增加附加值，但却是实现增值不可缺少的活动，是各项增值活动的重要衔接。

◆ 增值活动（VA）指能提高产品或服务的附加值的活动。

◆ 浪费（Waste）指既不能增值也不是必需的活动。

图 1-23　NVA/VA 分析法的说明

● 5Why 分析法

5Why 分析法是指在对某一个流程进行诊断、分析和改进时，需针对其提出以下问题并给出答案。

◆ 为什么确定这样的工作内容？

◆ 为什么在这个时间和这个地点做？

◆ 为什么由这个人来做？

◆ 为什么采用这种方式做？

◆ 为什么需要这么长时间？

流程管理人员根据以上五个问题的答案，找出企业流程在实际运行过程中存在的问题，分析问题的根源，从而制定流程优化或再造方案。

1.5.2　流程优化的注意事项

流程优化的注意事项如下：

● 优化那些不能给企业带来利润或者效率、效益较差的流程，或者在日常运行中容易出现问题的流程；

● 优化那些对企业运营非常重要且急需改造的流程；

● 优化流程必须先易后难；

● 经过优化的流程必须和原有流程紧密衔接，确保流程管理的系统性和全面性；

● 经过优化的流程必须具有可操作性和稳定性。

1.5.3　流程优化程序

企业流程优化工作应抓住重点，找出最急迫和最重要的需求点。流程优化的具体程序如图1-24所示。

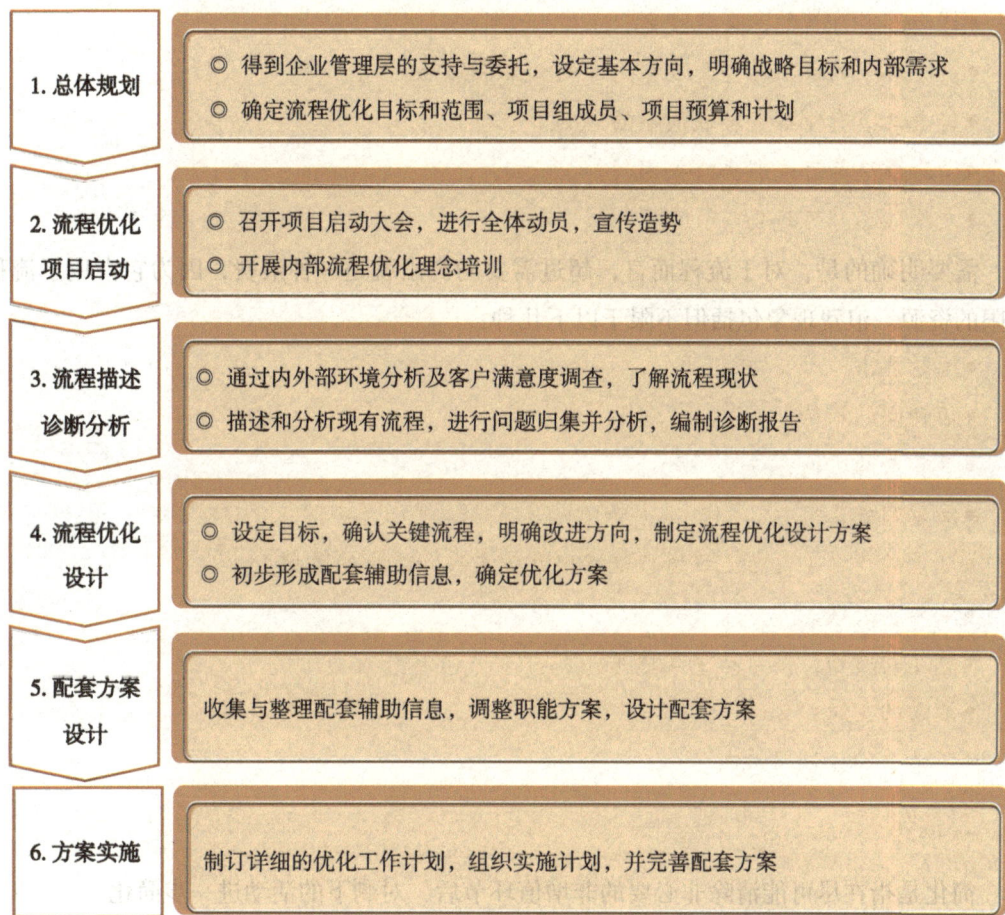

1. 总体规划	◎ 得到企业管理层的支持与委托，设定基本方向，明确战略目标和内部需求 ◎ 确定流程优化目标和范围、项目组成员、项目预算和计划
2. 流程优化 项目启动	◎ 召开项目启动大会，进行全体动员，宣传造势 ◎ 开展内部流程优化理念培训
3. 流程描述 诊断分析	◎ 通过内外部环境分析及客户满意度调查，了解流程现状 ◎ 描述和分析现有流程，进行问题归集并分析，编制诊断报告
4. 流程优化 设计	◎ 设定目标，确认关键流程，明确改进方向，制定流程优化设计方案 ◎ 初步形成配套辅助信息，确定优化方案
5. 配套方案 设计	收集与整理配套辅助信息，调整职能方案，设计配套方案
6. 方案实施	制订详细的优化工作计划，组织实施计划，并完善配套方案

图1-24　流程优化的具体程序

总体来说，流程优化工作包括以下三步：

● 现在何处——流程现状分析；

● 应在何处——流程优化目标；

● 如何到达该处——流程优化方法和途径。

1.5.4　流程优化 ESIA 法

企业流程优化可以从清除（Eliminate）、简化（Simplify）、整合（Integrate）和自动化（Automate）四个方面入手，该方法简称为"ESIA法"，它可以帮助企业减少流程中的非增值活动，调整流程中的核心增值活动。

1. 清除

清除主要指对企业现有流程内的非增值活动予以清除。

企业可通过以下问题判断某一活动环节是属于增值还是非增值。

- 这个环节存在的意义是什么？
- 这个环节的成果是整个流程完成的必要条件吗？
- 这个环节有哪些直接或间接的影响？
- 清除该环节可以解决哪些问题？
- 清除该环节可行吗？

需要明确的是，对于流程而言，超过需要的产出就是一种浪费，因为它占用了流程有限的资源。浪费现象包括但不限于以下几种：

- 过量产出；
- 活动间的等待；
- 不必要的运输；
- 反复的作业；
- 过量的库存（包括流程运行过程中大量文件和信息的淤积）；
- 缺陷、失误；
- 重复的活动，如信息重复录入；
- 活动的重组；
- 不必要的跨部门协调。

2. 简化

简化是指在尽可能清除非必要的非增值环节后，对剩下的活动进一步简化。

简化的方法包括但不限于以下几种。

- 简化表单：消除表单设计上的重复内容，借助相关技术，梳理表单的流转，从而减少工作量和一些不必要的活动环节。
- 简化流程步骤/环节：运用IT技术，提高员工处理信息的能力，简化流程步骤，整合工作内容，提高流程结构效率。
- 简化沟通。
- 简化物流：如调整任务顺序或增加信息的提供。

3. 整合

整合，即对分解的流程进行整合，以使流程顺畅、连贯，更好地满足客户的需求。

- 活动整合：将活动进行整合，授权一个人完成一系列简单活动，减少活动转交过程中的出错率，缩短工作处理时间。
- 团队整合：合并专家组成团队，形成"个案团队"或"责任团队"，缩短物料、信息和文件传递的距离，改善在同一流程中工作的人与人之间的沟通。
- 供应商（流程的上游）整合：减少企业和供应商之间的一些不必要的业务手续，建立信任和伙伴关系，整合双方流程。
- 客户（流程的下游）整合：面向客户，与客户建立良好的合作关系，整合企业和客户的各种关系。

4. 自动化

- 简单、重复与乏味的工作自动化。
- 数据的采集与传输自动化。减少反复采集数据，并缩短单次采集时间。
- 数据分析自动化。通过分析软件，对数据进行收集、整理与分析，提高信息利用率。

1.6 流程再造

1.6.1 流程再造的核心

企业流程再造也叫作"企业再造"，或简称为"再造"。它是 20 世纪 90 年代初期兴起的一种新的管理理念和管理方法，被誉为继"科学管理"和全面质量管理（TQC）之后的"第三次管理革命"。

企业再造概念的创始者迈克尔·哈默（Michael Hammer）和詹姆斯·钱皮（James Champy）在《企业再造——商业革命宣言》（*Reengineering the Corporation: A Manifesto for Business Revolution*）一书中指出，"再造就是对企业的流程、组织结构、文化进行彻底的、急剧的重塑，以达到绩效的飞跃"。

流程再造的核心，不是单纯地对企业的管理与业务流程进行再造，而是将以职能为核心的传统企业改造成以流程为核心的新型企业，这也就是我们所说的企业再造。通过不断地变革与创新（从广义上讲，这里不仅包括流程再造，还包括企业组织的再造和变革），使原来趋向衰落的企业重新焕发生机，并且永远充满朝气和活力。

1.6.2　流程再造的基础

当前，市场竞争越来越激烈，企业要想在激烈的市场竞争中求得生存和发展，且立于不败之地，就必须全面、彻底地了解客户的需求，最大限度地满足客户的需求，并且不断适应外部市场环境的变化。企业进行流程设计与流程再造的目的是使内部管理流程规范化，并对其不断加以改造，只有这样企业才能适应不断变化的市场形势。

通常情况下，现代企业所面临的外部挑战主要来自客户（Customer）、变化（Change）、竞争（Competition）三个方面。由于这三个英文单词的首字母都是 C，所以外部挑战又称为"3C 挑战"。企业在进行流程设计与流程再造时，切记要把握好"3C"。只有这样，企业所设计或再造的流程才能够适应自身的发展和市场的变化，满足客户的需求。

以上是企业进行流程设计或流程再造时的外部条件。

就企业内部而言，企业中长期发展战略规划是流程设计与流程再造的基础条件。因此，企业应先制定出发展战略，再着手开展流程设计与流程再造工作。

1.6.3　流程再造的程序

企业流程再造的一般程序如表 1-21 所示。

表 1-21　企业流程再造的一般程序

一般程序	具体事项
1. 设定基本方向	（1）得到高层管理者的支持 （2）明确战略目标，确定流程再造的基本方针 （3）分析流程再造的可行性 （4）设定流程再造的出发点
2. 项目准备与启动	（1）成立流程再造小组 （2）设立具体工作目标 （3）宣传流程再造工作 （4）设计与落实相关的培训
3. 流程问题诊断	（1）进行现状分析，包括内外部环境分析、现行流程状态分析等 （2）发现问题
4. 确定再造方案，重设流程	（1）明确流程方案设计与工作重点 （2）确认工作计划目标、时间以及预算计划等 （3）分解责任、任务 （4）明确监督与考核办法 （5）制定具体行动策略

一般程序	具体事项
5. 实施流程再造方案	（1）成立实施小组 （2）对参加人员进行培训 （3）发动全员配合 （4）新流程试验性启动、检验 （5）全面开展新流程
6. 流程监测与改善	（1）观察流程运作状况 （2）与预定再造目标进行比较分析 （3）对不足之处进行修正和改善

企业流程评估及流程再造的操作要点如下。

1. 流程评估的操作要点

- 确定企业与上下游互动关系的流程。
- 定义企业核心流程绩效评估的指标。
- 分析企业现有流程运作模式的优势和劣势。
- 确认企业流程现有运作模式。
- 确认企业流程的客户价值点。
- 确认企业流程与组织的关系。
- 确认企业流程的资源及成本。
- 分析决定企业流程再造的优先级别。

2. 流程再造的操作要点

- 了解现有流程及其目标、范围。
- 对比现有流程结构的优势和劣势。
- 分析流程各活动环节的责任归属。
- 确认与流程相匹配的绩效指标。
- 分析流程的瓶颈及再造切入点。
- 确定是否对流程控制点重新设计。
- 确认经重新设计的新流程系统。
- 建立评估体系，对新流程进行监测。

1.6.4 流程再造的技巧

图 1-25 提供了一些流程再造的技巧，供读者参考。

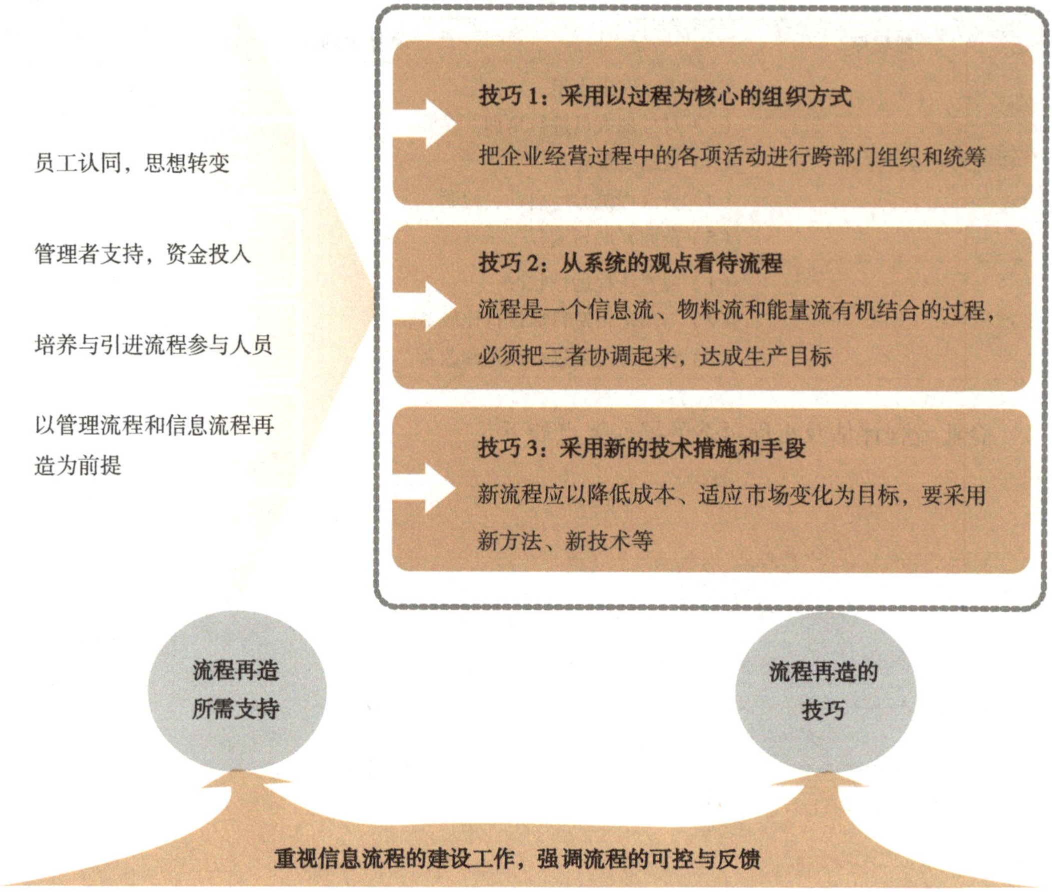

员工认同，思想转变

管理者支持，资金投入

培养与引进流程参与人员

以管理流程和信息流程再
造为前提

技巧1：采用以过程为核心的组织方式

把企业经营过程中的各项活动进行跨部门组织和统筹

技巧2：从系统的观点看待流程

流程是一个信息流、物料流和能量流有机结合的过程，
必须把三者协调起来，达成生产目标

技巧3：采用新的技术措施和手段

新流程应以降低成本、适应市场变化为目标，要采用
新方法、新技术等

流程再造
所需支持

流程再造的
技巧

重视信息流程的建设工作，强调流程的可控与反馈

图 1-25　流程再造的技巧

2.1　运营管理流程设计

2.1.1　流程设计的目的

企业设计运营管理流程的目的如下：

（1）合理安排各部门及各岗位人员的工作职责，确保各项工作有序推进，提高企业的运营效率；

（2）提升企业的运营管理水平，完善企业的运营体系。

2.1.2　流程结构设计

运营管理包括六大事项，我们可以就每个事项设计相应的流程，即运营战略制定管理流程、年度运营计划制订管理流程、数据分析管理流程、运营偏差分析管理流程、运营战略调整管理流程和运营会议管理流程，具体如图 2-1 所示。

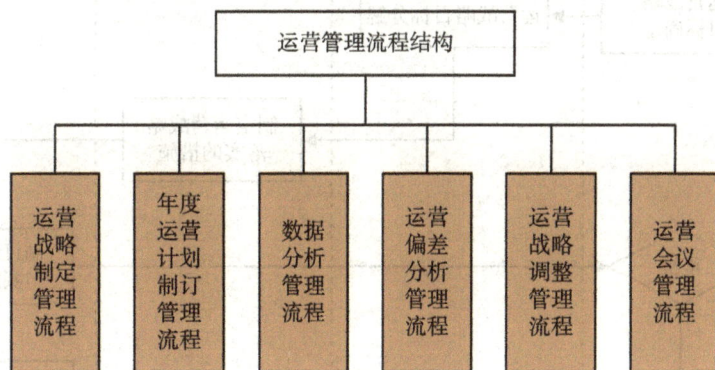

图 2-1　运营管理流程结构

2.2.1　运营战略制定管理流程设计

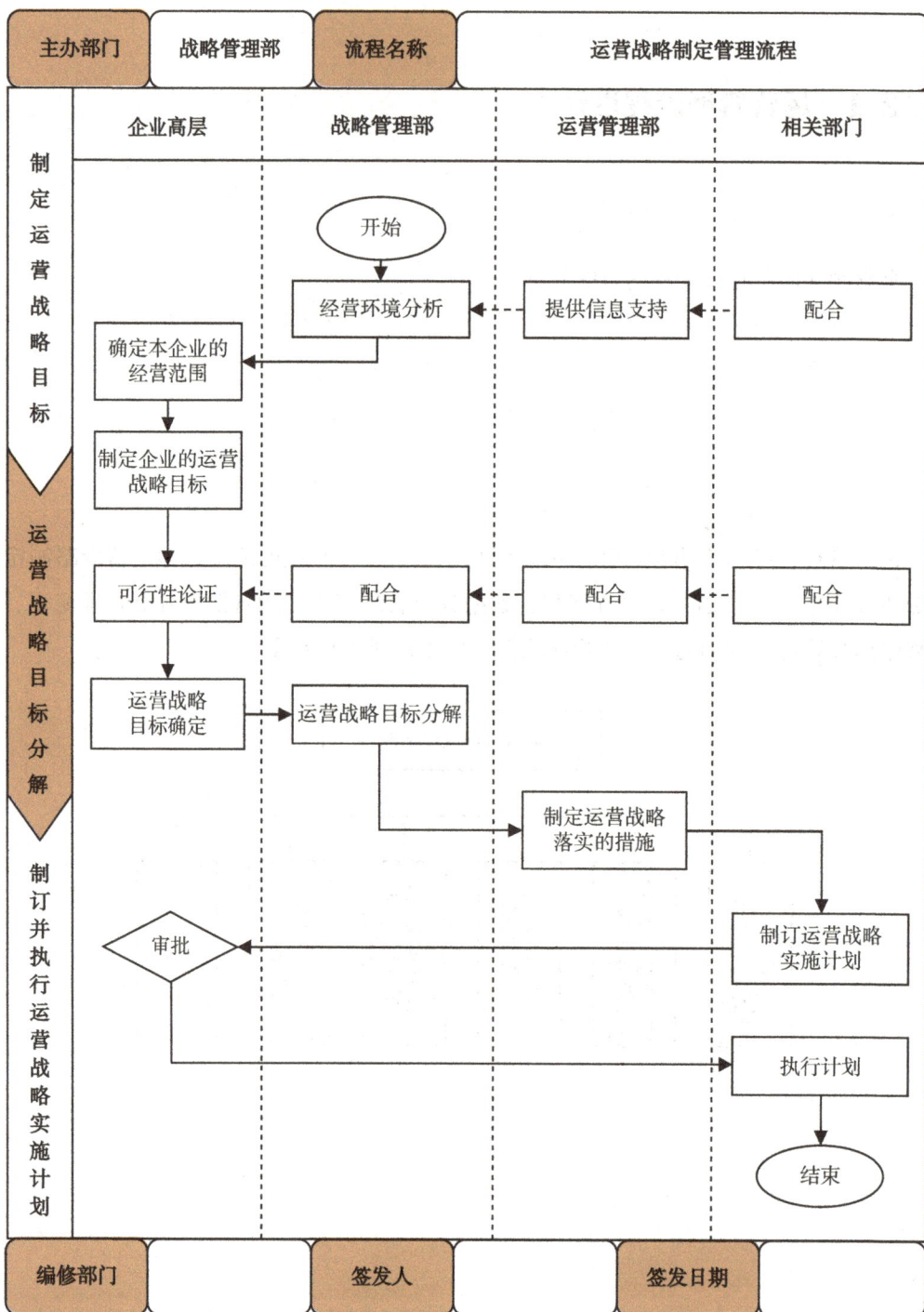

主办部门	战略管理部	流程名称	运营战略制定管理流程

	企业高层	战略管理部	运营管理部	相关部门

制定运营战略目标

开始

经营环境分析 ← 提供信息支持 ← 配合

确定本企业的经营范围

制定企业的运营战略目标

运营战略目标分解

可行性论证 ← 配合 ← 配合 ← 配合

运营战略目标确定 → 运营战略目标分解

制定运营战略落实的措施

制订运营战略实施计划

审批

执行计划

结束

编修部门		签发人		签发日期	

2.2.2 运营战略制定管理执行程序、工作标准、考核指标、执行规范

任务名称	执行程序、工作标准与考核指标
	执行程序
制定运营战略目标	**1. 经营环境分析** ☆战略管理部须对本企业的经营环境进行分析，并预测其未来的发展趋势，以及这些趋势可能对本企业造成的影响。 ☆运营管理部需要向战略管理部提供信息支持。 **2. 确定本企业的经营范围** 通过对本企业内外部环境的分析，企业高层据此确定本企业的经营范围，即生产什么产品或提供何种服务。 **3. 制定企业的运营战略目标** 企业高层从目标方向和目标水平两个方面来制定本企业的运营战略目标。 **工作重点** 战略管理部应采用恰当的方法对本企业的经营环境进行分析。
	工作标准
	☆内容标准：经营环境分析内容包括本企业经营的内部环境与外部环境两个方面。 ☆时间标准：经营环境分析工作应在＿＿＿个工作日内完成。
	执行程序
运营战略目标分解	**1. 可行性论证** 企业的运营战略目标制定出来后，企业高层需要召开讨论会，论证该目标的可行性。 **2. 运营战略目标分解** 确定企业的运营战略目标后，战略管理部应将该目标进行分解，落实到各部门。 **3. 制定运营战略落实的措施** 根据本企业现有的资源，运营管理部制定保障本企业运营战略落实的措施。 **工作重点** 运营管理部制定的运营战略落实措施要切实可行。
	工作标准
	战略管理部在分解运营战略目标时，既不要有遗漏，也不要有重复。
制订并执行运营战略实施计划	**执行程序**
	☆相关部门根据本企业运营战略的要求，制订完善的运营战略实施计划。 ☆相关部门将运营战略实施计划提交给企业高层审批，审批通过后，相关部门组织执行计划。 **工作重点** 相关部门要严格执行运营战略实施计划。
	工作标准
	运营战略实施计划内容包括每个工作环节的起始时间、详细的工作步骤和工作目标。
执行规范	
"运营战略实施计划"。	

2.3 年度运营计划制订管理流程设计与工作执行

2.3.1 年度运营计划制订管理流程设计

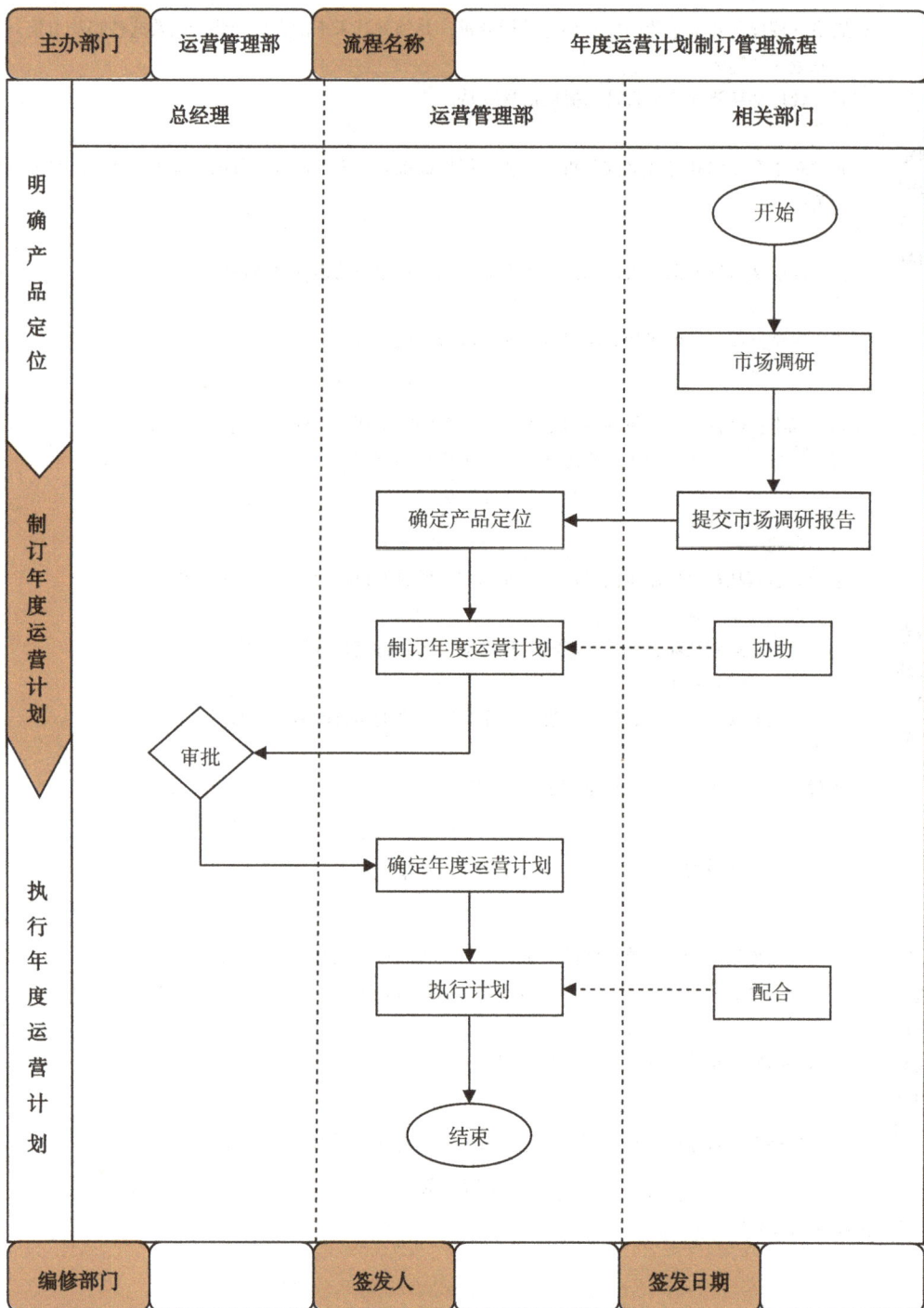

主办部门	运营管理部	流程名称	年度运营计划制订管理流程

	总经理	运营管理部	相关部门

明确产品定位

制订年度运营计划

执行年度运营计划

开始 → 市场调研 → 提交市场调研报告 → 确定产品定位 → 制订年度运营计划 ← 协助

制订年度运营计划 → 审批 → 确定年度运营计划 → 执行计划 ← 配合 → 结束

编修部门		签发人		签发日期	

2.3.2　年度运营计划制订管理执行程序、工作标准、考核指标、执行规范

任务名称	执行程序、工作标准与考核指标
	执行程序
明确产品定位	**1.市场调研** 　　在明确本企业产品特性的前提下，相关部门人员开展市场调研工作，将本企业的产品与市场上同类产品进行比较，明确本企业产品的优势与劣势。 **2.提交市场调研报告** 　　相关部门根据市场调研结果撰写市场调研报告，并提交给运营管理部。 **3.确定产品定位** 　　运营管理部根据相关部门提交的市场调研报告，结合本企业的发展目标，确定本企业的产品定位。 **工作重点** 　　运营管理部应明确本企业产品的优劣势及目标客户群体。
	工作标准
	市场调研报告应在＿＿＿个工作日内撰写完成。
	考核指标
	市场调研计划完成率，其计算公式如下： $$市场调研计划完成率 = \frac{已完成的市场调研项目数}{应完成的市场调研项目数} \times 100\%$$
	执行程序
制订年度运营计划	**1.制订年度运营计划** 　　运营管理部在相关部门的协助下，根据已确定的产品定位来制订年度运营计划，并提交给总经理审批。 **2.确定年度运营计划** 　　年度运营计划审批通过后，运营管理部根据总经理的审批意见修订与完善计划，确定最终的年度运营计划。 **工作重点** 　　年度运营计划的内容应完整且重点突出。
	工作标准
	年度运营计划应在次年1月＿＿＿日前制订完成。
	执行程序
执行年度运营计划	运营管理部组织执行年度运营计划。 **工作重点** 　　相关部门要配合运营管理部执行年度运营计划。
	工作标准
	运营管理部要全面落实年度运营计划。
	执行规范
	"年度运营计划""市场调研报告"。

2.4.1　数据分析管理流程设计

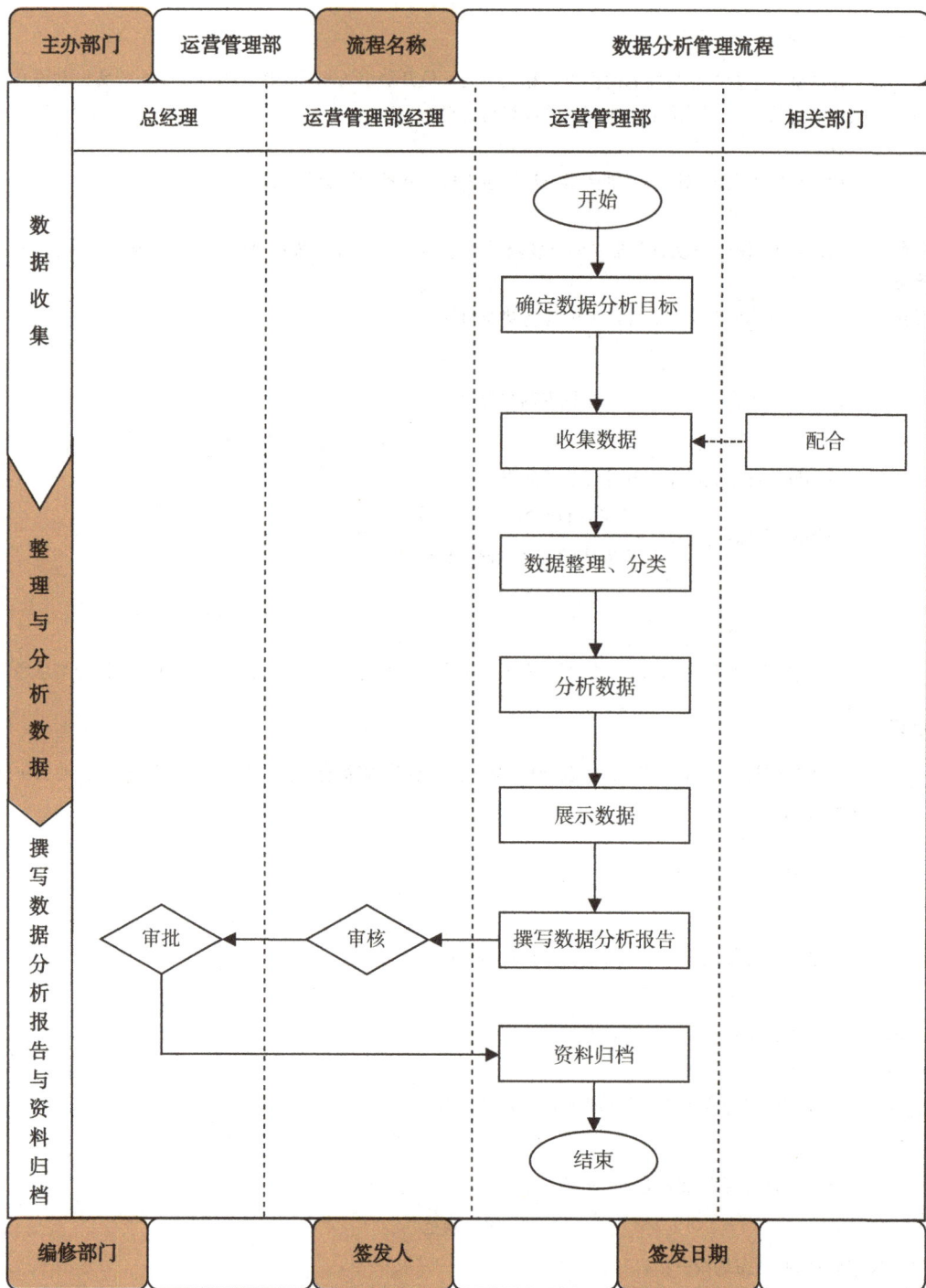

主办部门	运营管理部	流程名称	数据分析管理流程
	总经理	运营管理部经理	运营管理部	相关部门

数据收集

整理与分析数据

撰写数据分析报告与资料归档

开始

↓

确定数据分析目标

↓

收集数据 ← 配合

↓

数据整理、分类

↓

分析数据

↓

展示数据

↓

审批 ← 审核 ← 撰写数据分析报告

↓

资料归档

↓

结束

编修部门		签发人		签发日期	

企业运营管理 流程设计与工作标准

2.4.2 数据分析管理执行程序、工作标准、考核指标、执行规范

任务名称	执行程序、工作标准与考核指标
数据收集	**执行程序** **1. 确定数据分析目标** 在开展数据分析工作前，运营管理部要结合工作需要事先确定数据分析的目标。 **2. 收集数据** 运营管理部在相关部门的配合下，有针对性地收集所需要的数据。 **工作重点** 运营管理部确定的数据分析目标要合理。 **工作标准** ☆内容标准：运营管理部需要收集的数据包括一手数据和二手数据，一手数据是指可以直接获取的数据，如企业内部的数据、市场调查获得的数据等；二手数据是指经过加工整理后得到的数据，如互联网上发布的数据、公开出版物中的数据等。 ☆时间标准：数据收集工作应在____个工作日内完成。
整理与 分析数据	**执行程序** **1. 数据整理、分类** ☆运营管理部人员应对收集到的数据进行整理、分类。 ☆运营管理部人员在整理数据的过程中，要剔除虚假、重复的数据。 **2. 分析数据** 运营管理部人员应采用恰当的方法对数据进行分析。 **工作重点** 运营管理部人员要注意鉴别真实数据与虚假数据。 **工作标准** ☆质量标准：运营管理部人员要确保数据的真实性和准确性。 ☆方法标准：常用的数据分析方法有对比分析法、结构分析法、平均分析法、权重分析法和杜邦分析法等。
撰写数据 分析报告 与 资料归档	**执行程序** **1. 展示数据** 运营管理部应将数据分析结果以图、表等形式展示出来。 **2. 撰写数据分析报告** 运营管理部根据数据分析结果撰写数据分析报告，并提交给运营管理部经理审核，之后报总经理审批。 **3. 资料归档** 数据分析报告审批通过后，运营管理部应及时将数据分析管理过程中产生的相关资料归档。 **工作重点** 数据分析报告中须提出具有可行性的建议或解决方案。 **工作标准** 数据分析报告应在____个工作日内撰写完成。 **考核指标** 数据分析报告应一次性审批通过。
执行规范	
"数据分析报告"。	

2.5　运营偏差分析管理流程设计与工作执行

2.5.1　运营偏差分析管理流程设计

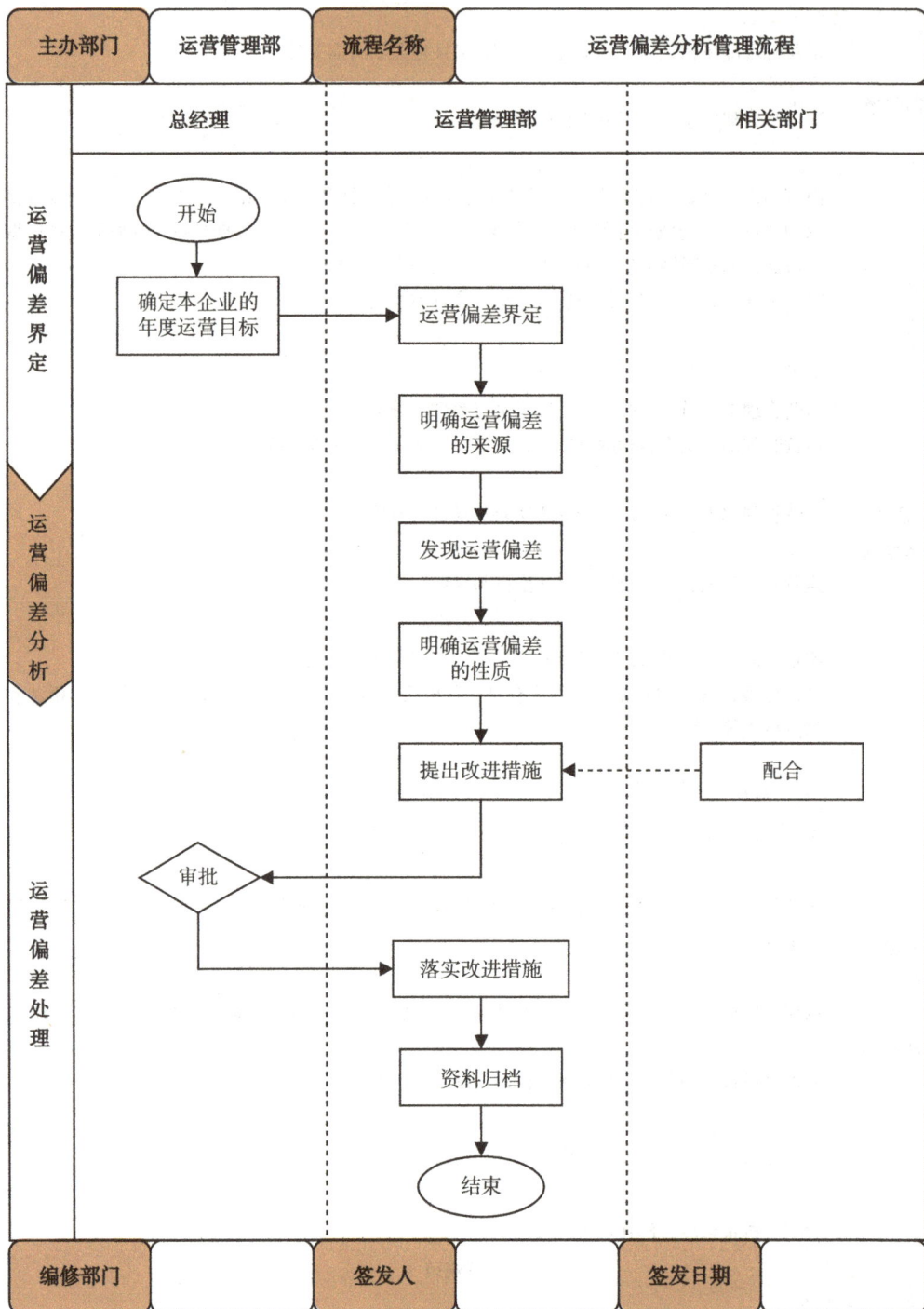

主办部门	运营管理部	流程名称	运营偏差分析管理流程

	总经理	运营管理部	相关部门

运营偏差界定

开始 → 确定本企业的年度运营目标 → 运营偏差界定 → 明确运营偏差的来源

运营偏差分析

发现运营偏差 → 明确运营偏差的性质 → 提出改进措施 ←---- 配合

运营偏差处理

审批 → 落实改进措施 → 资料归档 → 结束

编修部门		签发人		签发日期	

2.5.2 运营偏差分析管理执行程序、工作标准、考核指标、执行规范

任务名称	执行程序、工作标准与考核指标
运营偏差界定	**执行程序** **1.确定本企业的年度运营目标** 总经理根据本企业的运营战略目标,确定本企业的年度运营目标。 **2.运营偏差界定** 运营管理部围绕销售、利润和成本管理等方面进行运营偏差界定。 **3.明确运营偏差的来源** 运营管理部须明确运营偏差的来源。企业运营偏差的来源主要集中在生产管理、物料管理、质量管理、服务管理,以及未在上述列出但可能会对产品质量产生影响的事件。 **工作重点** 各类运营偏差界定应清晰且便于操作。 **工作标准** 总经理在确定本企业的年度运营目标时,既要考虑本企业的战略发展方向,也要考虑现实的可行性。
运营偏差分析	**执行程序** **1.发现运营偏差** 运营管理部人员在工作中发现运营偏差后,应在____分钟内将相关情况报告给本部门主管。 **2.明确运营偏差的性质** 运营管理部主管根据相关人员反映的情况,明确运营偏差的性质,其是重要偏差还是一般性问题。 **工作重点** 运营管理部人员在发现运营偏差后,应分析出现偏差的原因。 **工作标准** 运营管理部人员在发现运营偏差后,须在规定的时间内填写偏差处理单,其内容主要包括偏差情况描述,如时间、地点、起因、所导致的结果等。
运营偏差处理	**执行程序** **1.提出改进措施** ☆运营管理部人员根据偏差的性质及原因分析结果提出改进措施,以纠正偏差。 ☆运营管理部人员应将改进措施整理成报告提交给总经理审批。 **2.落实改进措施** 改进措施审批通过后,运营管理部根据总经理的审批意见落实改进措施。 **3.资料归档** 运营管理部应将运营偏差分析管理过程中产生的相关资料归档。 **工作重点** 运营管理部提出的改进措施符合本企业实际。 **工作标准** 改进措施应在____个工作日内提出,并提交给总经理审批。 **考核指标** 运营管理部要全面落实改进措施。
执行规范	
"企业运营管理制度""偏差处理单"。	

2.6　运营战略调整管理流程设计与工作执行

2.6.1　运营战略调整管理流程设计

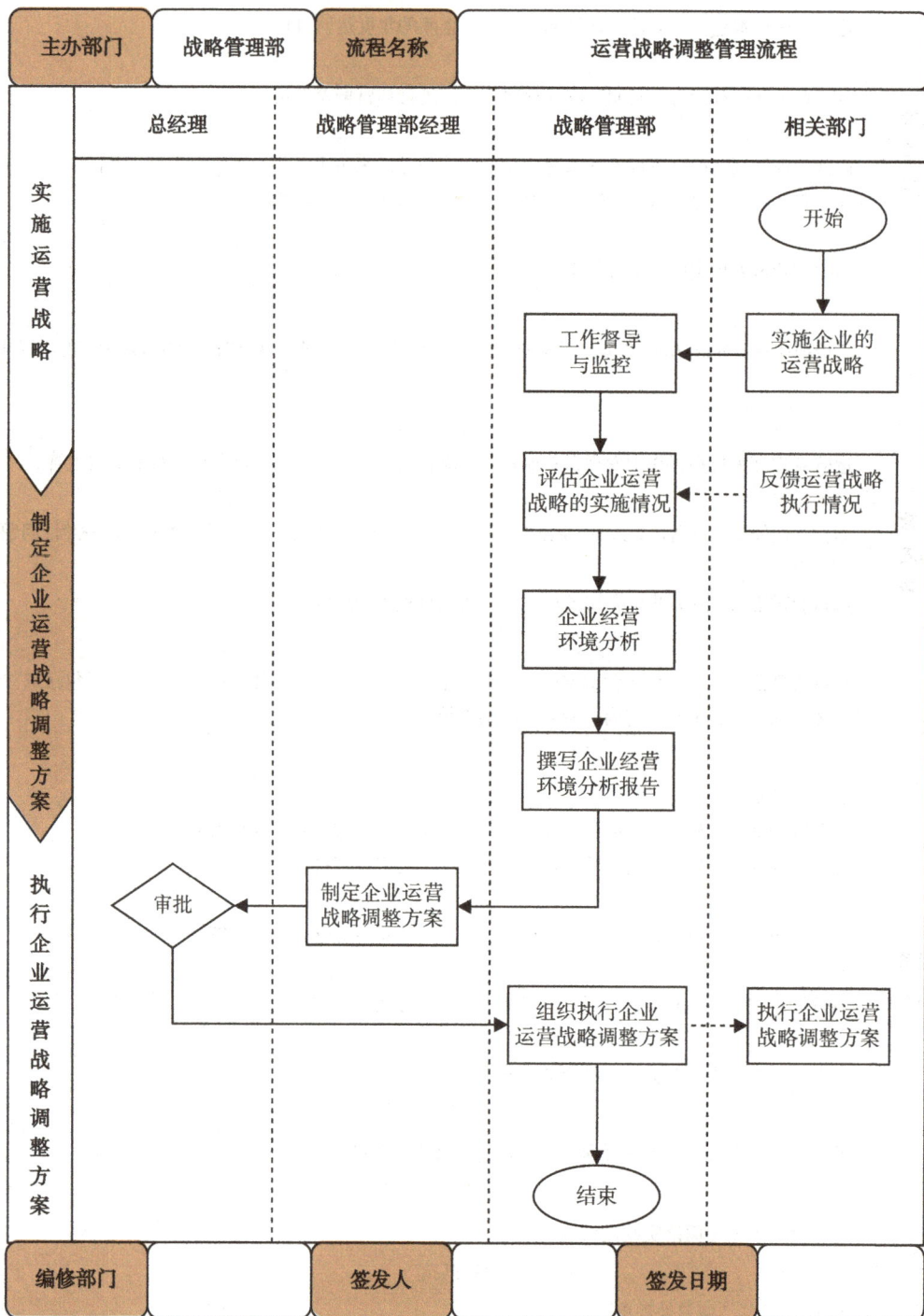

主办部门	战略管理部	流程名称	运营战略调整管理流程		
	总经理	战略管理部经理	战略管理部	相关部门	

实施运营战略 / 制定企业运营战略调整方案 / 执行企业运营战略调整方案

```
                                                    ┌──────────┐
                                                    │   开始   │
                                                    └────┬─────┘
                                                         ↓
                        ┌──────────┐            ┌──────────┐
                        │ 工作督导 │ ←───────── │ 实施企业的│
                        │ 与监控   │            │ 运营战略 │
                        └────┬─────┘            └──────────┘
                             ↓
                        ┌──────────┐            ┌──────────┐
                        │评估企业运营│ ‑ ‑ ‑ ‑ ‑│反馈运营战略│
                        │战略的实施情况│          │执行情况  │
                        └────┬─────┘            └──────────┘
                             ↓
                        ┌──────────┐
                        │企业经营  │
                        │环境分析  │
                        └────┬─────┘
                             ↓
                        ┌──────────┐
                        │撰写企业经营│
                        │环境分析报告│
                        └────┬─────┘
                             ↓
        ┌──────┐      ┌──────────┐
        │ 审批 │ ←─── │制定企业运营│
        └──┬───┘      │战略调整方案│
           │          └──────────┘
           └──────────────────→ ┌──────────┐      ┌──────────┐
                                 │组织执行企业│ ‑ ‑→ │执行企业运营│
                                 │运营战略调整方案│    │战略调整方案│
                                 └────┬─────┘      └──────────┘
                                      ↓
                                 ┌──────────┐
                                 │   结束   │
                                 └──────────┘
```

编修部门		签发人		签发日期	

2.6.2　运营战略调整管理执行程序、工作标准、考核指标、执行规范

任务名称	执行程序、工作标准与考核指标
实施运营战略	**执行程序** **1.实施企业的运营战略** 　相关部门组织实施本企业的运营战略。 **2.工作督导与监控** 　战略管理部对相关部门实施企业运营战略的过程进行督导与监控。 **3.评估企业运营战略的实施情况** ☆相关部门应定期向战略管理部反馈运营战略执行情况。 ☆战略管理部根据相关部门反馈的信息，评估本企业运营战略的实施情况。 **工作重点** 　战略管理部在评估本企业运营战略的实施情况时要客观。 **工作标准** 　战略管理部应于每年＿＿＿月和次年＿＿＿月，定期就本企业运营战略的实施情况进行评估。
制定企业运营战略调整方案	**执行程序** **1.企业经营环境分析** 　战略管理部应适时地对本企业的经营环境进行分析，撰写企业经营环境分析报告，并提交给战略管理部经理。 **2.制定企业运营战略调整方案** 　战略管理部经理根据企业经营环境分析报告制定企业运营战略调整方案，并提交给总经理审批。 **工作重点** 　企业运营战略调整方案应内容全面、结构清晰。 **工作标准** 　企业经营环境分析需要从内外部环境两个方面进行，内部环境分析内容包括企业管理现状、竞争力和技术水平等；外部环境分析内容包括行业政策、行业总体概况、市场需求分析、行业竞争环境分析和竞争对手分析等。
执行企业运营战略调整方案	**执行程序** 　企业运营战略调整方案审批通过后，战略管理部组织执行方案。 **工作重点** 　相关部门要严格执行企业运营战略调整方案。 **工作标准** 　战略管理部在执行企业运营战略调整方案的过程中，发现问题要及时处理。 **考核指标** 　企业运营战略调整方案执行到位。
执行规范	
"企业经营环境分析报告""企业运营战略调整方案"。	

第 2 章 | 运营管理

2.7.1 运营会议管理流程设计

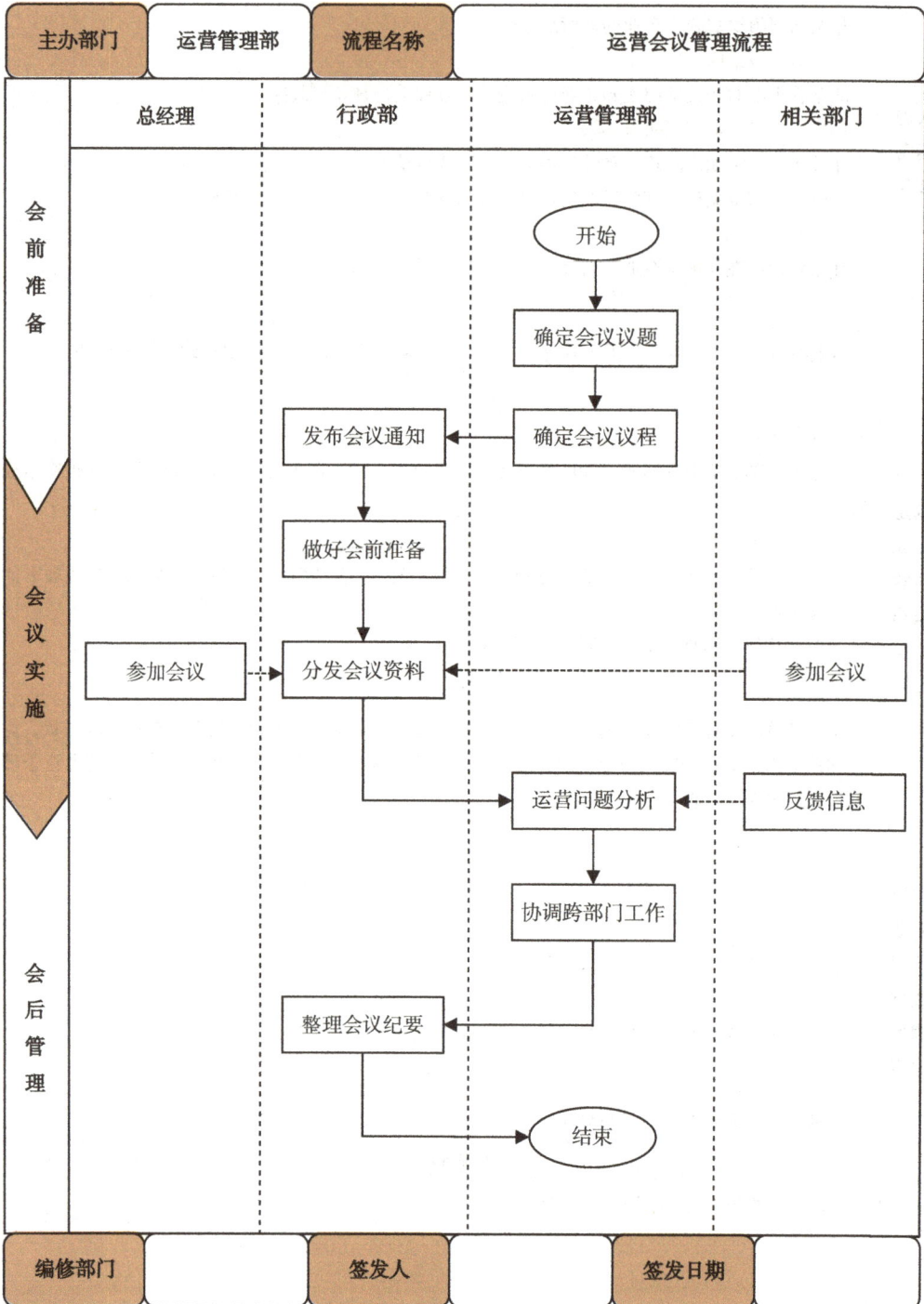

主办部门	运营管理部	流程名称	运营会议管理流程

	总经理	行政部	运营管理部	相关部门

会前准备

会议实施

会后管理

```
                                        ┌──────────┐
                                        │   开始   │
                                        └────┬─────┘
                                             ↓
                                      ┌────────────┐
                                      │ 确定会议议题 │
                                      └─────┬──────┘
                                             ↓
                      ┌────────────┐   ┌────────────┐
                      │ 发布会议通知 │←──│ 确定会议议程 │
                      └─────┬──────┘   └────────────┘
                             ↓
                      ┌────────────┐
                      │ 做好会前准备 │
                      └─────┬──────┘
                             ↓
  ┌────────┐        ┌────────────┐                    ┌────────┐
  │ 参加会议 │┄┄┄┄┄→│ 分发会议资料 │←┄┄┄┄┄┄┄┄┄┄┄┄┄┄┄┄┄│ 参加会议 │
  └────────┘        └─────┬──────┘                    └────────┘
                             │
                             │          ┌────────────┐  ┌────────┐
                             └────────→│ 运营问题分析 │←┄│ 反馈信息 │
                                        └─────┬──────┘  └────────┘
                                               ↓
                                        ┌──────────────┐
                                        │ 协调跨部门工作 │
                                        └─────┬────────┘
                    ┌────────────┐             ↓
                    │ 整理会议纪要 │←───────────┘
                    └─────┬──────┘
                           │          ┌──────────┐
                           └────────→│   结束   │
                                      └──────────┘
```

编修部门		签发人		签发日期	

2.7.2 运营会议管理执行程序、工作标准、考核指标、执行规范

任务名称	执行程序、工作标准与考核指标
会前准备	**执行程序** **1. 确定会议议题** 　运营管理部根据会议的目标和任务，确定会议议题。 **2. 确定会议议程** 　运营管理部根据会议议题，确定会议议程。 **3. 做好会前准备** ☆行政部负责发布会议通知。 ☆行政部负责准备会议现场所需要的会议资料、用品等。 **工作重点** 　行政部需要对会场及会议资料进行检查，确保会议的顺利开展。 **工作标准** 会议议题表述清晰准确。 **考核指标** 会议准备的充分性：无因会议准备不充分而影响会议进程的情况出现。
会议实施	**执行程序** **1. 分发会议资料** ☆行政部人员向与会人员分发会议资料。 ☆与会人员应准时参加会议，因事缺席需提前向会议主办部门请假。 **2. 运营问题分析** ☆运营管理部根据相关部门反馈的信息，找出工作中存在的问题。 ☆与会人员针对企业运营中存在的问题进行分析、讨论，并就问题解决办法达成一致意见。 **3. 协调跨部门工作** 　在业务开展的过程中，涉及跨部门处理的事宜由主办部门提出，运营管理部予以配合。 **工作重点** 　在对企业运营中存在的问题进行分析时，不能只停留在表面，需要找到问题的核心所在，并提出问题解决办法。 **工作标准** 会议发言内容不能脱离会议议题。
会后管理	**执行程序** 行政部负责整理会议纪要。 **工作重点** 　行政部要妥善保管与会人员遗落在会场的物品。 **工作标准** 会议纪要内容包括会议基本情况（如会议主题、会议时间、参会人员、缺席人员和会议地点）、会议概述（如会议议程概述）、会议决议及落实要求等。
执行规范	
"会议纪要"。	

3.1 产品运营管理流程设计

3.1.1 流程设计的目的

企业设计产品运营管理流程的目的如下：

（1）确保企业产品运营全过程可控，保证产品运营的效率和质量；

（2）提高企业产品运营工作的效率，减少员工之间的推诿和摩擦。

3.1.2 流程结构设计

产品运营管理结构采取总分式结构，即先设计产品运营管理流程，再设计产品研发项目立项管理流程、产品构思管理流程、产品研发过程管理流程、内容型产品建设管理流程和活动策划管理流程，具体如图 3-1 所示。

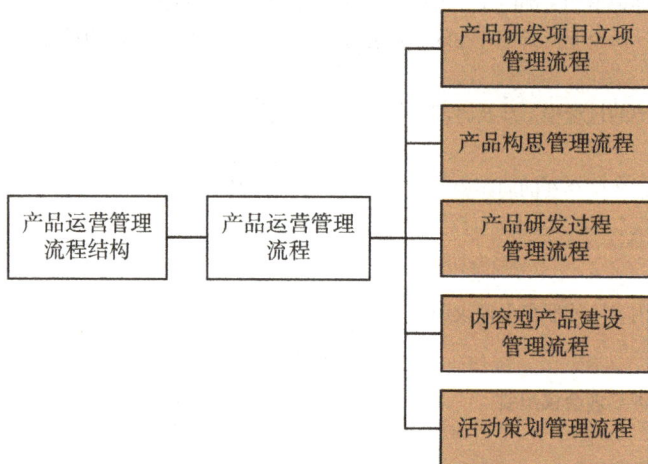

图 3-1 产品运营管理流程结构

3.2.1 产品运营管理流程设计

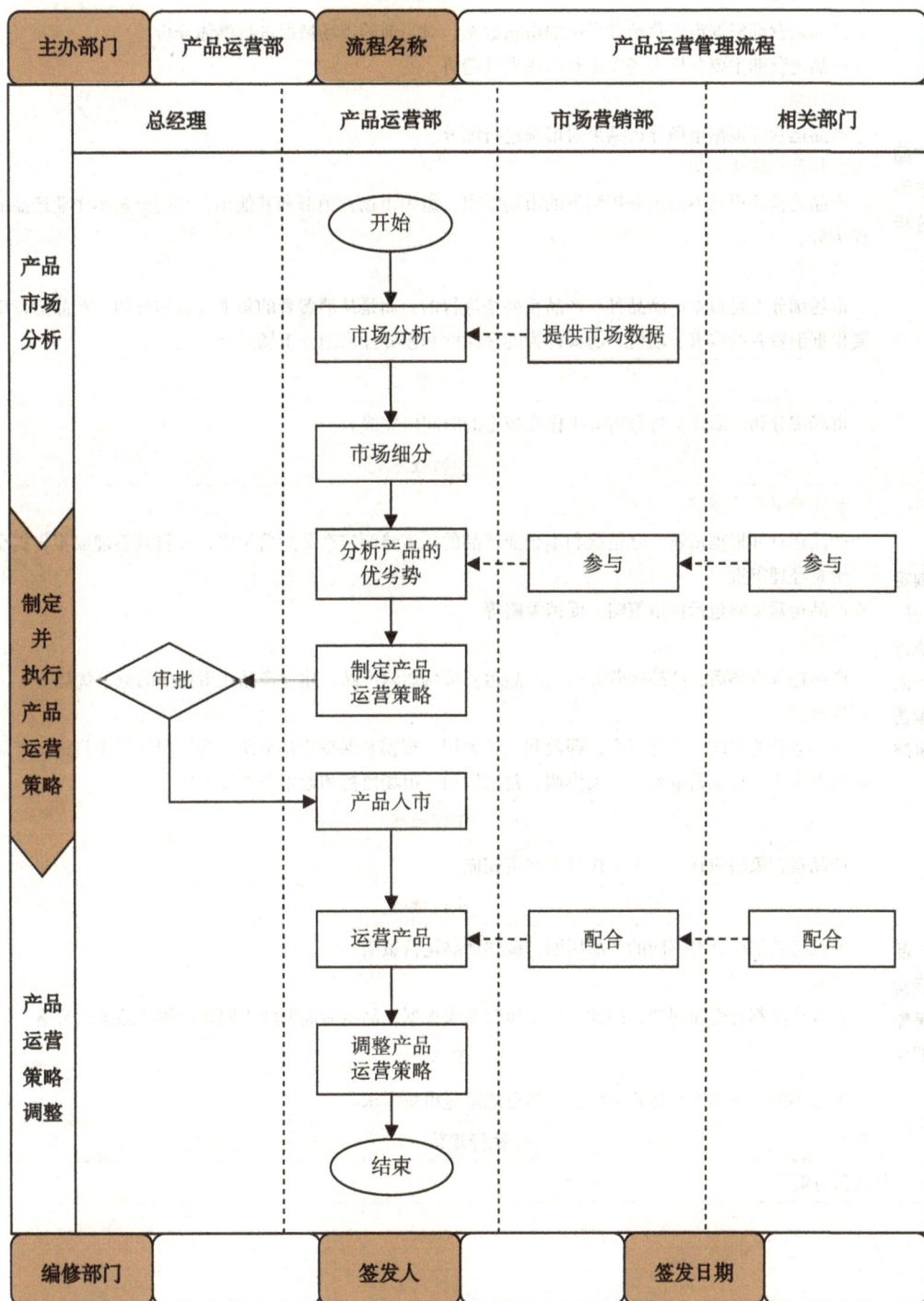

主办部门	产品运营部	流程名称	产品运营管理流程

	总经理	产品运营部	市场营销部	相关部门

产品市场分析

开始

市场分析 ← --- 提供市场数据

市场细分

分析产品的优劣势 ← --- 参与 ← --- 参与

制定并执行产品运营策略

审批 ← 制定产品运营策略

产品入市

产品运营策略调整

运营产品 ← --- 配合 ← --- 配合

调整产品运营策略

结束

编修部门		签发人		签发日期	

3.2.2　产品运营管理执行程序、工作标准、考核指标、执行规范

任务名称	执行程序、工作标准与考核指标
产品市场分析	**执行程序** **1.市场分析** ☆产品运营部根据市场营销部提供的市场数据，对当前的市场情况进行整体分析。 ☆产品运营部主要分析市场需求和市场发展趋势。 **2.市场细分** 　产品运营部根据市场分析结果对市场进行细分。 **3.分析产品的优劣势** 　产品运营部根据不同细分规则下的市场需求，组织市场营销部和其他相关部门分析本企业产品的优劣势。 **工作重点** 　市场细分不是根据产品品种、产品系列来进行的，而是从消费者的角度进行划分的。产品运营部要根据消费者的需求、动机、购买行为的多元性和差异性来细分市场。 **工作标准** 　市场细分和产品优劣势分析等工作在规定的时间内完成。
制定并执行产品运营策略	**执行程序** **1.制定产品运营策略** ☆产品运营部根据市场实际情况和本企业产品的优劣势制定产品运营策略，并将其整理成报告提交给总经理审批。 ☆产品运营策略包括价格策略、促销策略等。 **2.运营产品** 　产品进入市场后，产品运营部根据产品运营策略运营产品，建立产品在市场中的竞争优势。 **工作重点** 　产品运营的目的主要有三个，即盈利、扩大用户规模和保持用户活跃。为实现这三个目标，产品运营部需要进行运营策划、公关协调、营销活动、市场监控和数据分析等工作。 **工作标准** 　产品运营策略应在＿＿＿个工作日内制定完成。
产品运营策略调整	**执行程序** 　产品运营部应针对不同的产品周期，调整产品运营策略。 **工作重点** 　每种产品都有生命周期，因此，产品运营部应根据产品生命周期的不同来调整产品运营策略。 **工作标准** 　通过不断的调整产品运营策略，产品总能适应市场需求。
执行规范	
"产品运营方案"。	

3.3 产品研发项目立项管理流程设计与工作执行

3.3.1 产品研发项目立项管理流程设计

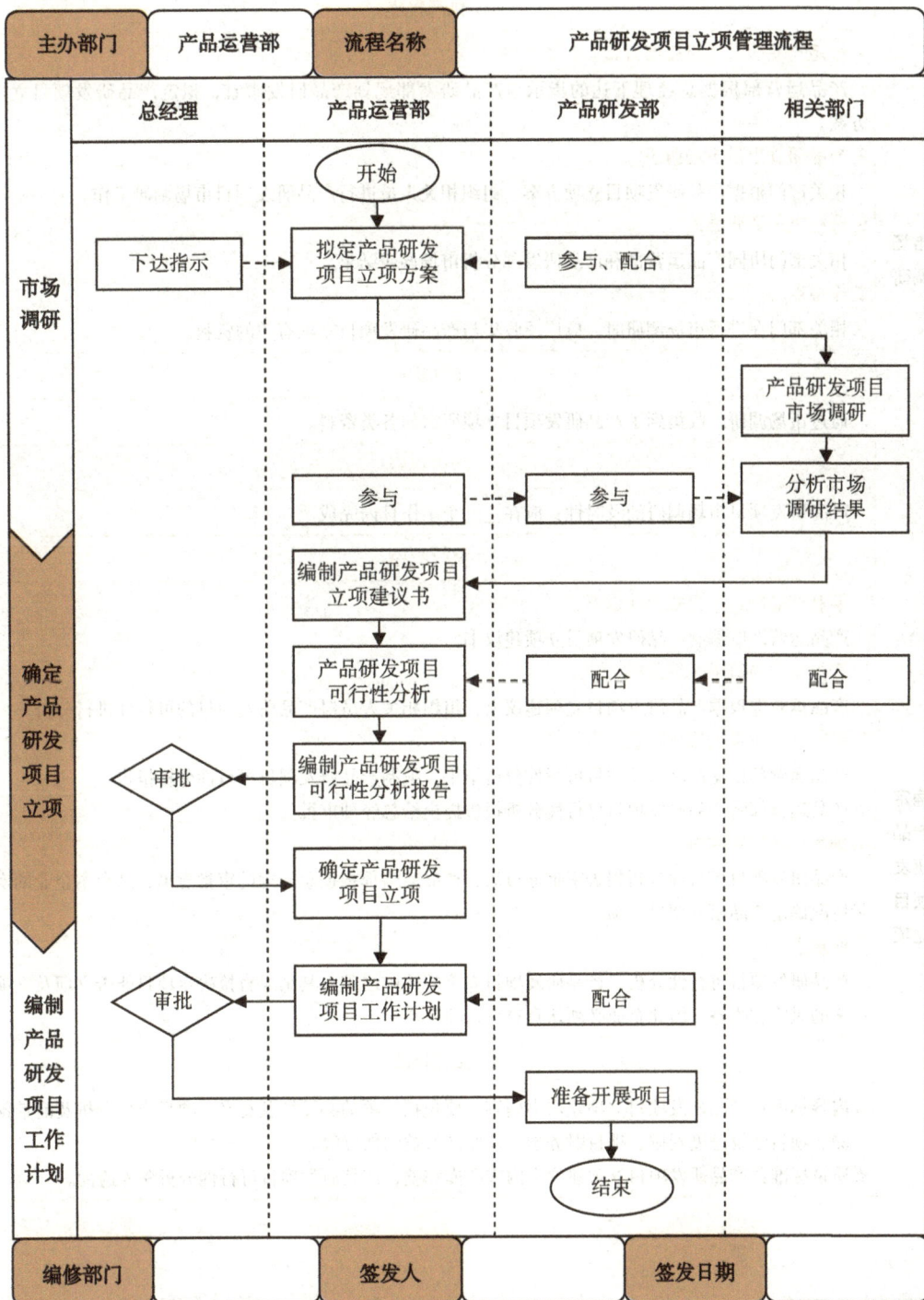

主办部门	产品运营部	流程名称	产品研发项目立项管理流程

	总经理	产品运营部	产品研发部	相关部门

```
市场调研
    开始
    下达指示 --→ 拟定产品研发项目立项方案 --→ 参与、配合
                                          产品研发项目市场调研
    参与 --→ 参与 --→ 分析市场调研结果
    编制产品研发项目立项建议书

确定产品研发项目立项
    产品研发项目可行性分析 ←-- 配合 ←-- 配合
    审批 ← 编制产品研发项目可行性分析报告
    确定产品研发项目立项

编制产品研发项目工作计划
    审批 ← 编制产品研发项目工作计划 ←-- 配合
    准备开展项目
    结束
```

编修部门		签发人		签发日期	

第3章　产品运营管理

3.3.2　产品研发项目立项管理执行程序、工作标准、考核指标、执行规范

任务名称	执行程序、工作标准与考核指标
市场调研	**执行程序** **1. 拟定产品研发项目立项方案** 　产品运营部根据总经理下达的指示与产品研发部规划产品研发事宜，拟定产品研发项目立项方案。 **2. 产品研发项目市场调研** 　相关部门根据产品研发项目立项方案，组织相关人员进行产品研发项目市场调研工作。 **3. 分析市场调研结果** 　相关部门协同产品运营部和产品研发部分析市场调研结果。 **工作重点** 　相关部门在进行市场调研时，应广泛收集与产品研发项目立项有关的资料。 **工作标准** 通过市场调研，收集到了产品研发项目立项所需的各类资料。 **考核指标** 产品研发项目市场调研的及时性：应在____个工作日内完成。
确定产品研发项目立项	**执行程序** **1. 编制产品研发项目立项建议书** 　产品运营部应编制产品研发项目立项建议书。 **2. 产品研发项目可行性分析** 　产品运营部根据产品研发项目立项建议书，组织相关人员对产品研发项目的可行性进行分析。 **3. 编制产品研发项目可行性分析报告** ☆产品运营部根据产品研发项目可行性分析结果，编制产品研发项目可行性分析报告。 ☆产品运营部将产品研发项目可行性分析报告提交给总经理审批。 **4. 确定产品研发项目立项** 　产品研发项目可行性分析报告审批通过后，产品运营部根据总经理的审批意见，结合本企业的实际情况确定产品研发项目立项。 **工作重点** 　产品研发项目可行性分析是产品研发项目立项的重中之重，其结果直接决定项目能否立项及立项带来的风险和收益，因此企业必须认真对待这项工作。 **工作标准** ☆内容标准：产品研发项目立项建议书内容主要包括立项的必要性及意义、项目市场分析及前景预测、项目建设进度安排、项目财务预算及经济效益的估算等。 ☆质量标准：产品研发项目立项建议书内容严谨完整，产品研发项目可行性分析深入透彻。

任务名称	执行程序、工作标准与考核指标
编制产品研发项目工作计划	**执行程序** **1. 编制产品研发项目工作计划** 　　产品研发项目立项后，产品运营部编制产品研发项目工作计划，并提交给总经理审批。 **2. 准备开展项目** 　　产品研发项目工作计划审批通过后，产品研发部根据总经理的审批意见，组织相关人员准备开展项目。 **工作重点** 　　产品研发项目立项后，主要工作还是研发部去做，产品运营部做得更多的是统筹、协调、规划等工作。 **工作标准** 产品研发项目工作计划可参照本企业的文书写作标准进行编制。

执行规范
"产品研发项目立项建议书""产品研发项目工作计划""产品研发项目可行性分析报告"。

第 3 章　产品运营管理

3.4.1　产品构思管理流程设计

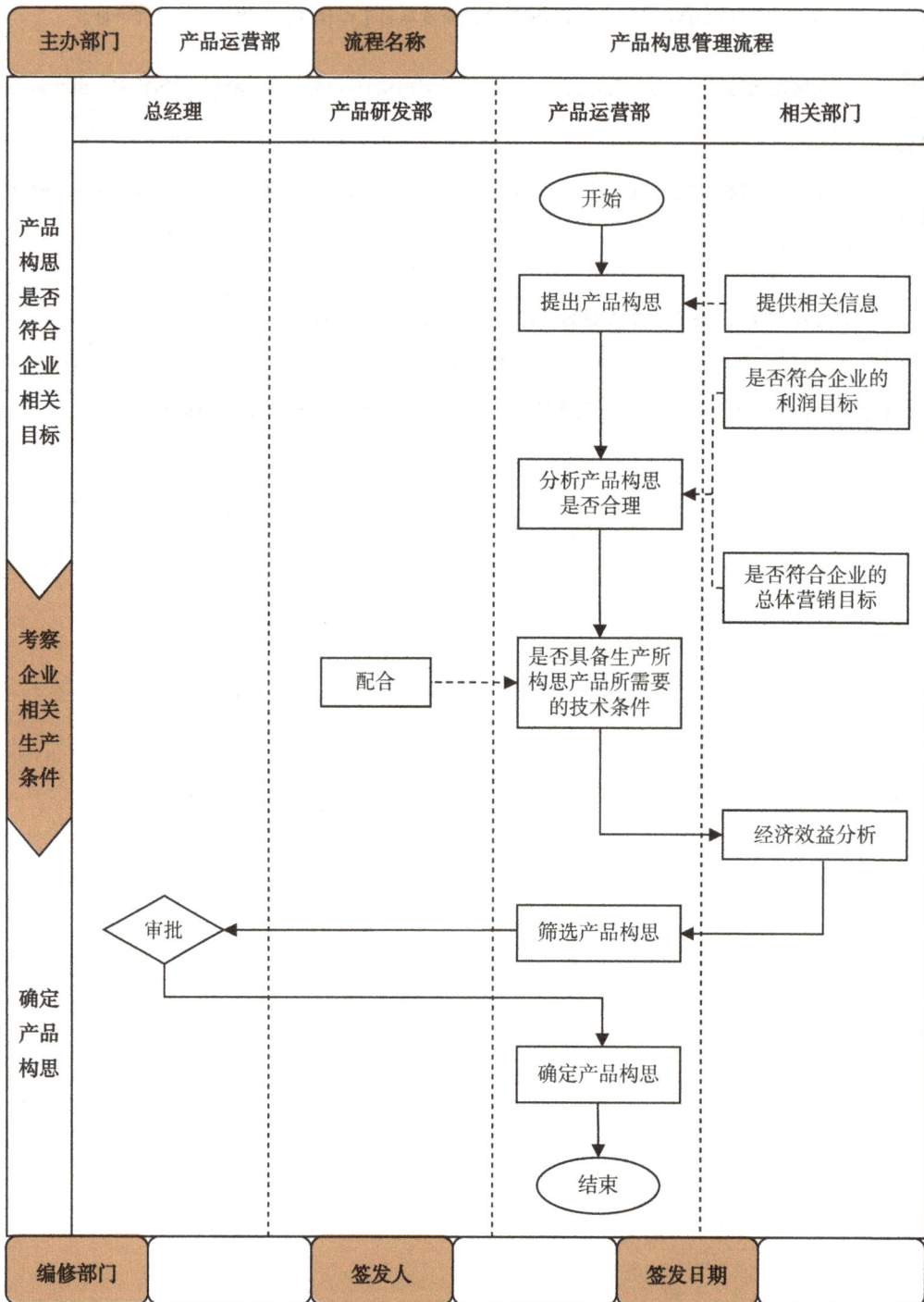

主办部门	产品运营部	流程名称	产品构思管理流程

	总经理	产品研发部	产品运营部	相关部门

产品构思是否符合企业相关目标

考察企业相关生产条件

确定产品构思

开始

提出产品构思 ← 提供相关信息

是否符合企业的利润目标

分析产品构思是否合理

是否符合企业的总体营销目标

配合 ⇢ 是否具备生产所构思产品所需要的技术条件

经济效益分析

审批 ← 筛选产品构思 ← 经济效益分析

确定产品构思

结束

编修部门		签发人		签发日期	

企业运营管理 流程设计与工作标准

3.4.2 产品构思管理执行程序、工作标准、考核指标、执行规范

任务名称	执行程序、工作标准与考核指标
	执行程序
产品构思是否符合企业相关目标	**1. 提出产品构思** ☆产品运营部根据本企业产品的实际情况，提出新的产品构思。 ☆产品运营部应与多方沟通，分析、讨论产品构思是否合理。 ☆相关部门应为产品运营部提供与产品相关的市场信息、营销信息、生产信息、库存信息和人员信息等。 **2. 是否符合企业的利润目标** 相关部门应研究产品构思是否符合本企业的利润目标，衡量标准应参考本企业的长期目标、中期目标和短期目标，产品投入市场后为本企业带来的预期利润应不低于____元。 **3. 是否符合企业的总体营销目标** 相关部门应研究产品构思是否符合本企业的总体营销目标，主要研究产品是否有利于本企业营销渠道的建设和完善，是否有利于促销活动的进行，是否有利于对分销商的管理。 **工作重点** 产品构思成型后，必须参照各种要求进行论证，上面所列的只是部分筛选选项，产品运营部还可以添加其他选项。
	工作标准
	通过该阶段的筛选，过滤掉那些与主业不聚焦、市场价值堪忧的产品构思。
	执行程序
考察企业相关生产条件	产品运营部在产品研发部的配合下，研究企业是否具备生产所构思产品所需要的技术条件，包括与该产品相关的技术力量现状、技术水平、技术人员数量、是否存在过高的技术壁垒等。 **工作重点** 产品运营部在考察本企业的技术条件时要客观，对本企业技术水平的上限要有一个合理的评估。
	工作标准
	通过该阶段的筛选，过滤掉那些符合本企业目标但不具备可操作性的产品构思。
	执行程序
确定产品构思	**1. 经济效益分析** 相关部门利用各种资料和工具，分析产品构思落实所需要的投入和可能的产出，预测产品能否让本企业获得预期的经济效益。 **2. 确定产品构思** 产品运营部根据相关部门的经济效益分析结果，筛选出符合本企业发展需要的产品构思，并将其整理成报告提交给总经理审批。审批通过后，产品运营部根据总经理的审批意见确定产品构思。 **工作重点** 筛选出的产品构思通常不超过三个。
	工作标准
	产品运营部筛选出的产品构思通过总经理的审批。
	考核指标
	产品构思应一次性审批通过。
	执行规范
	"经济效益分析报告""产品构思筛选管理办法"。

3.5 产品研发过程管理流程设计与工作执行

3.5.1 产品研发过程管理流程设计

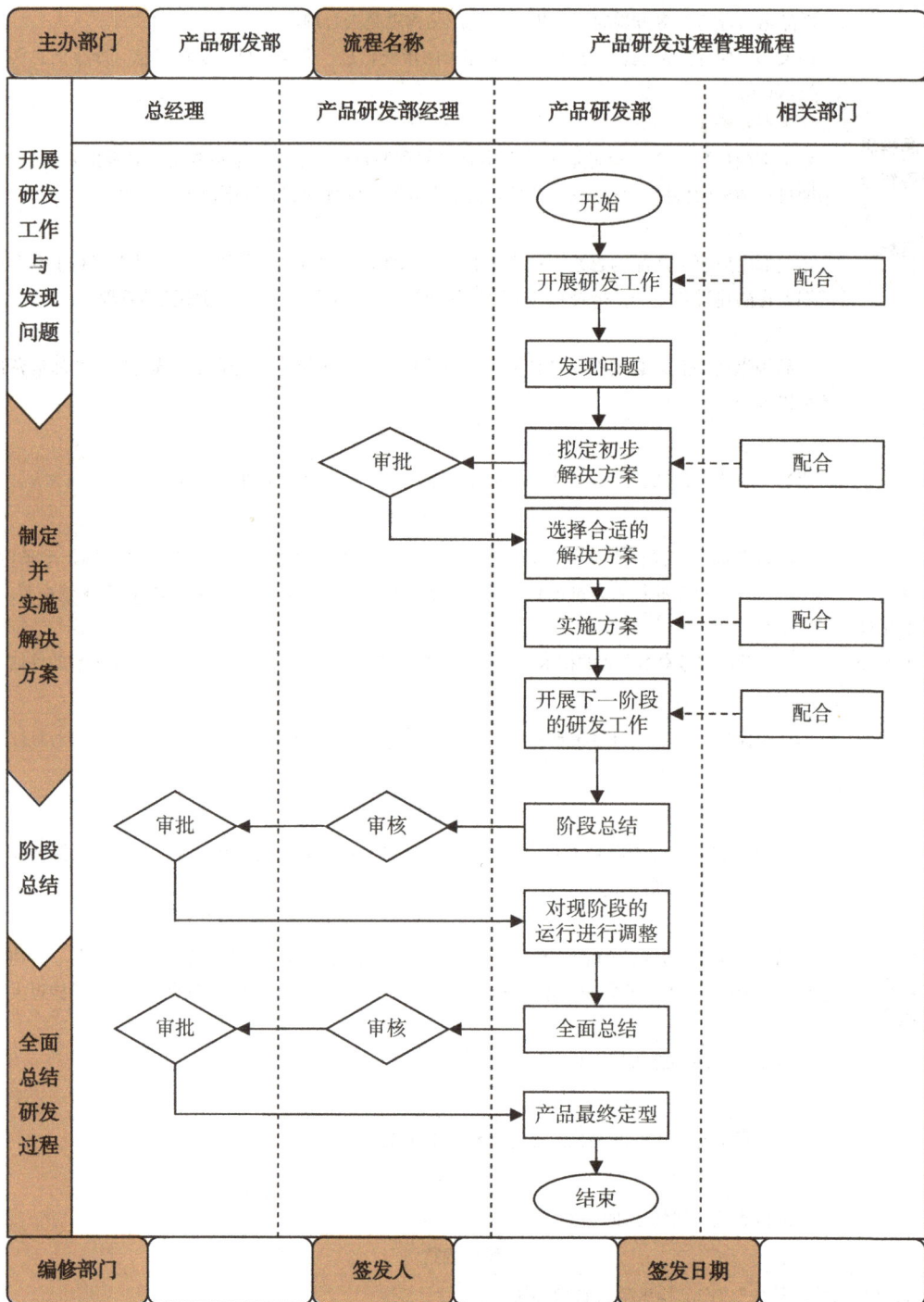

主办部门	产品研发部	流程名称	产品研发过程管理流程

	总经理	产品研发部经理	产品研发部	相关部门
开展研发工作与发现问题			开始 → 开展研发工作 → 发现问题	配合
制定并实施解决方案	审批		拟定初步解决方案 → 选择合适的解决方案 → 实施方案 → 开展下一阶段的研发工作	配合 / 配合 / 配合
阶段总结	审批	审核	阶段总结 → 对现阶段的运行进行调整	
全面总结研发过程	审批	审核	全面总结 → 产品最终定型 → 结束	

编修部门		签发人		签发日期	

3.5.2 产品研发过程管理执行程序、工作标准、考核指标、执行规范

任务名称	执行程序、工作标准与考核指标
开展研发工作与发现问题	**执行程序** **1. 开展研发工作** ☆产品研发部着手开展研发工作。研发工作要以项目实施计划和方案为指导。 ☆相关部门要配合产品研发部的工作。 **2. 发现问题** 　对在研发过程中发现且影响研发进程的问题，产品研发部要组织部门内部讨论，研究该问题的严重性，并提出解决方案。 **工作重点** 　产品研发人员要擅于发现隐蔽性问题，越是难以察觉的问题，发现后的价值越高，对项目的贡献越大。 **工作标准** 　产品研发人员发现研发过程中存在的问题，并对其进行概括。 **考核指标** 　问题发现的及时性：一旦发现问题，应在____个工作日内上报，并进行内部讨论。
制定并实施解决方案	**执行程序** **1. 拟定初步解决方案** ☆对于较严重的问题，由产品研发部经认真分析、研究后拟定初步解决方案，方案中应对问题产生的原因进行分析，并列举出至少两种可行的解决措施。 ☆产品研发部将初步解决方案提交给本部门经理审批。 **2. 选择合适的解决方案** 　产品研发部根据本部门经理的审批意见，从多个角度综合考虑初步解决方案，选择合适的解决方案。 **3. 实施方案** 　确定解决方案后，产品研发部负责组织实施方案。 **4. 开展下一阶段的研发工作** 　问题解决后，产品研发部按照进度安排开展下一阶段的研发工作。 **工作重点** 　在研发的过程中，各类问题的处理能力是研发人员工作能力的重要体现。 **工作标准** 　通过实施解决方案，研发过程中的各类问题被顺利解决。 **考核指标** ☆解决方案的选择性：不少于____种。 ☆解决方案的经济性：不超过项目总预算的____%。

任务名称	执行程序、工作标准与考核指标
阶段总结	**执行程序** ☆依据产品研发计划，产品研发每一个阶段都应由产品研发部撰写研发项目阶段总结报告。该报告是对目前为止项目的研发过程进行回顾，对获得的成果进行总结，对出现的问题进行反思，并对每位研发人员的表现进行评价。 ☆产品研发部应将研发项目阶段总结报告提交给产品研发部经理审核，之后报总经理审批，并依据总经理的审批意见，对项目现阶段的运行进行调整。 **工作重点** 研发项目阶段总结要有一定的深度，应对本阶段研发的进展、成果、困难，以及如何克服困难、研发人员的职责完成情况等进行深入分析。 **工作标准** 通过阶段总结，为下一阶段研发工作提供经验支持。 **考核指标** 研发项目阶段总结报告中所述事项均符合实际情况，不存在谎报成果、虚报真实进度等情况。
全面总结研发过程	**执行程序** **1. 全面总结** ☆产品研发完成后，产品研发部撰写研发项目全面总结报告，总结整个研发过程中的经验，展示研发成果。 ☆产品研发部将研发项目全面总结报告提交给产品管理部经理审核，之后报总经理审批。 **2. 产品最终定型** 产品研发部根据总经理的审批意见对产品进行最终定型。 **工作重点** 研发项目全面总结要对整个研发过程进行评定，应重点对研发过程中的经验和重点事项进行说明，为日后的研发工作提供借鉴。 **工作标准** 研发项目全面总结报告应在规定的时间内撰写完成。
执行规范	
"产品研发计划""产品研发项目实施方案""研发项目阶段总结报告""研发项目全面总结报告""问题解决方案"。	

3.6.1 内容型产品建设管理流程设计

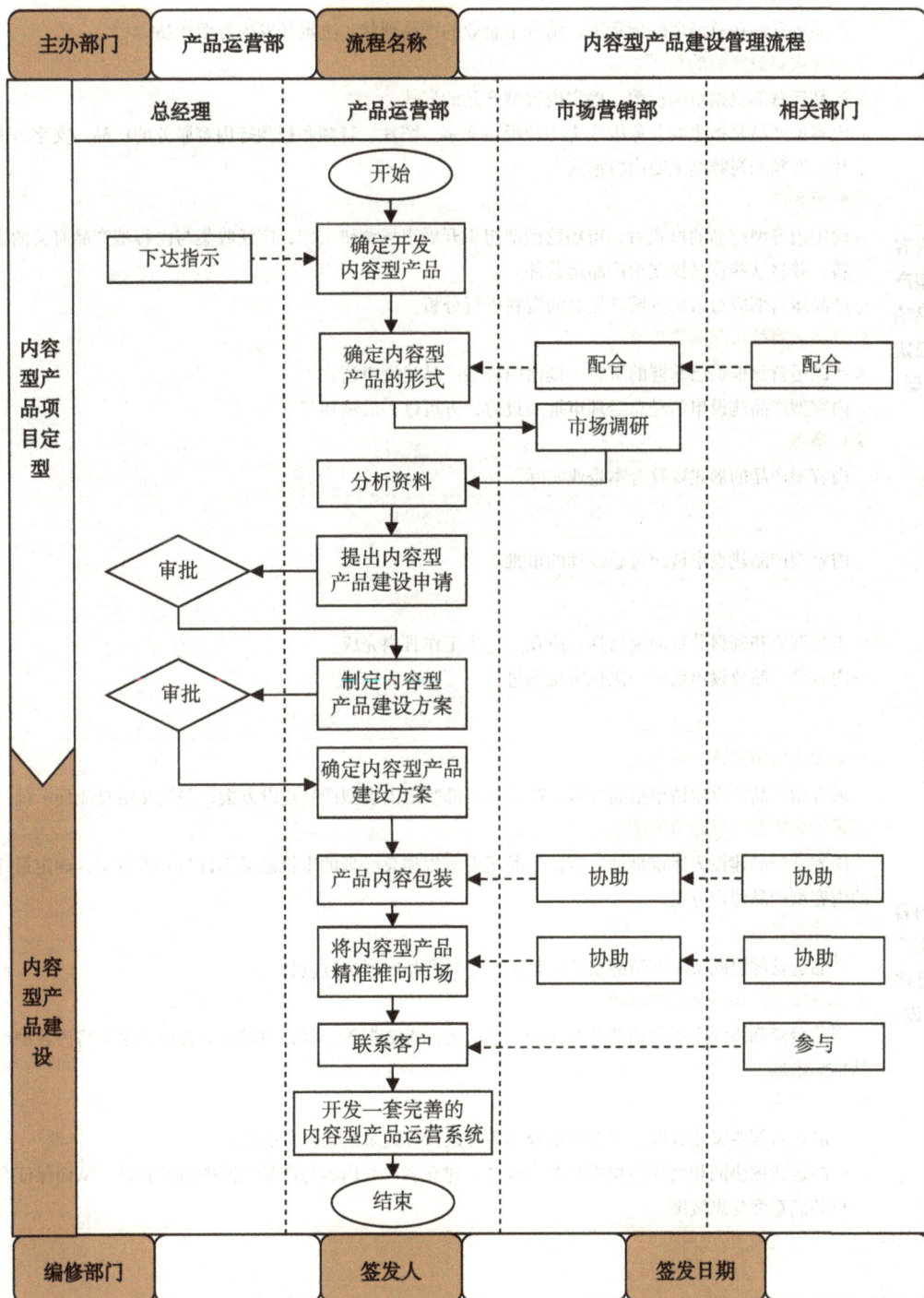

主办部门	产品运营部	流程名称	内容型产品建设管理流程

	总经理	产品运营部	市场营销部	相关部门

内容型产品项目定型

开始

下达指示 ⇢ 确定开发内容型产品

确定内容型产品的形式 ← 配合 ← 配合

市场调研

分析资料

提出内容型产品建设申请 → 审批

制定内容型产品建设方案 → 审批

确定内容型产品建设方案

内容型产品建设

产品内容包装 ← 协助 ← 协助

将内容型产品精准推向市场 ← 协助 ← 协助

联系客户 ← 参与

开发一套完善的内容型产品运营系统

结束

编修部门		签发人		签发日期	

3.6.2 内容型产品建设管理执行程序、工作标准、考核指标、执行规范

任务 名称	执行程序、工作标准与考核指标
内容型产品项目定型	**执行程序** **1.确定开发内容型产品** 　　产品运营部在总经理的指示下，结合本企业的产品现状，决定开发内容型产品。 **2.确定内容型产品的形式** ☆产品运营部根据市场行情，确定内容型产品的形式。 ☆内容型产品是指主要业务围绕为用户提供文字、图片、音频和视频等内容服务的产品，文字、图片、音频和视频是主要内容形式。 **3.分析资料** ☆确定内容型产品的形式后，市场营销部组织开展市场调研工作，广泛收集与内容型产品有关的资料，并将这些资料提交给产品运营部。 ☆产品运营部应对市场营销部提交的资料进行分析。 **4.提出内容型产品建设申请** ☆产品运营部根据已掌握的资料，提出内容型产品建设申请。 ☆内容型产品建设申请经总经理审批通过后，方可进入后续环节。 **工作重点** 　　内容型产品的形式要符合本企业实际。 **工作标准** 　　内容型产品建设申请通过总经理的审批。 **考核指标** ☆市场调研和资料分析的及时性：应在＿＿＿个工作日内完成。 ☆内容型产品建设申请应一次性审批通过。
内容型产品建设	**执行程序** **1.制定内容型产品建设方案** 　　内容型产品建设申请审批通过后，产品运营部制定内容型产品建设方案，并提交给总经理审批。 **2.确定内容型产品建设方案** 　　内容型产品建设方案审批通过后，产品运营部根据总经理的审批意见修订与完善方案，确定最终的内容型产品建设方案。 **3.产品内容包装** 　　产品运营部协同市场营销部及其他相关部门对产品内容进行包装。 **4.将内容型产品精准推向市场** 　　产品运营部协同市场营销部及其他相关部门运用大数据等工具，通过各类合适的渠道将内容型产品推向市场。 **5.联系客户** ☆产品运营部要采用分拆、组合和融合等各种运营方式来满足客户的需求。 ☆产品运营部协同相关部门积极与客户联系，建立客户与内容与产品之间的情感联系，从而保证客户的满意度与忠诚度。

任务名称	执行程序、工作标准与考核指标
内容型产品建设	**6.开发一套完善的内容型产品运营系统** 　产品运营部要开发一套完善的内容型产品运营系统。 **工作重点** 　内容型产品运营应以发掘内容为基础，以保留客户为目标。
	工作标准
	☆质量标准：内容型产品建设方案执行顺畅，各环节无失误、无纰漏。 ☆目标标准：产品运营部开发出一套完善的内容型产品运营系统。
	考核指标
	内容型产品建设方案应一次性审批通过。
	执行规范

"内容型产品建设申请书""内容型产品建设方案"。

3.7 活动策划管理流程设计与工作执行

3.7.1 活动策划管理流程设计

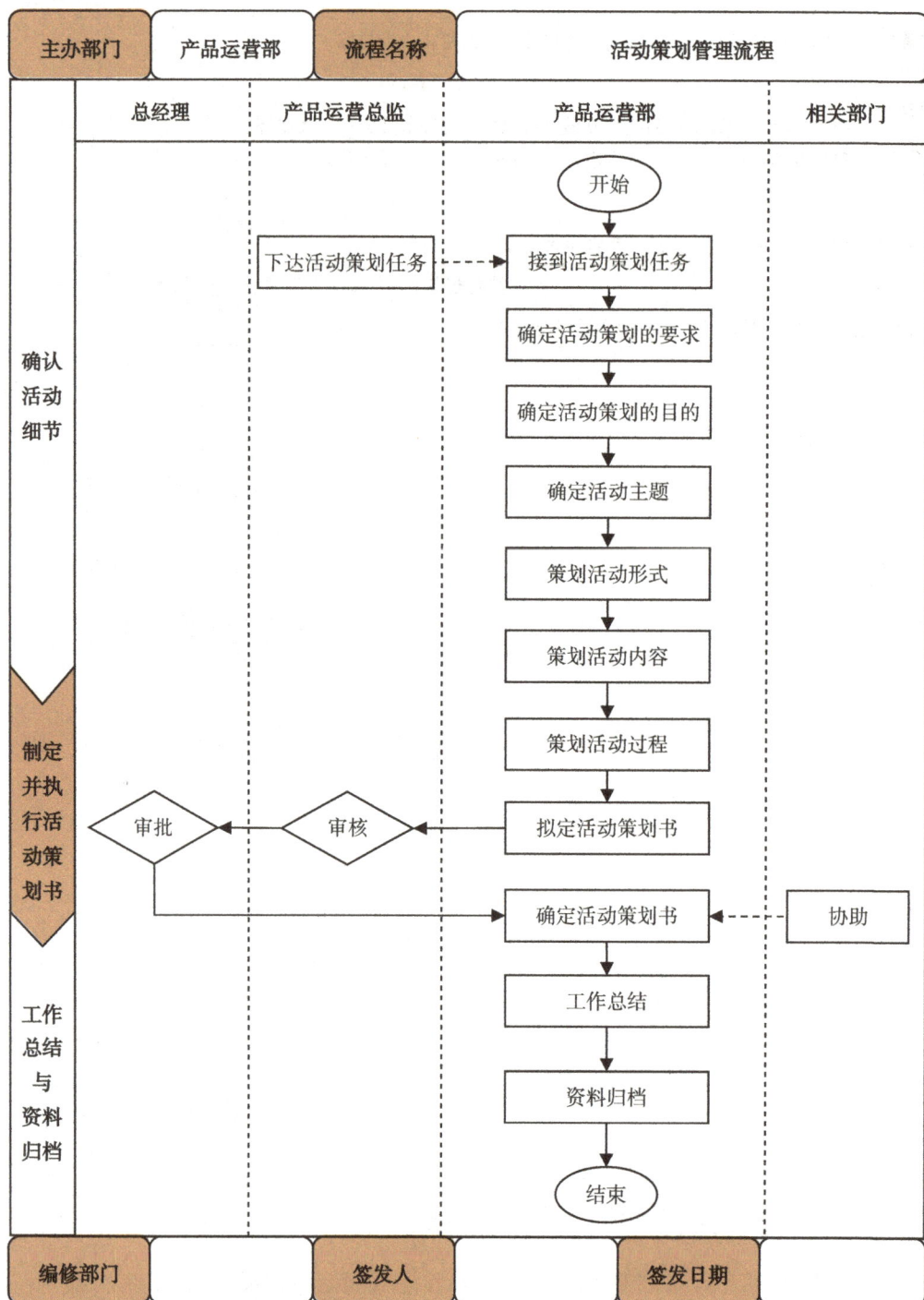

主办部门	产品运营部	流程名称	活动策划管理流程

总经理	产品运营总监	产品运营部	相关部门

左侧竖列阶段：
- 确认活动细节
- 制定并执行活动策划书
- 工作总结与资料归档

流程图：

开始 → 接到活动策划任务（由"下达活动策划任务"虚线指向）→ 确定活动策划的要求 → 确定活动策划的目的 → 确定活动主题 → 策划活动形式 → 策划活动内容 → 策划活动过程 → 拟定活动策划书 → 审核 → 审批 → 确定活动策划书（协助 虚线指向）→ 工作总结 → 资料归档 → 结束

编修部门		签发人		签发日期	

3.7.2 活动策划管理执行程序、工作标准、考核指标、执行规范

任务 名称	执行程序、工作标准与考核指标
确认 活动 细节	**执行程序** **1. 接到活动策划任务** ☆产品运营总监根据本企业的产品运营目标和当前的市场情况，向产品运营部下达活动策划任务。 ☆产品运营部在接到活动策划任务后，向产品运营总监详细询问与该任务有关的要求。 **2. 确定活动策划的要求** 　产品运营部应确定与活动策划有关的时间、地点、人员、费用等方面的要求。 **3. 确定活动策划的目的** 　产品运营部应确定活动策划的目的，以便据此设计其他细节。 **4. 确定活动主题** 　产品运营部应确定活动主题。 **5. 策划活动形式** 　产品运营部根据活动主题和活动策划的目的来策划活动的具体形式。 **6. 策划活动内容** 　产品运营部根据活动策划的目的、活动主题和活动形式来策划活动的具体内容。 **7. 策划活动过程** 　产品运营部根据活动内容来策划活动的过程，包括活动现场前期准备、活动进行主要步骤、活动结束事宜、突发事件处理等。 **工作重点** 　产品运营部在接到活动策划任务后，必须先确定活动策划的要求。 **工作标准** 　有关活动策划的所有要求与细节都确认完毕。
制定 并执 行活 动策 划书	**执行程序** ☆产品运营部在确认所有活动细节后，拟定活动策划书，并提交给产品运营总监审核，之后报总经理审批。 ☆活动策划书审批通过后，产品运营部根据总经理的审批意见修订与完善策划书，确定最终的活动策划书。 **工作重点** 　活动策划书要涵盖活动准备、实施、改进和总结的全过程。 **工作标准** ☆参照标准：活动策划书可参照本企业的文书写作标准进行拟定。 ☆完成标准：活动策划书通过领导的审核与审批。 **考核指标** ☆活动策划书拟定的及时性：应在＿＿＿个工作日内完成。 ☆活动策划书应一次性审批通过。

任务 名称	执行程序、工作标准与考核指标
工作 总结 与 资料 归档	**执行程序**
	1.工作总结 　　产品运营部应回顾活动策划的全过程，总结活动策划经验，编制活动策划总结报告，为后续工作提供指导。 **2.资料归档** 　　产品运营部应将活动策划管理过程中产生的相关资料归档。 **工作重点** 　　每次工作完成后的总结是提高工作水平的最佳机会，因此活动策划部门要重视总结工作，尽量每次总结都有新收获。
	工作标准
	资料的归档符合本企业的规范。

	执行规范
	"活动策划书""活动策划总结报告"。

4.1　供应链运营管理流程设计

4.1.1　流程设计的目的

供应链管理包括计划、采购、制造、配送和退货五大基本内容。具体到供应链运营管理，可以将有关工作内容概括为设计并改善企业物流供应链系统，以及具体的采购、生产、仓储、运输等工作。

企业设计供应链运营管理流程的目的如下：

（1）优化采购流程，控制采购成本；

（2）提升企业物流管理效率，降低企业的物流与库存成本。

4.1.2　流程结构设计

供应链运营管理包括五大事项，我们可以就每个事项设计相应的流程，即供应链设计管理流程、供应商管理流程、采购管理流程、库存管理流程和运输管理流程，具体如图 4-1 所示。

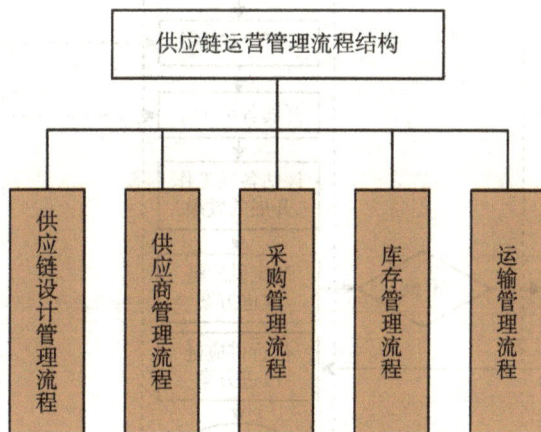

图 4-1　供应链运营管理流程结构

4.2 供应链设计管理流程设计与工作执行

4.2.1 供应链设计管理流程设计

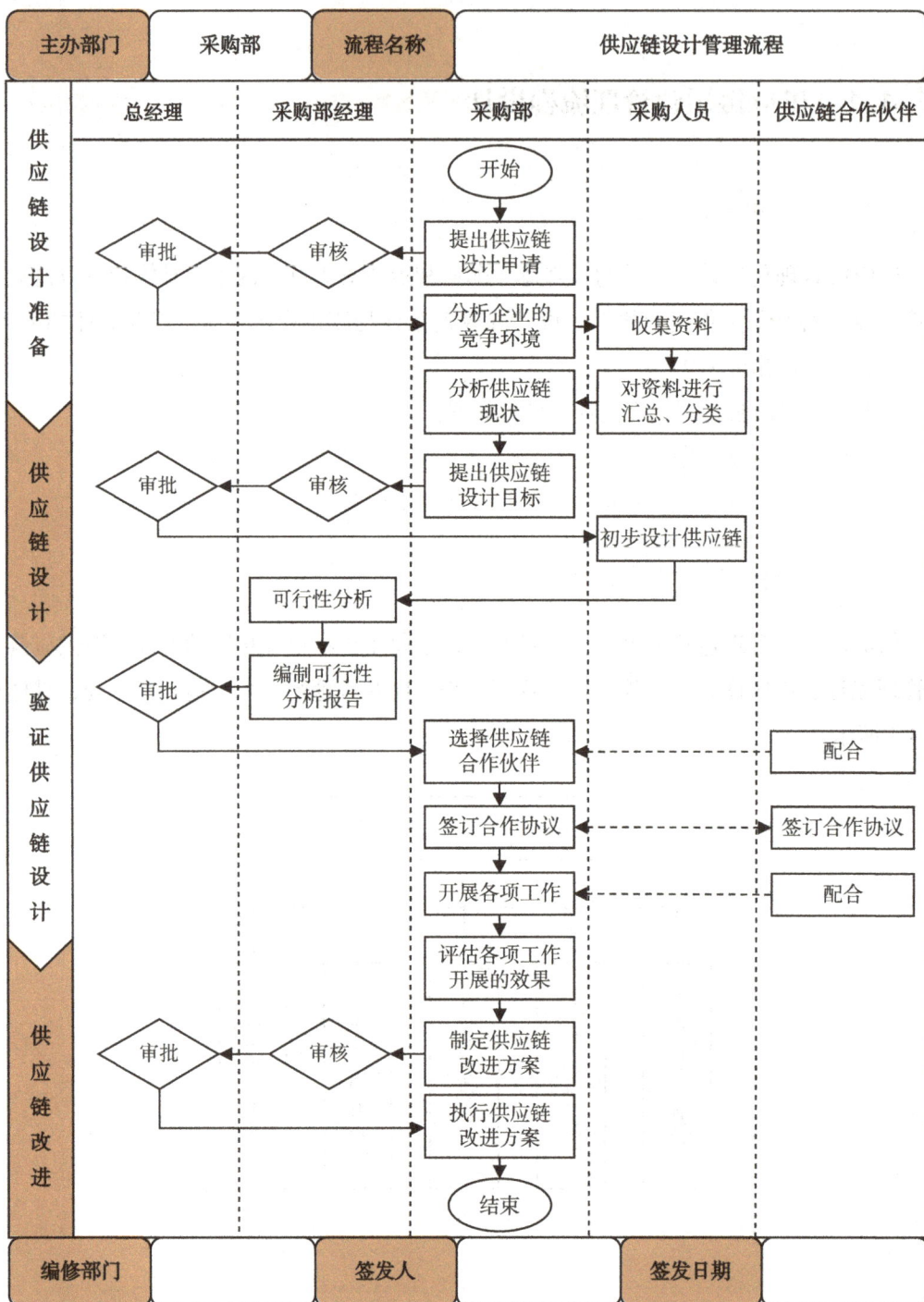

主办部门	采购部	流程名称	供应链设计管理流程

	总经理	采购部经理	采购部	采购人员	供应链合作伙伴

供应链设计准备

开始
↓
提出供应链设计申请
审核 → 审批

分析企业的竞争环境 → 收集资料
↓
分析供应链现状 → 对资料进行汇总、分类
↓
提出供应链设计目标
审核 → 审批

供应链设计

初步设计供应链

可行性分析
↓
编制可行性分析报告 → 审批

验证供应链设计

选择供应链合作伙伴 ← 配合
↓
签订合作协议 ← 签订合作协议
↓
开展各项工作 ← 配合
↓
评估各项工作开展的效果
↓
制定供应链改进方案
审核 → 审批

供应链改进

执行供应链改进方案
↓
结束

编修部门		签发人		签发日期	

4.2.2 供应链设计管理执行程序、工作标准、考核指标、执行规范

任务 名称	执行程序、工作标准与考核指标
供应链设计准备	**执行程序** **1. 提出供应链设计申请** 采购部负责提出供应链设计申请，并提交给采购部经理审核，之后报总经理审批。 **2. 分析企业的竞争环境** ☆采购部根据本企业的战略规划及业务情况，分析本企业当前的竞争环境，明确供应链设计的目的及注意事项。 ☆采购人员负责收集供应市场的主要供应商、价格、供求关系等资料，并对这些资料进行汇总、整理、分类。 **3. 分析供应链现状** 采购部根据已掌握的资料，对供应链现状进行分析。 **工作重点** 当发现企业原有供应链不能满足自身目前的运作要求时，采购部须第一时间向相关领导汇报，并提出设计新供应链的申请。 **工作标准** 供应链现状分析内容包括市场供应链状况分析、供应链不确定性分析、供应链性能定位分析、现有供应链主要问题分析等。
供应链设计	**执行程序** **1. 提出供应链设计目标** 采购部根据供应链现状分析结果提出供应链设计目标，并将其整理成报告提交给采购部经理审核，之后报总经理审批。 **2. 初步设计供应链** 供应链设计目标审批通过后，采购人员初步设计供应链，设计完成后，将其整理成报告提交给采购部经理。 **3. 编制可行性分析报告** 采购部经理组织相关人员对供应链设计进行可行性分析，据此编制可行性分析报告，并提交给总经理审批。审批通过后，采购部方可进行后续工作。 **工作重点** 在设计供应链的过程中，采购人员必须遵循简洁性、互补性、协调性、动态性和创新性原则。 **工作标准** 供应链设计内容包括供应链基本框架设计、供应链成员组成设计、原材料来源制定、产品质量要求制定、生产过程设计、分销任务及能力设计、信息管理系统设计和物流管理系统设计等。 **考核指标** 供应链设计的及时性：应在____个工作日内完成。
验证供应链设计	**执行程序** **1. 选择供应链合作伙伴** 采购部应选择合适的供应链合作伙伴，然后与其签订合作协议。

任务名称	执行程序、工作标准与考核指标
验证供应链设计	**2.评估各项工作开展的效果** 　　采购部组织相关人员对各项工作开展的效果进行评估。 **工作重点** 　　对未达成工作目标的，采购部须分析其目标完成情况，并将此作为评价供应链合作伙伴绩效的主要依据。
	工作标准
	☆数量标准：选择的供应链合作伙伴的数量不少于＿＿个。 ☆内容标准：在选择供应链合作伙伴时，一般需要考虑的因素包括产品价格、产品质量、售后服务、地理位置、财务状况和技术能力等。
供应链改进	**执行程序**
	1.制定供应链改进方案 　　采购部应制定供应链改进方案，并提交给采购部经理审核，之后报总经理审批。 **2.执行供应链改进方案** 　　供应链改进方案审批通过后，采购部负责组织执行方案。 **工作重点** 　　供应链改进方案不仅要具有可操作性，而且要立足实际，便于企业后期实施和操作。
	工作标准
	☆时间标准：供应链改进方案应在＿＿个工作日内制定完成。 ☆目标标准：全面落实供应链改进方案。
执行规范	
"供应链设计可行性分析报告""供应链合作协议""供应链改进方案"。	

4.3.1 供应商管理流程设计

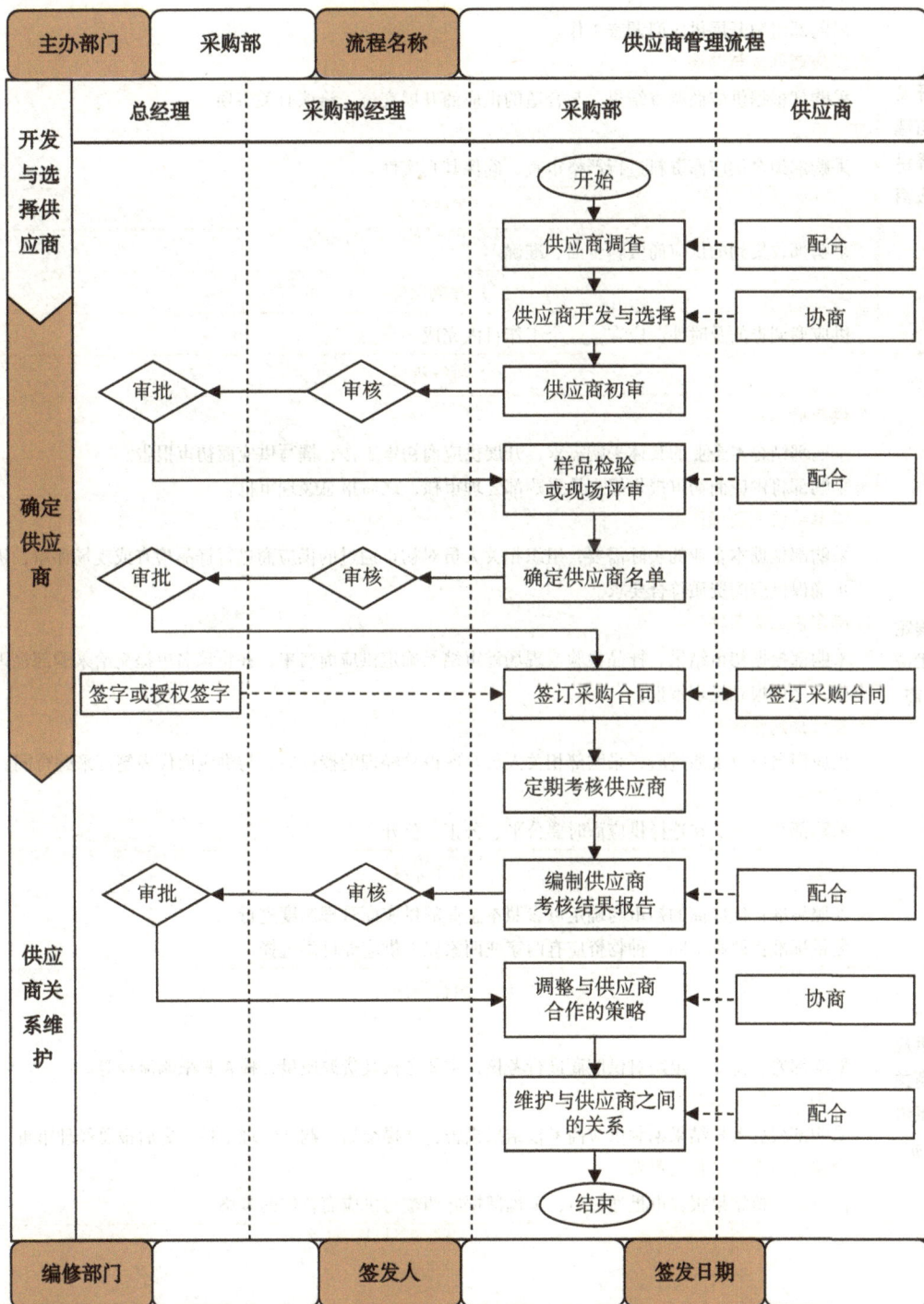

主办部门	采购部	流程名称	供应商管理流程

	总经理	采购部经理	采购部	供应商
开发与选择供应商			开始	
			供应商调查 ←----	配合
			供应商开发与选择 ←----	协商
	审批 ←	审核 ←	供应商初审	
确定供应商			样品检验或现场评审 ←----	配合
	审批 ←	审核 ←	确定供应商名单	
	签字或授权签字 --------→		签订采购合同 ←----	签订采购合同
			定期考核供应商	
	审批 ←	审核 ←	编制供应商考核结果报告 ----	配合
供应商关系维护			调整与供应商合作的策略 ←----	协商
			维护与供应商之间的关系 ----	配合
			结束	

编修部门		签发人		签发日期	

4.3.2　供应商管理执行程序、工作标准、考核指标、执行规范

任务名称	执行程序、工作标准与考核指标
开发与选择供应商	**执行程序** **1. 供应商调查** 采购部组织开展供应商调查工作。 **2. 供应商开发与选择** 采购部根据供应商调查结果，与合适的供应商开展交流，洽谈有关事项。 **工作重点** 采购部须对供应商资料进行严格审查，确保其真实性。 **工作标准** 采购部收集到的供应商资料全面、准确。 **考核指标** 供应商调查的及时性：应在＿＿个工作日内完成。
确定供应商	**执行程序** **1. 供应商初审** ☆采购部结合本企业的具体采购需求，开展供应商初审工作，撰写供应商初审报告。 ☆采购部将供应商初审报告提交给采购部经理审核，之后报总经理审批。 **2. 样品检验或现场评审** 采购部根据本企业的实际需要，组织相关人员对初审通过的供应商进行样品检查或现场评审，进一步确保供应商资质符合要求。 **3. 确定供应商名单** 采购部根据初审结果、样品检验或现场评审结果确定供应商名单，并将该名单提交给采购部经理审核，之后报总经理审批。 **4. 签订采购合同** 供应商名单审批通过后，采购部相关人员在取得总经理的授权后，与供应商代表签订采购合同。 **工作重点** 采购部相关人员在选择供应商时要公平、公正、公开。 **工作标准** ☆参照标准：供应商的初审与确定可参照本企业的供应商管理制度进行。 ☆数量标准：原则上同一种物资应有两家或两家以上供应商可供选择。
供应商关系维护	**执行程序** **1. 定期考核供应商** 采购部要安排专人定期对供应商进行考核，主要考核其货源质量，检查其采购流程等。 **2. 编制供应商考核结果报告** 采购部根据考核结果编制供应商考核结果报告，并提交给采购部经理审核，之后报总经理审批。 **3. 调整与供应商合作的策略** 供应商考核结果报告审批通过后，采购部据此调整与供应商合作的策略。

任务名称	执行程序、工作标准与考核指标
供应商关系维护	**4.维护与供应商之间的关系** 采购部应尽力维护与供应商之间的关系，这项工作应该是长期进行的。 **工作重点** 维护与供应商之间的关系不只是企业单方面的工作，也需要供应商的配合。 **工作标准** 通过定期考核供应商，可以保证其货源质量始终符合本企业相关标准。
执行规范	
"供应商初审报告""供应商考核结果报告""采购合同"。	

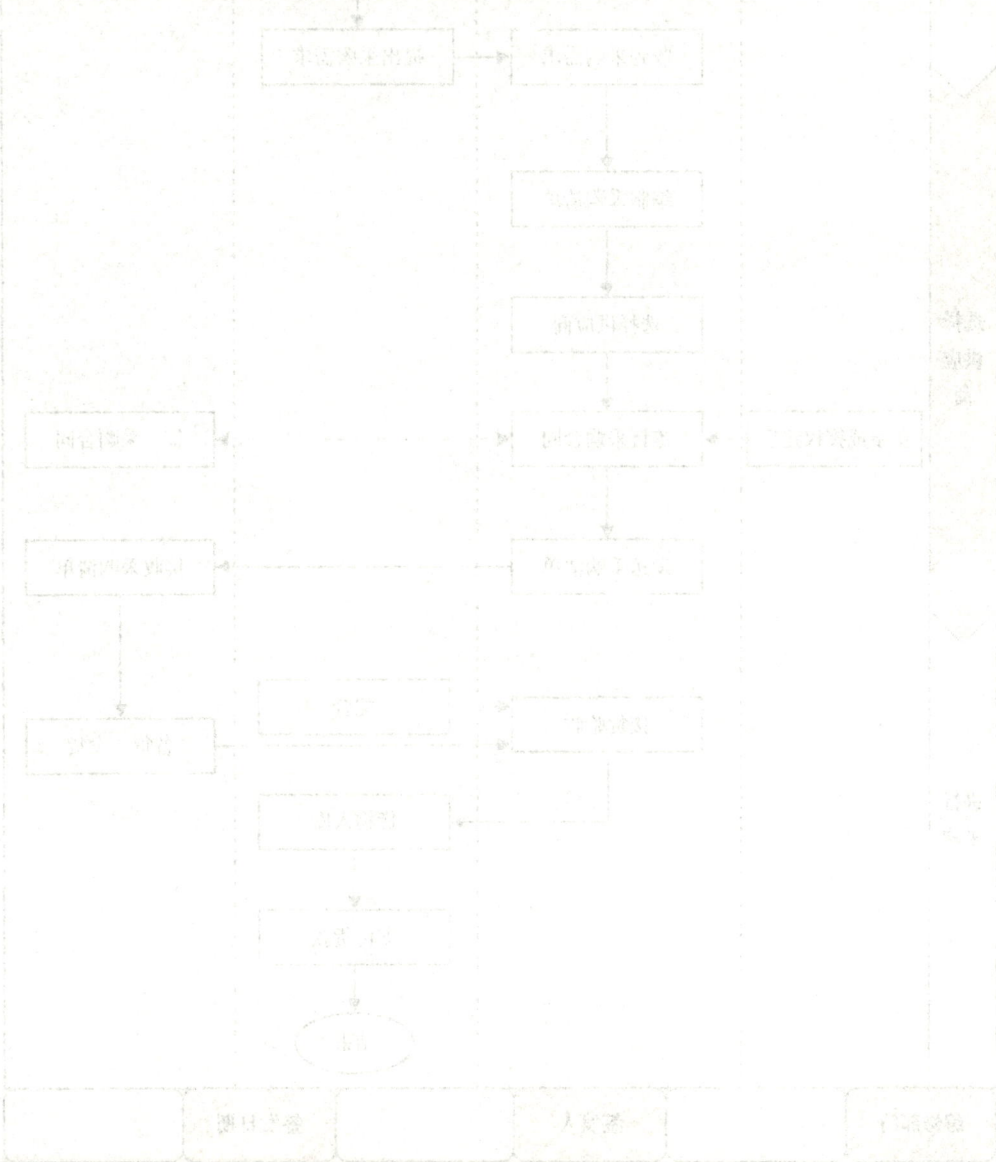

第 4 章 供应链运营管理

4.4 采购管理流程设计与工作执行

4.4.1 采购管理流程设计

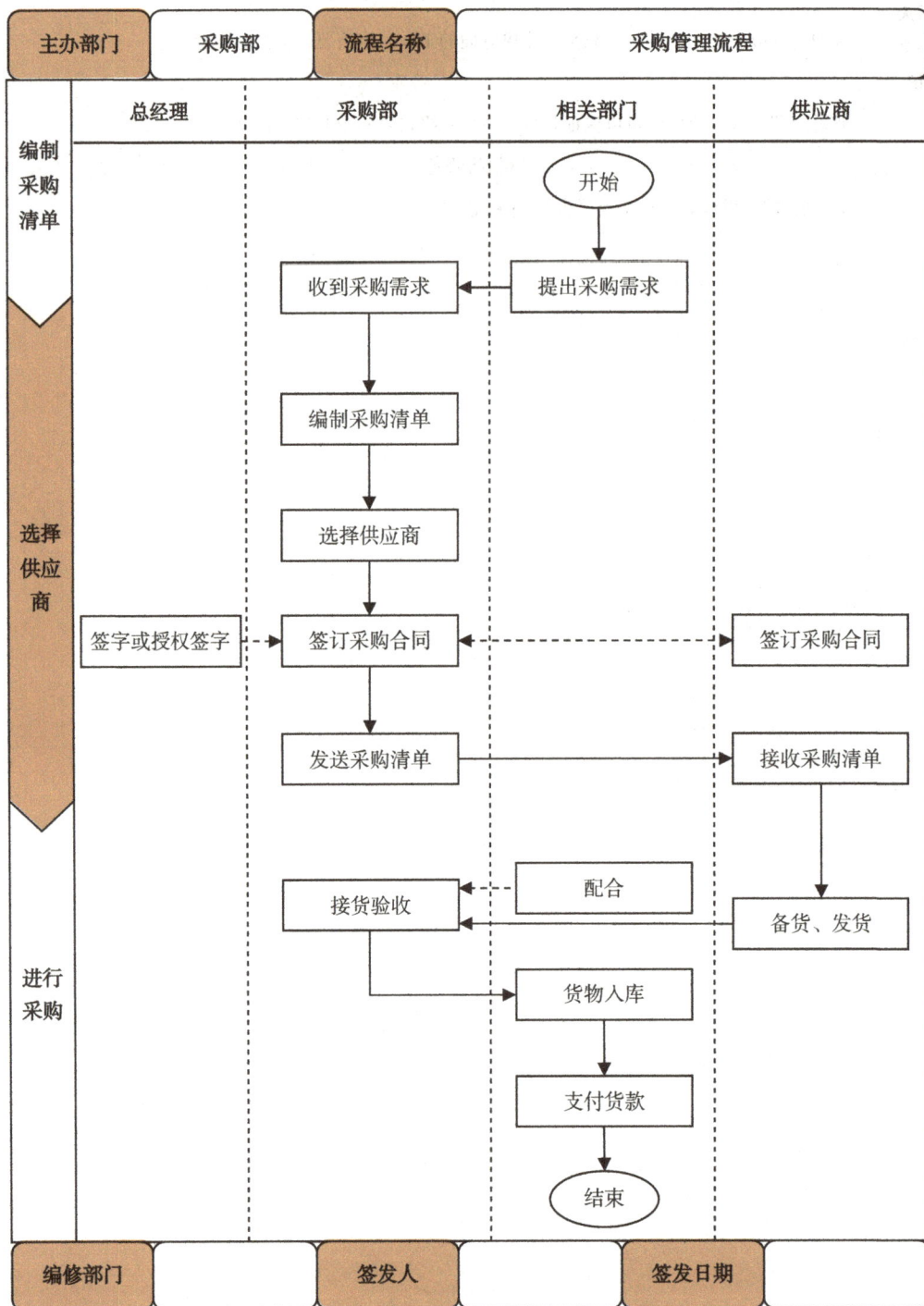

主办部门	采购部	流程名称	采购管理流程

	总经理	采购部	相关部门	供应商
编制采购清单			开始	
		收到采购需求	← 提出采购需求	
		编制采购清单		
选择供应商		选择供应商		
	签字或授权签字	签订采购合同	←	签订采购合同
		发送采购清单	→	接收采购清单
进行采购		接货验收	配合	备货、发货
		货物入库		
		支付货款		
		结束		

编修部门		签发人		签发日期	

企业运营管理 流程设计与工作标准

4.4.2 采购管理执行程序、工作标准、考核指标、执行规范

任务名称	执行程序、工作标准与考核指标
编制采购清单	**执行程序** ☆相关部门根据本部门的实际生产经营需要，向采购部提出采购需求。 ☆采购部根据相关部门提出的采购需求，编制采购清单。 **工作重点** 相关部门要及时提出采购需求。 **工作标准** 采购清单内容全面、完整。 **考核指标** 采购清单编制的及时性：应在____个工作日内完成。
选择供应商	**执行程序** 1. 选择供应商 采购部根据采购清单上的物资类型，选择合适的供应商。 2. 签订采购合同 确定供应商后，采购部相关人员在取得总经理的授权后，与供应商代表签订采购合同。 **工作重点** 采购合同的内容须清晰明确；合同签订由总经理亲自签订或由其授权专人签订。 **工作标准** 供应商的选择可参照本企业的供应商管理制度进行。 **考核指标** 采购合同中无有损本企业利益的条款。
进行采购	**执行程序** 1. 发送采购清单 合同签订后，采购部应将采购清单发送给供应商。 2. 备货、发货 供应商根据采购清单的内容备货，备货完成后，向企业发出发货通知。 3. 接货验收 货物到达企业后，采购部组织相关部门做好接货验收工作。 4. 货物入库 货物验收合格后，相关部门应及时办理入库手续。 5. 支付货款 货物入库后，相关部门向供应商及时足额支付货款。 **工作重点** 采购清单中须详细注明所需物资的数量、金额等信息。 **工作标准** ☆质量标准：采购过程顺畅高效。 ☆完成标准：采购部在规定的时间内完成货物采购工作。
执行规范	
"采购清单""采购合同"。	

4.5 库存管理流程设计与工作执行

4.5.1 库存管理流程设计

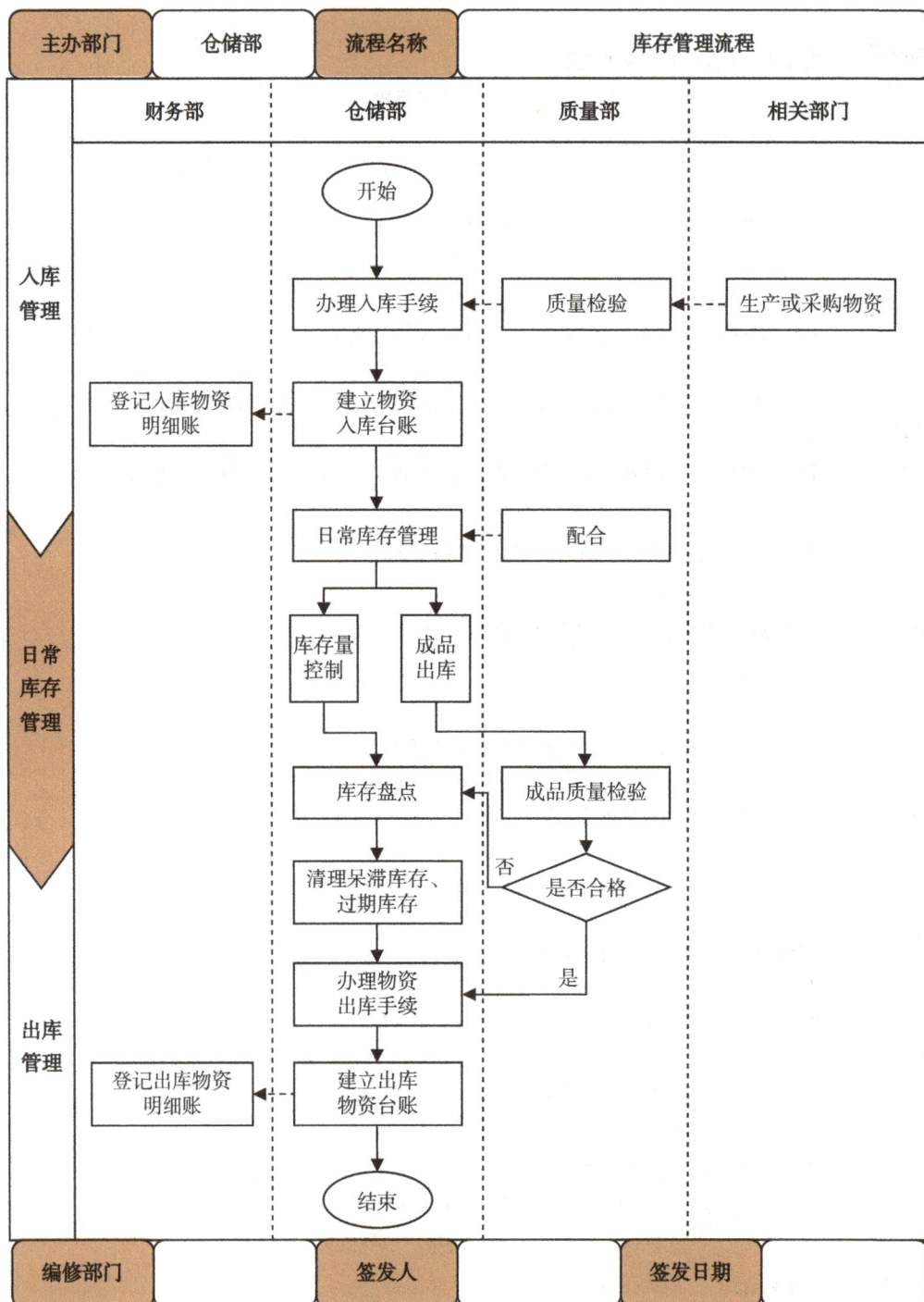

主办部门	仓储部	流程名称	库存管理流程

	财务部	仓储部	质量部	相关部门

入库管理

日常库存管理

出库管理

```
                      ┌─────────┐
                      │  开始   │
                      └────┬────┘
                           ↓
┌──────────┐      ┌─────────────┐    ┌─────────┐    ┌──────────────┐
│          │      │ 办理入库手续 │←---│ 质量检验 │←---│ 生产或采购物资 │
└──────────┘      └──────┬──────┘    └─────────┘    └──────────────┘
                         ↓
┌──────────────┐  ┌─────────────┐
│ 登记入库物资  │←-│ 建立物资     │
│ 明细账       │  │ 入库台账     │
└──────────────┘  └──────┬──────┘
                         ↓
                  ┌─────────────┐    ┌─────────┐
                  │ 日常库存管理 │←---│  配合    │
                  └──────┬──────┘    └─────────┘
                    ┌────┴────┐
                    ↓         ↓
              ┌────────┐ ┌────────┐
              │ 库存量  │ │ 成品   │
              │ 控制   │ │ 出库   │
              └───┬────┘ └───┬────┘
                  ↓          ↓
              ┌────────┐ ┌──────────────┐
              │ 库存盘点 │←│ 成品质量检验  │
              └───┬────┘ └──────┬───────┘
                  ↓         否  ↓
              ┌──────────────┐ ◇是否合格◇
              │ 清理呆滞库存、 │
              │ 过期库存      │    ↓ 是
              └──────┬───────┘
                     ↓
              ┌─────────────┐
              │ 办理物资     │
              │ 出库手续     │
              └──────┬──────┘
┌──────────────┐     ↓
│ 登记出库物资  │←-┌─────────────┐
│ 明细账       │  │ 建立出库     │
└──────────────┘  │ 物资台账     │
                  └──────┬──────┘
                         ↓
                    ┌─────────┐
                    │  结束   │
                    └─────────┘
```

编修部门		签发人		签发日期	

4.5.2　库存管理执行程序、工作标准、考核指标、执行规范

任务 名称	执行程序、工作标准与考核指标
入库 管理	**执行程序** **1.办理入库手续** ☆相关部门组织生产或采购本企业所需的物资。 ☆质量部须对相关部门生产出来的或采购回来的物资进行质量检验。 ☆仓储部应及时为质量检验合格的物资办理入库手续。 **2.建立物资入库台账** ☆仓库部应建立所有入库物资的入库台账，并提交给财务部。 ☆财务部根据物资入库台账登记入库物资明细账。 **工作重点** 　质量检验合格的物资与质量检验不合格的物资应分开放置。 **工作标准** 物资的入库可参照本企业的物资入库管理制度执行。 **考核指标** 入库物资明细账登记准确率：目标值为 100%。
日常 库存 管理	**执行程序** ☆仓储部须对库存进行日常管理，主要包括库存量控制与成品出库两方面工作。 ☆仓储部在进行库存量控制工作时，要盘点现有库存，并及时对呆滞库存、过期库存进行清理。 ☆仓储部在进行成品出库工作时，要先通知质量部检验成品质量，检验合格的，可进入出库登记环节；检验不合格的，须进入库存盘点环节。 **工作重点** 　仓储部应定期进行库存盘点工作。 **工作标准** ☆参照标准：库存的盘点可参照本企业的相关制度执行。 ☆质量标准：库存盘点高效规范，结果准确，无遗漏、无失误。 **考核指标** ☆库存盘点的及时性：应每＿＿＿天进行一次盘点。 ☆库存盘点的规范性：物资保管得当，及时发现并处理异常情况。
出库 管理	**执行程序** **1.办理物资出库手续** ☆仓储部必须严格执行物资出库手续办理工作。 ☆出库物资分为合格成品与待销毁物资或销售物资，仓储部要分别进行登记。 **2.建立出库物资台账** ☆仓储部应建立所有物资的出库台账，并提交给财务部。

任务 名称	执行程序、工作标准与考核指标
出库 管理	☆财务部根据物资出库台账登记出库物资明细账。 **工作重点** 　财务部应规范登记出库物资明细账。
	工作标准
	☆质量标准：物资出库高效顺畅。 ☆参照标准：物资的出库可参照本企业的物资出库管理制度执行。
	执行规范
	"物资入库台账""物资出库台账""入库物资明细账""出库物资明细账"。

4.6 运输管理流程设计与工作执行

4.6.1 运输管理流程设计

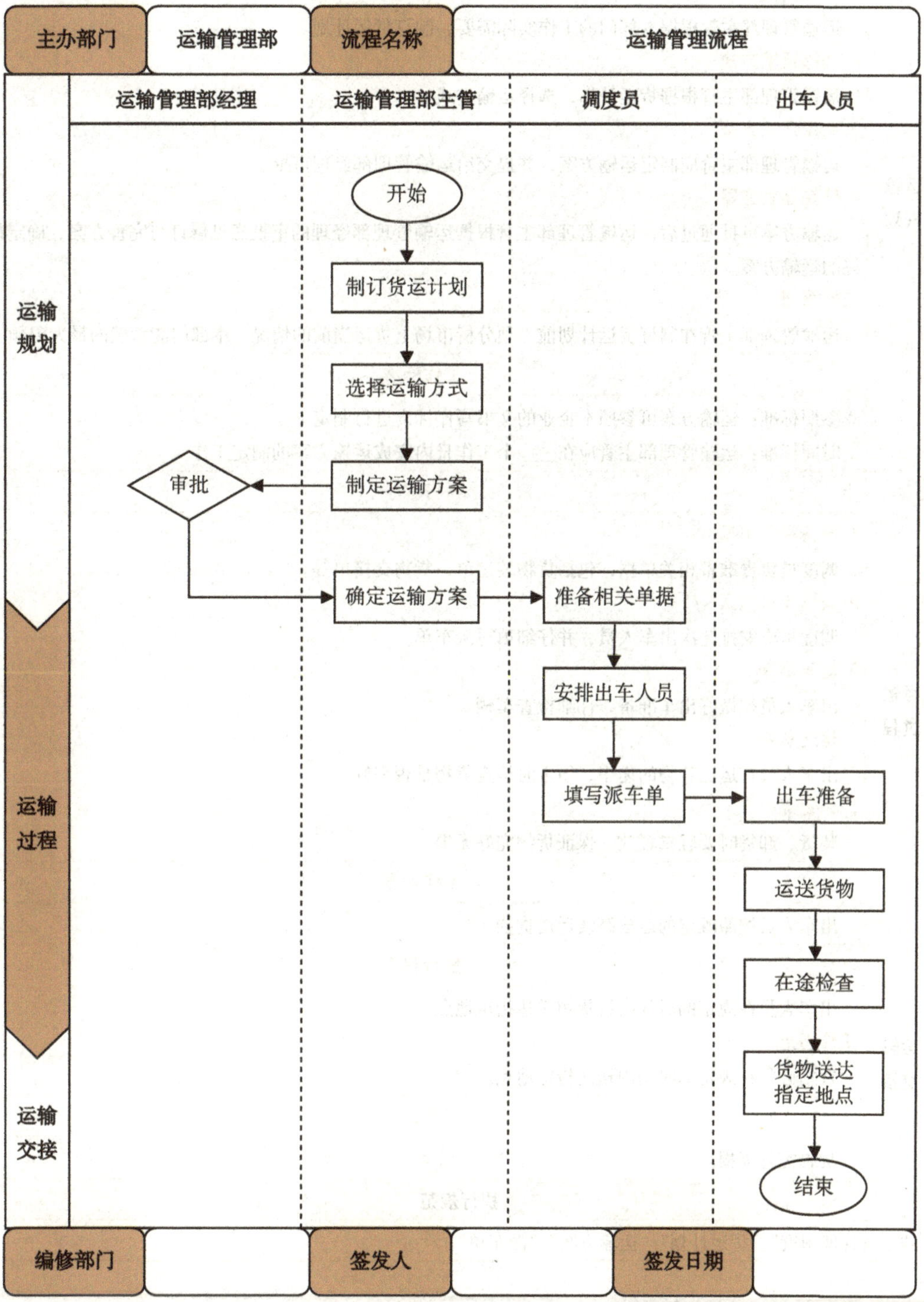

主办部门
运输管理部
流程名称
运输管理流程
运输管理部经理
运输管理部主管
调度员
出车人员
运输规划
运输过程
运输交接
开始
制订货运计划
选择运输方式
制定运输方案
审批
确定运输方案
准备相关单据
安排出车人员
填写派车单
出车准备
运送货物
在途检查
货物送达指定地点
结束
编修部门
签发人
签发日期

4.6.2　运输管理执行程序、工作标准、考核指标、执行规范

任务名称	执行程序、工作标准与考核指标
	执行程序
运输规划	**1.制订货运计划** 运输管理部主管根据本部门的工作实际需要，制订货运计划。 **2.选择运输方式** 运输管理部主管根据货运计划，选择运输方式。 **3.制定运输方案** 运输管理部主管应制定运输方案，并提交给运输管理部经理审批。 **4.确定运输方案** 运输方案审批通过后，运输管理部主管根据运输管理部经理的审批意见修订与完善方案，确定最终的运输方案。 **工作重点** 运输管理部主管在制订货运计划前，须分析市场上货运当前的情况、本部门能承载的最大限额。
	工作标准
	☆参照标准：运输方案可参照本企业的文书写作标准进行制定。 ☆时间标准：运输管理部主管应在____个工作日内完成运输方案的制定工作。
	执行程序
运输过程	**1.准备相关单据** 调度员负责准备相关单据，包括货物装运单、货物交接单等。 **2.安排出车人员** 调度员应安排此次出车人员，并仔细填写派车单。 **3.出车准备** 出车人员须做好出车准备，仔细检查车辆。 **4.运送货物** 出车人员在运送货物的途中，须定时检查货物是否完好。 **工作重点** 装货、卸货时要轻拿轻放，保证货物完好无损。
	工作标准
	出车人员按照既定的运输路线运送货物。
	执行程序
运输交接	出车人员在规定的时间内将货物送达指定地点。 **工作重点** 货物必须在规定的时间内送达指定地点。
	工作标准
	货物完好无损。
	执行规范
	"运输管理制度""货运计划""运输方案""派车单"。

5.1　生产运营管理流程设计

5.1.1　流程设计的目的

通过建立一套完善的生产运营系统，能够为企业在节省生产成本的同时，提高生产效率。企业设计生产运营管理流程的目的如下：

（1）规范生产设备的使用管理，保证设备安全、高效地运行，最大化地发挥生产设备的效能；

（2）加强对生产过程中的工时、成本的控制，确保生产过程的精益化；

（3）确保生产部门高效、准时、安全地生产出合格的产品。

5.1.2　流程结构设计

生产运营管理包括七大事项，我们可以就每个事项设计相应的流程，即生产计划管理流程、生产物料管理流程、生产设备管理流程、生产效率管理流程、外协生产管理流程、生产交期管理流程和安全生产管理流程，具体如图 5-1 所示。

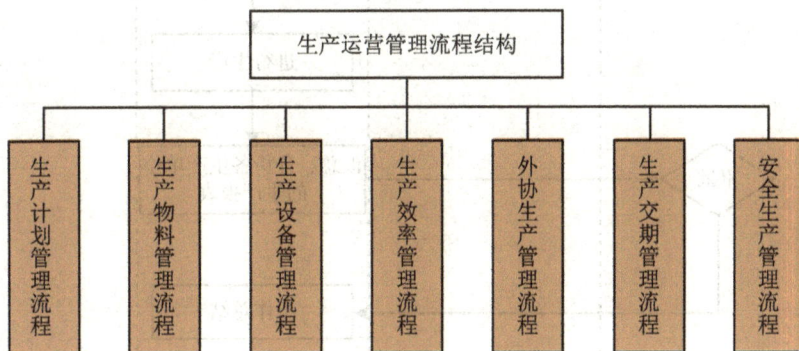

图 5-1　生产运营管理流程结构

5.2 生产计划管理流程设计与工作执行

5.2.1 生产计划管理流程设计

主办部门	生产部	流程名称	生产计划管理流程

	总经理	采购部	生产部	相关部门
制订生产计划	审批		开始 → 制订年度生产计划 → 分解年度生产计划 → 月度生产计划 / 季度生产计划	
采购物料	审批	组织采购物料		编制物料需求计划 / 物料入库
执行生产计划与工作总结	审批		进行生产 → 汇总、分析各生产单位的生产报表 → 工作总结 → 结束	

编修部门		签发人		签发日期	

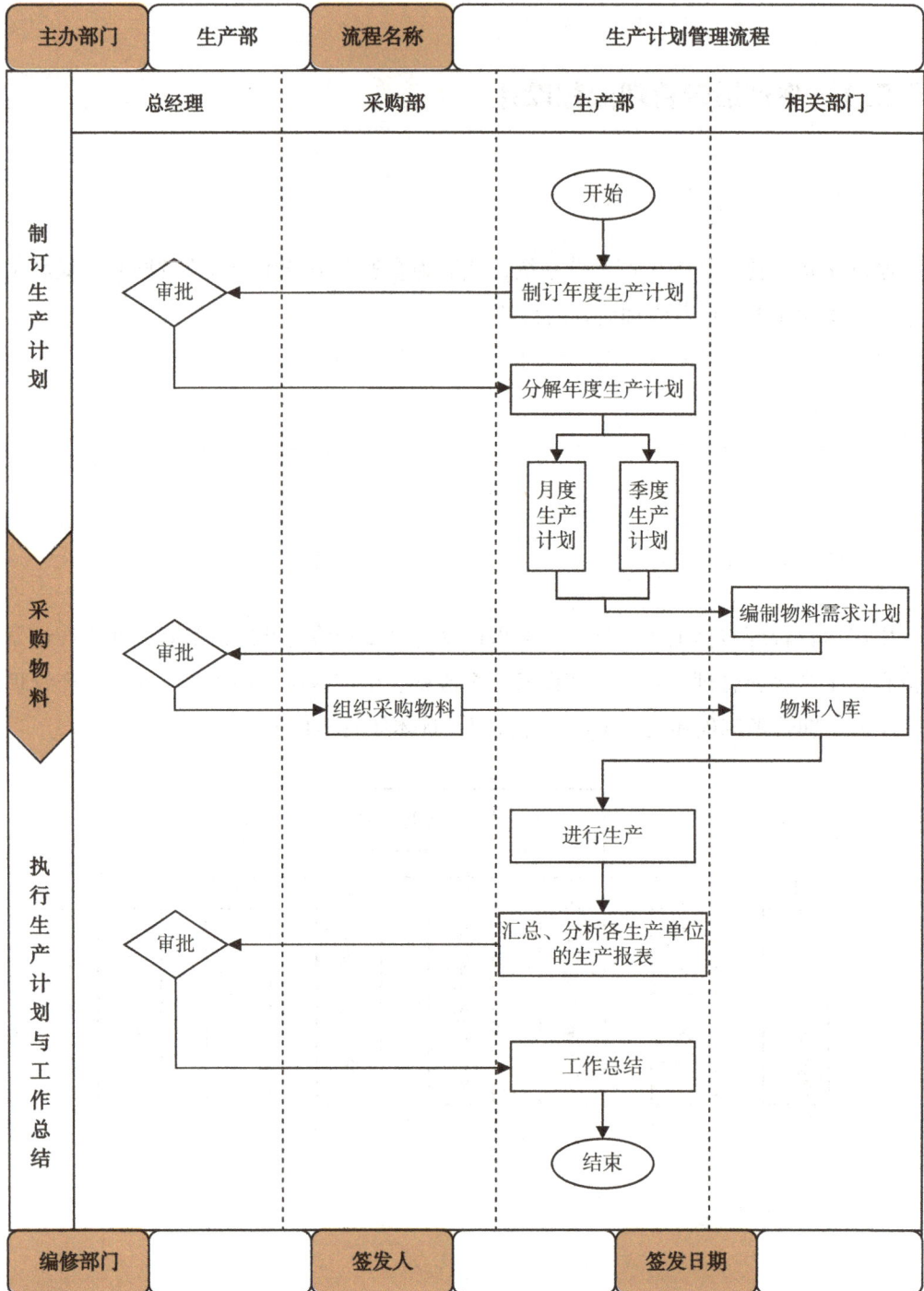

企业运营管理 流程设计与工作标准

/086/

5.2.2　生产计划管理执行程序、工作标准、考核指标、执行规范

任务 名称	执行程序、工作标准与考核指标
制订 生产 计划	**执行程序** **1.制订年度生产计划** 　生产部根据本企业的发展和经营计划制订年度生产计划，并提交给总经理审批。 **2.分解年度生产计划** 　年度生产计划审批通过后，生产部将年度生产计划分解为季度生产计划和月度生产计划。 **工作重点** 　年度生产计划要切实可行。 **工作标准** 　年度生产计划制订合理。
采购 物料	**执行程序** **1.编制物料需求计划** 　相关部门根据生产部制订的生产计划编制物料需求计划，并提交给总经理审批。 **2.组织采购物料** 　物料需求计划审批通过后，采购部组织采购物料。 **3.物料入库** 　相关部门须对采购回来的物料进行质量检验，检验合格后方可入库。 **工作重点** 　采购部根据物料需求计划，组织实施物料采购工作。 **工作标准** 　相关部门根据物料入库管理制度的规定，为质量检验合格物料办理入库手续。
执行 生产 计划 与 工作 总结	**执行程序** **1.进行生产** 　生产部执行生产任务，根据生产计划进程按规定领取物料。 **2.汇总、分析各生产单位的生产报表** ☆各生产单位根据生产的实际情况编制生产报表，并提交给生产部。 ☆生产部相关人员负责汇总、整理各生产单位提交的生产报表，编制综合生产报表，并提交给总经理审批。 **3.工作总结** 　综合生产报表审批通过后，生产部应及时总结年度生产计划的执行情况，编制生产计划完成情况总结报告。 **工作重点** 　生产部要严格按照生产计划执行生产任务。

（续）

任务名称	执行程序、工作标准与考核指标
执行生产计划与工作总结	**工作标准**
	生产报表内容全面，能真实反映生产情况。
	考核指标
	生产计划完成率，其计算公式如下： $$生产计划完成率 = \frac{已完成的生产任务}{应完成的生产任务} \times 100\%$$

执行规范
"年度生产计划""季度生产计划""月度生产计划""生产计划完成情况总结报告""生产报表""综合生产报表"。

5.3.1 生产物料管理流程设计

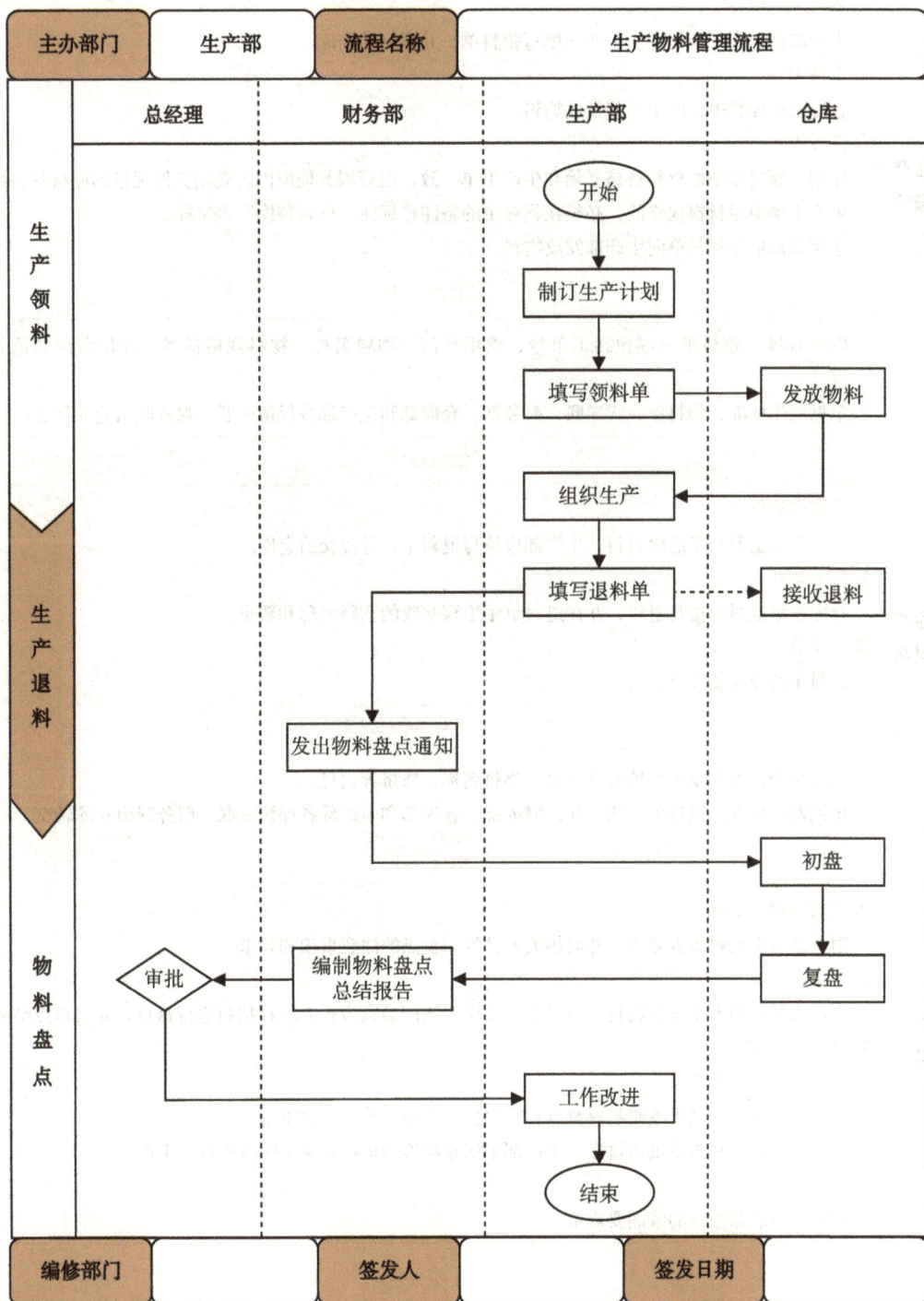

主办部门	生产部	流程名称	生产物料管理流程

	总经理	财务部	生产部	仓库

生产领料

开始

制订生产计划

填写领料单 → 发放物料

组织生产 ← 发放物料

生产退料

填写退料单 ┈┈> 接收退料

发出物料盘点通知

物料盘点

初盘

审批 ← 编制物料盘点总结报告 ← 复盘

工作改进

结束

编修部门		签发人		签发日期	

第 5 章 生产运营管理

5.3.2　生产物料管理执行程序、工作标准、考核指标、执行规范

任务名称	执行程序、工作标准与考核指标
生产领料	**执行程序** **1.填写领料单** 　生产部根据生产计划组织生产，填写领料单，并提交给仓库。 **2.发放物料** 　仓库根据领料单，向生产部发放物料。 **工作重点** ☆原则上领料单中原材料规格必须和生产工单一致，但若因其他原因需要用其他规格的原材料替换生产工单中原材料规格的，必须在领料单的备注栏标注"材料替换"等字样。 ☆仓库部须依据领料单向生产部发放物料。 **工作标准** ☆内容标准：领料单内容包括工单号、领用部门、物料名称、物料规格描述、计量单位和请领数等。 ☆单据制作标准：领料单一式三联，财务部、仓库部和生产部各保留一联，财务联由仓库转交。
生产退料	**执行程序** **1.填写退料单** 　对于需要退回仓库的原材料，生产部应填写退料单，并提交给仓库。 **2.接收退料** 　仓库根据退料单接收退料，并在退料单中填写实收的物料名称和数量。 **工作重点** 　退料单的填写须规范。 **工作标准** ☆填写标准：退料单中须填写订单号、物料名称、数量等信息。 ☆单据制作标准：退料单一式三联，财务部、仓库部和生产部各保留一联，财务联由仓库转交。
物料盘点	**执行程序** **1.发出物料盘点通知** 　财务部发出物料盘点通知，并向相关人员告知盘点的注意事项和要求。 **2.初盘与复盘** 　仓库人员依照本企业的物料盘点要求，采用合适的盘点方式对库存物料进行盘点，并将盘点结果提交给财务部。 **3.编制物料盘点总结报告** ☆财务部根据盘点结果编制物料盘点总结报告，并提交给总经理审批。 ☆物料盘点总结报告审批通过后，生产部根据总经理的审批意见不断改进自身工作。 **工作重点** 　物料盘点总结报告的编制要规范。

任务名称	执行程序、工作标准与考核指标
物料盘点	**工作标准**
	物料盘点人员应准确记录物料的名称、规格、型号、数量和单位等信息。
	考核指标
	物料盘点的及时性：应在＿＿个工作日内完成。
	执行规范
	"领料单""退料单""物料盘点通知""物料盘点总结报告""生产工单"。

5.4 生产设备管理流程设计与工作执行

5.4.1 生产设备管理流程设计

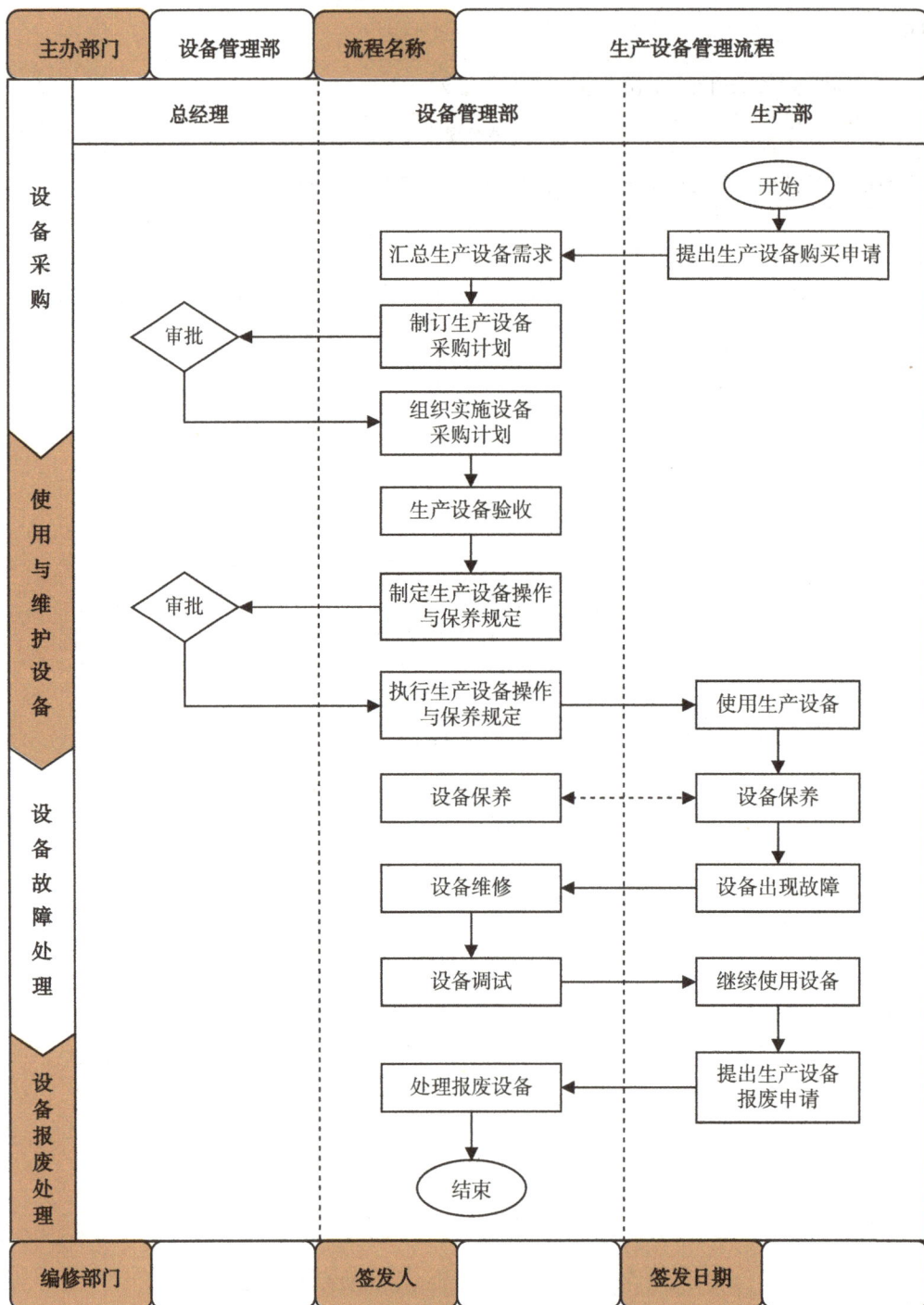

主办部门	设备管理部	流程名称	生产设备管理流程

	总经理	设备管理部	生产部
设备采购		汇总生产设备需求 ←	开始 → 提出生产设备购买申请
	审批 ←	制订生产设备采购计划	
	→	组织实施设备采购计划	
		生产设备验收	
使用与维护设备	审批 ←	制定生产设备操作与保养规定	
	→	执行生产设备操作与保养规定 →	使用生产设备
		设备保养 ←-----	设备保养
设备故障处理		设备维修 ←	设备出现故障
		设备调试 →	继续使用设备
设备报废处理		处理报废设备 ←	提出生产设备报废申请
		结束	

编修部门		签发人		签发日期	

企业运营管理 流程设计与工作标准

5.4.2 生产设备管理执行程序、工作标准、考核指标、执行规范

任务名称	执行程序、工作标准与考核指标
设备采购	**执行程序** **1.提出生产设备购买申请** 　生产部根据本部门的实际工作需求，向设备管理部提出生产设备购买申请。 **2.汇总生产设备需求** ☆设备管理部应汇总生产设备需求，据此制订生产设备采购计划。 ☆设备管理部将生产设备采购计划提交给总经理审批，审批通过后，负责组织实施计划。 **3.生产设备验收** 　设备管理部须对采购回来的生产设备进行验收。 **工作重点** 　生产设备采购计划的制订要规范。 **工作标准** 　生产设备采购计划内容包括生产设备的型号、价格和数量等。
使用与维护设备	**执行程序** **1.制定生产设备操作与保养规定** 　设备管理部根据本企业的运营情况及生产设备的特殊要求制定相应的操作与保养规定，并提交给总经理审批，审批通过后，严格执行规定。 **2.使用生产设备** 　生产部必须按规定使用生产设备。 **3.设备保养** ☆设备管理部根据设备的使用情况定期对设备进行保养，消除设备安全隐患，确保生产安全。 ☆生产部平时要做好对设备的擦拭、清扫和润滑等保养工作。 **工作重点** 　生产部必须按照生产设备操作与保养规定，使用与保养设备。 **工作标准** 　生产部应定期检查生产设备，发现问题要及时上报。 **考核指标** 　生产设备操作与保养规定执行到位。
设备故障处理	**执行程序** **1.设备出现故障** 　设备在进行生产作业的过程中出现故障，当班负责人应初步了解故障情况，若能自行解决，应立即处理故障设备；若不能自行解决，应立即通知设备管理部。 **2.设备维修** 　设备管理部人员在接到设备报修后____分钟内带上所需的维修工具赶到现场，在最短的时间内排除设备故障。 **3.设备调试** ☆故障设备维修完毕后，设备管理部人员须对设备进行调试，调试合格后方可再次投入使用。 ☆生产部人员继续使用设备进行生产作业。

任务 名称	执行程序、工作标准与考核指标
设备 故障 处理	**工作重点** 　　如因人员操作不当造成设备故障的，生产部主管应及时指正并组织现场实操培训。
	工作标准
	生产部应对设备故障发生的时间、原因、修复结果等进行清晰的记录。
	考核指标
	设备故障维修及时率：应达到＿＿＿%。
设备 报废 处理	**执行程序**
	1. 提出生产设备报废申请 ☆生产部根据生产设备的使用情况，向设备管理部提出生产设备报废申请。 ☆设备管理部依照生产设备报废申请，对该生产设备进行检测。 **2. 处理报废设备** 　　经检测符合报废申请的生产设备，设备管理部按照设备报废管理规定进行报废处理。 **工作重点** 　　企业须明确生产设备报废申请的条件与标准。
	工作标准
	生产管理部依照设备报废程序对生产设备进行报废处理。
	执行规范
“生产设备采购计划”“生产设备操作与保养规定”“设备报废管理规定”。

企业运营管理 流程设计与工作标准

5.5 生产效率管理流程设计与工作执行

5.5.1 生产效率管理流程设计

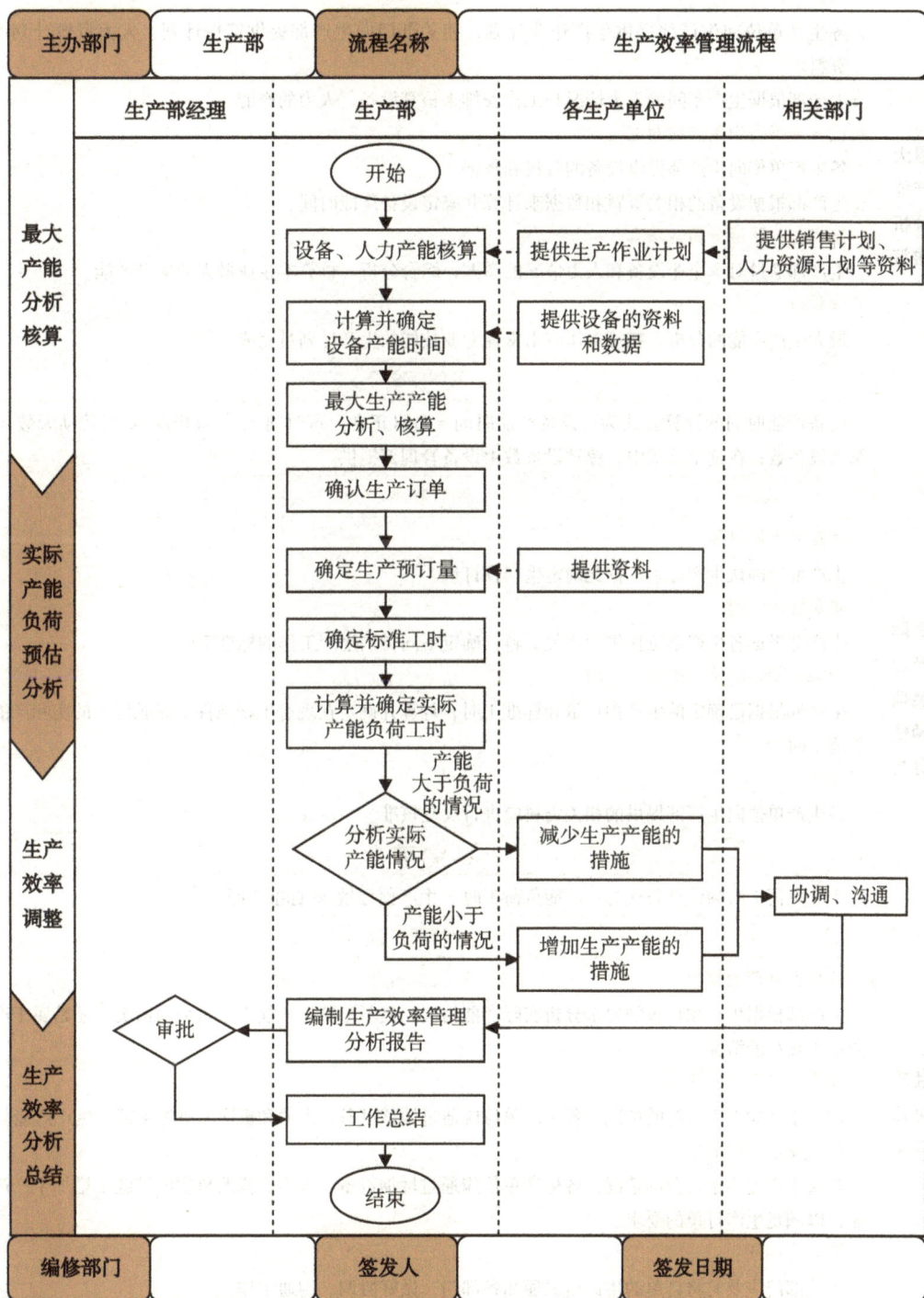

主办部门	生产部	流程名称	生产效率管理流程

	生产部经理	生产部	各生产单位	相关部门

```
                              开始

最大
产能      设备、人力产能核算 ← 提供生产作业计划   提供销售计划、
分析                                             人力资源计划等资料
核算      计算并确定          提供设备的资料
          设备产能时间        和数据

          最大生产产能
          分析、核算

          确认生产订单

实际      确定生产预订量 ←--- 提供资料
产能
负荷      确定标准工时
预估
分析      计算并确定实际
          产能负荷工时
                    产能
                    大于负荷
                    的情况

生产      分析实际        减少生产产能的
效率      产能情况 ───→    措施         ──┐
调整                                        协调、沟通
          产能小于                          ↗
          负荷的情况       增加生产产能的
                          措施         ──┘

          审批 ←  编制生产效率管理 ←────────────
生产                 分析报告
效率
分析      工作总结
总结
                    结束
```

编修部门		签发人		签发日期	

5.5.2 生产效率管理执行程序、工作标准、考核指标、执行规范

任务 名称	执行程序、工作标准与考核指标
最大产能分析核算	**执行程序** **1.设备、人力产能核算** ☆各生产单位向生产部提供生产作业计划，相关部门向生产部提供销售计划、人力资源计划等资料。 ☆生产部根据生产车间的人力情况和工作安排来核算设备、人力的产能。 **2.计算并确定设备产能时间** ☆各生产单位向生产部提供设备的资料和数据。 ☆生产部根据设备的相关资料和数据来计算并确定设备产能时间。 **3.最大生产产能分析、核算** 生产部通过对本企业设备和人力情况的掌握，综合分析、核算本企业最大的生产产能。 **工作重点** 最大生产产能的分析、核算工作应由掌握专业技能的生产计划员完成。 **工作标准** 设备产能时间的计算公式为：设备产能时间＝每日正常上班时间 × 每日班次 × 可稼动天数 × 稼动设备数；在这个公式中，稼动设备数由设备管理部提供。
实际产能负荷预估分析	**执行程序** **1.确定生产制订量** 生产部应确认生产订单，据此确定生产预订量。 **2.确定标准工时** 生产部根据各生产单位提供的相关资料，确定不同类别生产工作的标准工时。 **3.计算并确定实际产能负荷工时** 生产部根据已确定的生产预订量和标准工时，计算并确定在现有生产条件下完成订单的实际产能负荷工时。 **工作重点** 各生产单位向生产部提供的相关资料应进行反复核准。 **工作标准** 产能负荷工时的计算公式为：产能负荷工时＝生产预订量 × 标准工时。
生产效率调整	**执行程序** **1.分析实际产能情况** 生产部根据生产预订量的要求分析实际产能情况，判断是属于产能大于负荷的情况，还是属于产能小于负荷的情况。 **2.减少生产产能的措施** 若属于产能大于负荷的情况，各生产单位应通过调整设备、人力和班次的措施来减少生产产能。 **3.增加生产产能的措施** 若属于产能小于负荷的情况，各生产单位应通过增加设备、人力、修改班次的措施来增加生产产能，以满足生产订单的要求。 **4.协调、沟通** 相关部门应及时将订单的生产情况通知各部门，做好协调、沟通工作。

任务名称	执行程序、工作标准与考核指标
生产效率调整	**工作重点** ☆如果产能大于负荷，各生产单位可以做出给员工放假、安排富余人员或设备支持其他工作中心、安排富余人员培训及设备保养等决策；必要时，将设备变卖、转移，人员裁减、辞退。 ☆如果产能小于负荷，各生产单位可以做出委外加工、安排人员加班，以及向其他部门请求设备、人员支援等决策。 **工作标准** 各生产单位采取的产能负荷失衡应对措施有效。
生产效率分析总结	**执行程序** 1. 编制生产效率管理分析报告 　生产部根据实际产能情况编制生产效率管理分析报告，并提交给生产部经理审批。 2. 工作总结 　生产效率管理分析报告审批通过后，生产部及时总结生产效率管理工作，汲取经验。 **工作重点** 　编制生产效率管理分析报告的步骤为：编制生产效率管制表、确定工作中心、确定评估期、形成产能负荷分析表。 **工作标准** 　产能负荷分析表内容包括工作中心的名称与编号、分析评估期间、产能状况、负荷状况、分析结论与对策。 **考核指标** ☆产能负荷分析表差错率：应控制在＿＿％以内。 ☆生产效率管理分析报告编制的规范性：报告内容完整、结构清晰。
执行规范	

"生产效率管理分析报告""产能负荷分析表""生产效率管制表""生产作业计划""销售计划""人力资源计划"。

第 5 章　生产运营管理

5.6.1 外协生产管理流程设计

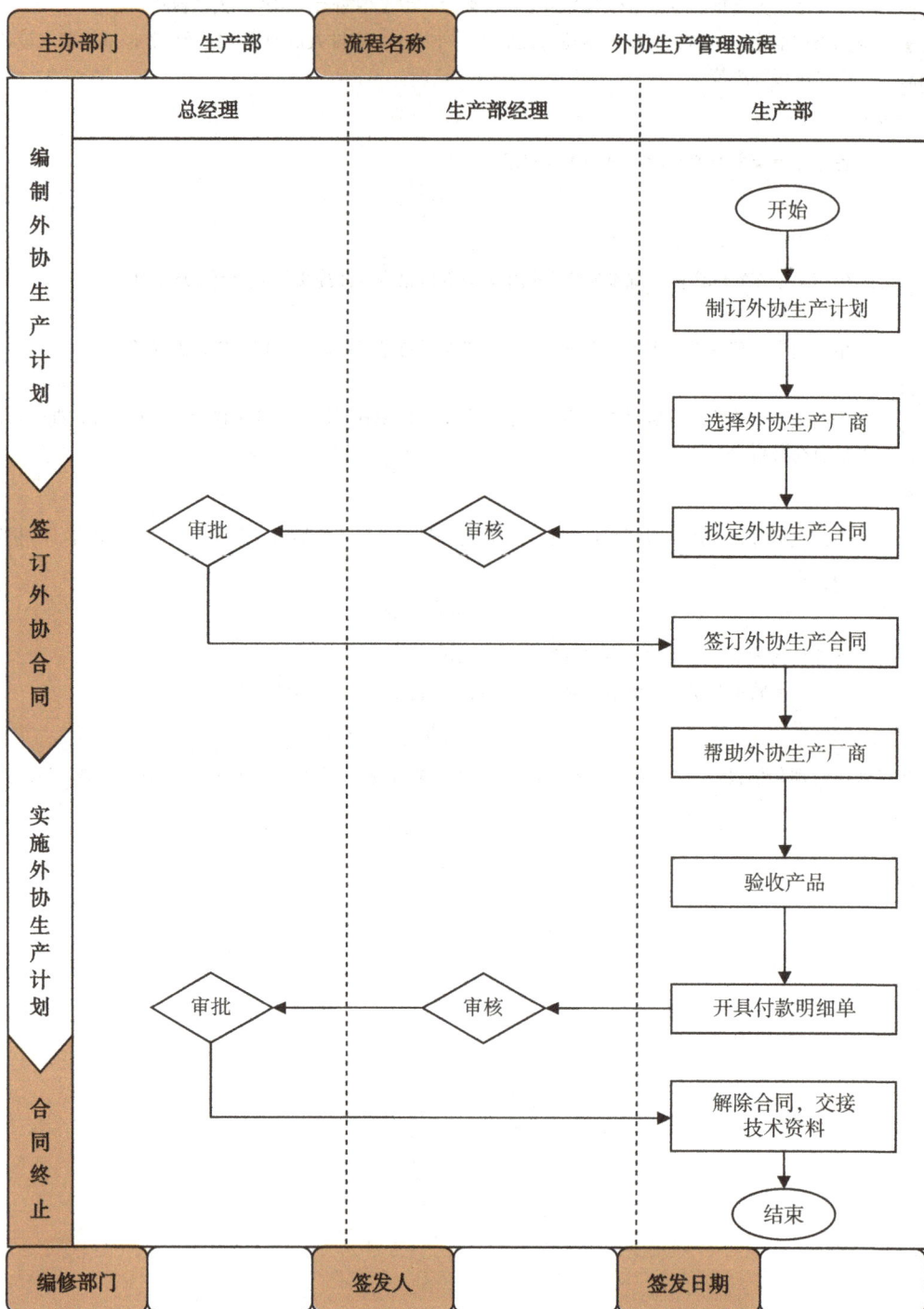

主办部门	生产部	流程名称	外协生产管理流程

	总经理	生产部经理	生产部

编制外协生产计划

开始 → 制订外协生产计划 → 选择外协生产厂商 → 拟定外协生产合同

签订外协合同

审批 ← 审核 ← 拟定外协生产合同

审批 → 签订外协生产合同 → 帮助外协生产厂商

实施外协生产计划

验收产品 → 开具付款明细单

审批 ← 审核 ← 开具付款明细单

合同终止

审批 → 解除合同,交接技术资料 → 结束

编修部门		签发人		签发日期	

5.6.2 外协生产管理执行程序、工作标准、考核指标、执行规范

任务名称	执行程序、工作标准与考核指标
编制外协生产计划	**执行程序** 生产部根据生产部经理对上期外协计划执行结果和对本期生产计划中外协任务的分析情况，制订本企业的外协生产计划。 **工作重点** 在制订外协生产计划时，生产部相关人员应查阅上一个计划期外协生产计划的完成情况的相关统计资料。 **工作标准** 外协生产计划内容包括外协背景，外协业务内容，外协产品的规格、型号、数量，预算筹措，外协业务的具体实施程序。
签订外协合同	**执行程序** **1.选择外协生产厂商** ☆生产部向外界发布公告，与对应外协生产厂商联系，筛选外协生产厂商。 ☆生产部对筛选出的外协生产厂商进行调查和审查，了解其单位资质和能力等关键条件，确定外协生产厂商。 **2.签订外协生产合同** ☆生产部负责拟订外协生产合同，并提交给生产部经理审核，之后报总经理审批。 ☆外协生产合同审批通过后，生产部相关人员代表本企业与外协生产厂商代表签订合同。 **工作重点** 生产部须对候选外协生产厂商的综合竞争实力进行排名，根据实际情况选出一家或几家外协生产厂商。 **工作标准** 外协生产合同符合国家相关法律法规的规定。
实施外协生产计划	**执行程序** **1.帮助外协生产厂商** 外协生产厂商在执行生产任务的过程中，生产部应向其提供资料、技术、标准、规格和培训等方面的帮助。 **2.验收产品** 生产部相关人员须对外协生产厂商生产出来的产品进行验收。 **工作重点** 为提高外协生产厂商的生产效率，生产部应指派专人对外协生产厂商进行技术指导。 **工作标准** 生产部向外协生产厂商提供的资料主要包括产品蓝图与规格书、生产程序图、生产工艺操作标准、产品质量检验标准、材料规格及数量等。 **考核指标** 外协生产厂商合作满意度：满意度评分应达到____分。

任务名称	执行程序、工作标准与考核指标
合同终止	**执行程序** **1. 开具付款明细单** 　产品验收合格后，生产部相关人员应开具付款明细单，并提交给生产部经理审核，之后报总经理审批。 **2. 解除合同，交接技术资料** 　外协生产合同到期，产品验收合格，生产部与外协生产厂商正式解除合同，并收回相应的技术资料和机密数据。 **工作重点** 　双方都要遵守保密协议，不得将相关资料泄露给第三方。
	工作标准 　收回的技术资料主要包括本企业所有的专利权的关键技术资料、重要工艺数据资料及产品设计图等。
	执行规范
	"外协生产计划""外协生产合同""付款明细单"。

5.7 生产交期管理流程设计与工作执行

5.7.1 生产交期管理流程设计

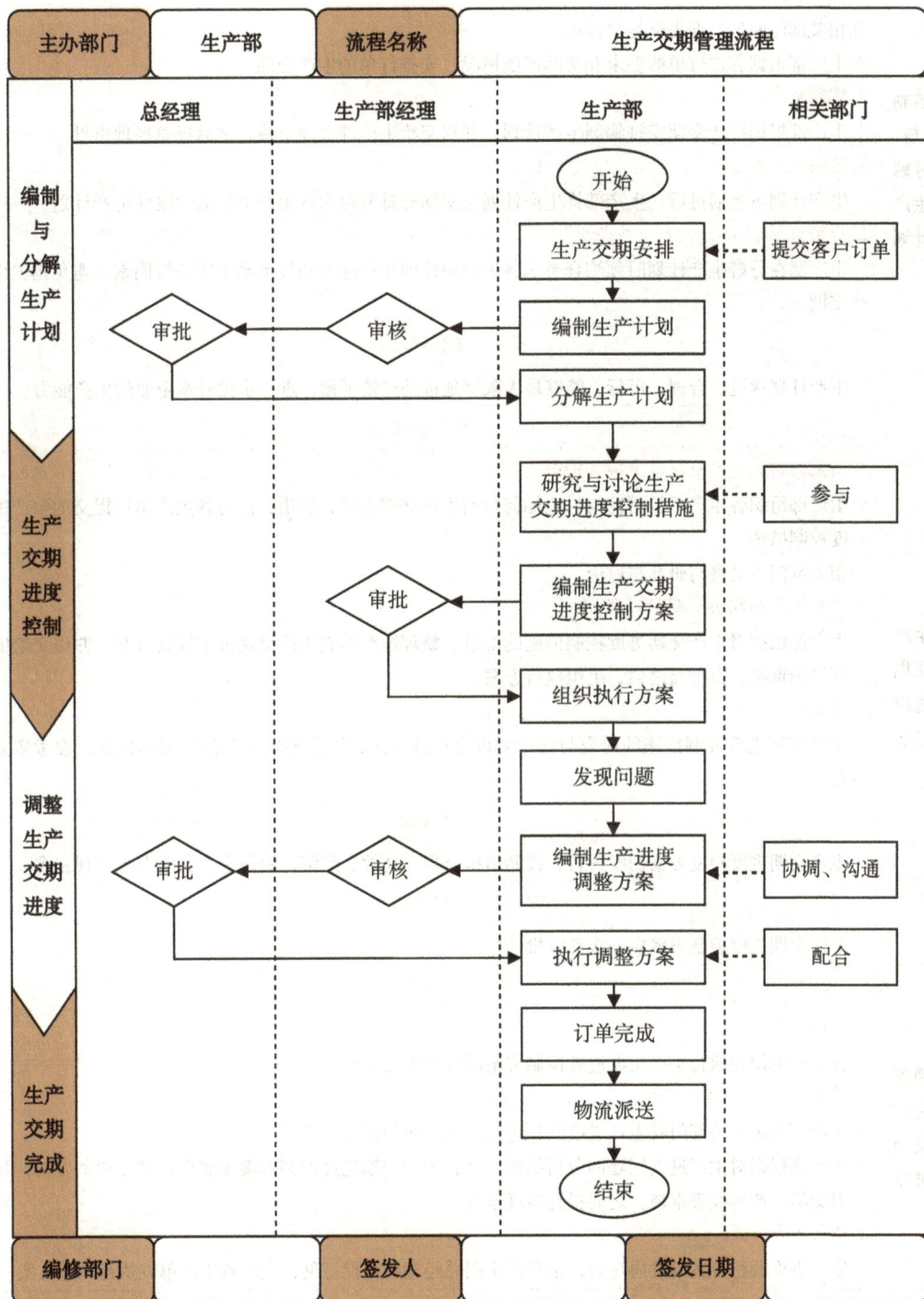

主办部门	生产部	流程名称	生产交期管理流程

	总经理	生产部经理	生产部	相关部门
编制与分解生产计划			开始	
			生产交期安排 ◀┈┈	提交客户订单
	审批 ◀	审核 ◀	编制生产计划	
			分解生产计划	
生产交期进度控制			研究与讨论生产交期进度控制措施 ◀┈	参与
		审批 ◀	编制生产交期进度控制方案	
			组织执行方案	
调整生产交期进度			发现问题	
	审批 ◀	审核 ◀	编制生产进度调整方案 ◀┈	协调、沟通
			执行调整方案 ◀┈	配合
生产交期完成			订单完成	
			物流派送	
			结束	

编修部门	签发人	签发日期	

第 5 章 生产运营管理

/ 101 /

5.7.2　生产交期管理执行程序、工作标准、考核指标、执行规范

任务名称	执行程序、工作标准与考核指标
编制与分解生产计划	**执行程序** **1. 生产交期安排** ☆相关部门向生产部提交客户订单。 ☆生产部根据客户订单的要求和实际产能情况，安排订单的生产交期。 **2. 编制生产计划** 　生产部根据生产交期安排编制生产计划，并提交给生产部经理审核，之后报总经理审批。 **3. 分解生产计划** 　生产计划审批通过后，生产部将生产计划按交期安排分解为各生产单位的阶段性生产计划。 **工作重点** 　生产部在分解生产计划时须综合考虑各生产单位的生产能力和技术水平等关键因素，避免延误生产交期。 **工作标准** 　生产计划规范、合理、可行，能够最大限度地推动产销平衡，进一步提升本企业的生产能力。
生产交期进度控制	**执行程序** **1. 研究与讨论生产交期进度控制措施** ☆生产部组织各生产单位研究与讨论如何控制生产交期进度，收集、汇总各生产单位提交的生产进度控制措施。 ☆相关部门人员参与研究与讨论。 **2. 编制生产交期进度控制方案** 　生产部根据对生产交期进度控制措施的汇总、整理情况编制生产交期进度控制方案，并提交给生产部经理审批，审批通过后，组织执行方案。 **工作重点** 　生产交期进度控制措施的研究与讨论要以生产部为主，综合各生产单位的实际情况，参考多方意见。 **工作标准** 　生产交期进度控制方案切实可行，控制措施合理、高效、经济，确保生产交期进度顺利完成。 **考核指标** 　生产交期进度控制方案应一次性审批通过。
调整生产交期进度	**执行程序** **1. 发现问题** 　各生产单位在执行生产交期进度控制方案的过程中发现问题。 **2. 编制生产进度调整方案** ☆生产部组织相关部门就生产进度问题进行沟通，协调解决办法。 ☆生产部根据对生产进度问题的分析结果，结合生产交期进度控制方案编制生产进度调整方案，并提交给生产部经理审核，之后报总经理审批。 **3. 执行调整方案** 　生产进度调整方案审批通过后，生产部根据总经理的审批意见，组织各生产单位执行调整方案。

任务名称	执行程序、工作标准与考核指标
调整生产交期进度	**工作重点** 生产部要定期监控生产进度，及时发现问题。 **工作标准** 生产进度问题被妥善解决。 **考核指标** ☆生产进度问题反馈及时率 $=\dfrac{\text{及时发现的问题数}}{\text{发生的问题数}}\times100\%$。 ☆生产进度调整方案应一次性审批通过。
生产交期完成	**执行程序** **1.订单完成** 生产进度问题解决后，生产部按时完成生产订单，通知客户准备接收货物。 **2.物流派送** 生产部须对出库货物进行质检，合格后打包装车，按客户要求派发物流，订单交期完成。 **工作重点** 出库货物的质检要全面抽样，多次检验，确保订单生产质量。 **工作标准** 生产订单完成后，生产部应在____小时内完成质检并装车发出物流。 **考核指标** 生产订单完成及时率，其计算公式如下： $$\text{生产订单完成及时率}=\dfrac{\text{已完成的订单数}}{\text{订单总数}}\times100\%$$
执行规范	
"生产计划""生产交期进度控制方案""生产进度调整方案"。	

第 5 章 | 生产运营管理

5.8.1 安全生产管理流程设计

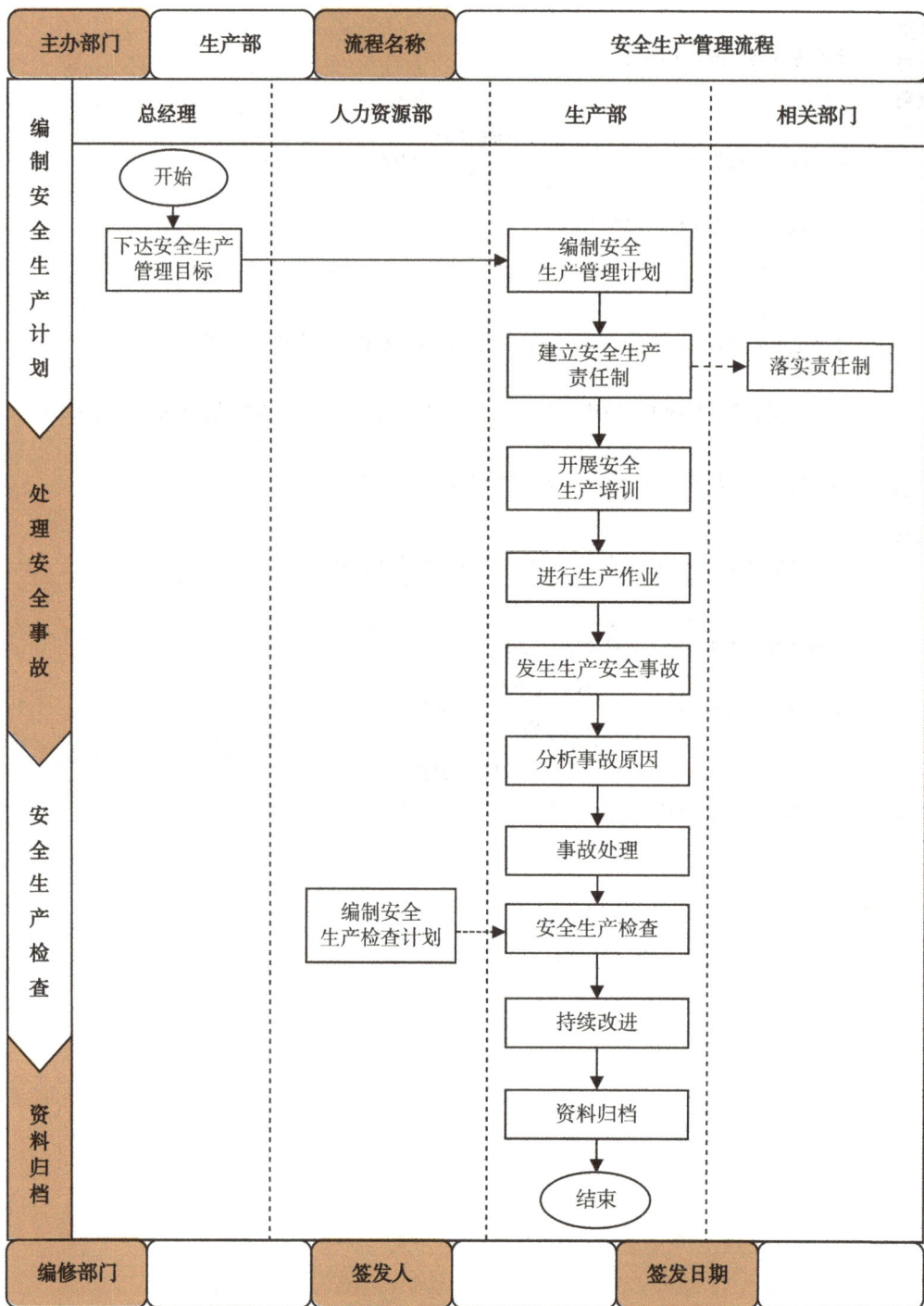

主办部门	生产部	流程名称	安全生产管理流程

	总经理	人力资源部	生产部	相关部门

编制安全生产计划

开始

下达安全生产管理目标 → 编制安全生产管理计划

建立安全生产责任制 ⤏ 落实责任制

开展安全生产培训

进行生产作业

处理安全事故

发生生产安全事故

分析事故原因

事故处理

安全生产检查

编制安全生产检查计划 ⤏ 安全生产检查

持续改进

资料归档

资料归档

结束

编修部门		签发人		签发日期	

5.8.2 安全生产管理执行程序、工作标准、考核指标、执行规范

任务名称	执行程序、工作标准与考核指标
编制安全生产计划	**执行程序** **1. 下达安全生产管理目标** 　总经理根据本企业的年度生产经营目标，向生产部下达安全生产管理目标。 **2. 编制安全生产管理计划** 　生产部根据安全生产管理目标，编制安全生产管理计划。 **3. 建立安全生产责任制** 　生产部依据本企业的组织结构、部门职能和岗位职责，建立安全生产责任制。 **4. 开展安全生产培训** ☆厂级安全教育培训由人力资源部组织，生产部/安全技术管理部等部门共同实施。 ☆车间（工段）级安全生产教育培训由车间（工段）负责人会同车间安全管理人员负责组织实施。 ☆班组级安全生产教育由班组长会同安全员、带班师傅组织实施。 **工作重点** ☆生产部须明确安全管理工作的内容和要求。 ☆生产部所有员工均需掌握安全生产规程。 **工作标准** 企业可采取灵活选取讲座、模拟演练和视频教学等方式进行安全生产培训。
处理安全事故	**执行程序** **1. 发生生产安全事故** 　生产部人员在进行生产作业的过程中发生生产安全事故，生产部须及时组织相关人员对事故原因进行分析，并提出处理措施。 **2. 事故处理** 　生产部应组织做好对生产安全事故的处理工作。 **工作重点** ☆事故处理措施要全面考虑生产安全事故发生带来的各方面影响。 ☆事故处理措施合理且便于实施。 **工作标准** 生产安全事故发生后____小时内被妥善处理。 **考核指标** 生产安全事故发生次数：目标值为0。
安全生产检查	**执行程序** 生产部依照人力资源部编制的安全生产检查计划，对各生产车间、各生产班组进行安全生产检查。 **工作重点** 生产部应定期对各生产车间、各生产班组进行安全生产检查。 **工作标准** 作业人员应积极配合生产部的安全生产检查工作，并及时改正违规行为。 **考核指标** 安全生产检查频次：每月至少进行____次。

任务 名称	执行程序、工作标准与考核指标		
资料 归档	**执行程序**		
	1. 持续改进 　生产部根据安全生产检查结果，有针对性地采取安全控制措施，实施有效的安全生产管理，有效地预防与控制生产安全事故的发生。 **2. 资料归档** 　生产部须对安全生产管理过程中产生的相关资料归档。 **工作重点** 　企业要努力消除或减少员工在工作中可能面临的安全风险。		
	工作标准		
	生产操作无违规，生产现场无安全隐患。		
执行规范			
"安全生产管理计划""安全生产检查计划"。			

6.1 质量运营管理流程设计

6.1.1 流程设计的目的

企业设计质量运营管理流程的目的如下：

（1）建立健全企业的质量管理体系，提高质量管理体系的充分性、有效性和适宜性，确保质量管理体系有效运行；

（2）规范质量控制工作，提升企业产品的质量水平；

（3）合理运用各种质量控制方法、手段，对各道工序进行监管、检查，确保生产始终处于受控状态，使企业能稳定地生产出合格产品。

6.1.2 流程结构设计

质量运营管理包括五大事项，我们可以就每个事项设计相应的流程，即质量管理体系建立管理流程、质量控制管理流程、质量改进管理流程、质量问题管理流程和质量成本管理流程，具体如图 6-1 所示。

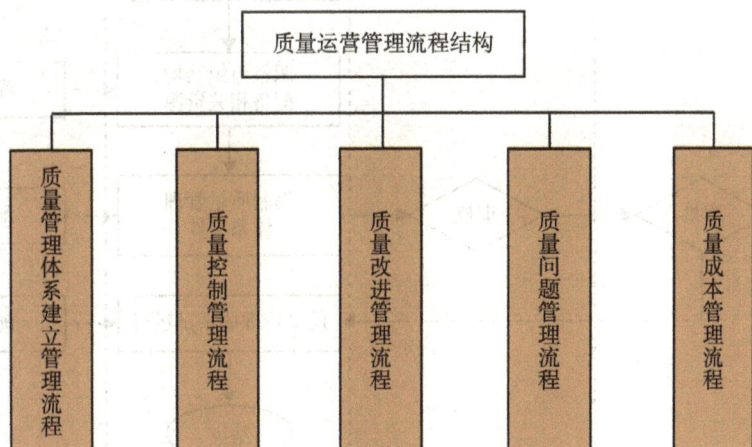

图 6-1 质量运营管理流程结构

6.2.1 质量管理体系建立管理流程设计

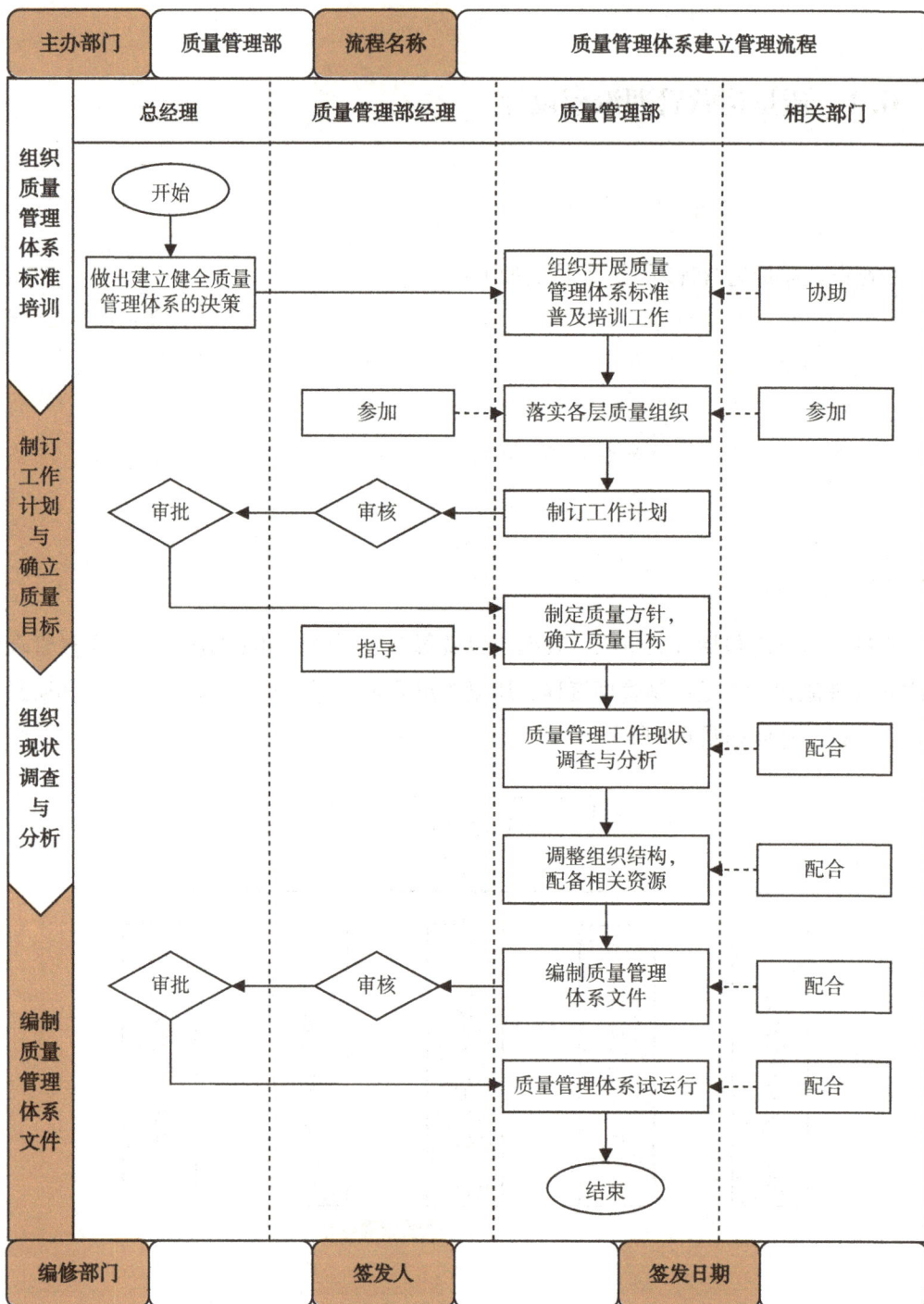

主办部门	质量管理部	流程名称	质量管理体系建立管理流程

	总经理	质量管理部经理	质量管理部	相关部门
组织质量管理体系标准培训	开始 → 做出建立健全质量管理体系的决策		组织开展质量管理体系标准普及培训工作	协助
制订工作计划与确立质量目标	审批	参加　审核	落实各层质量组织　制订工作计划	参加
		指导	制定质量方针，确立质量目标	
组织现状调查与分析			质量管理工作现状调查与分析	配合
			调整组织结构，配备相关资源	配合
编制质量管理体系文件	审批	审核	编制质量管理体系文件	配合
			质量管理体系试运行	配合
			结束	

编修部门		签发人		签发日期	

6.2.2 质量管理体系建立管理执行程序、工作标准、考核指标、执行规范

任务名称	执行程序、工作标准与考核指标
组织质量管理体系标准培训	**执行程序** **1. 组织开展质量管理体系标准的普及培训工作** ☆总经理做出按 ISO 系列标准建立健全质量管理体系的决策，明确建立质量管理体系的目的和方向。 ☆质量管理部根据总经理的指示，在本企业范围内组织开展质量管理体系标准的普及培训工作。 **2. 落实各层质量组织** ☆质量管理部负责成立以总经理或总经理指定的管理者代表为组长、质量管理部经理为副组长的质量管理体系建设领导小组或质量委员会，主要负责质量管理体系建设的总体规划、组织制定质量方针和目标、按职能部门进行质量职能的分解。 ☆质量管理部负责成立由各质量管理部门经理参加的工作小组，一般由质量管理部和生产部的经理共同牵头，其主要任务是组织落实质量管理体系建设的总体规划。 ☆质量管理部负责成立要素工作小组，即根据各部门的职责分工，明确质量管理体系要素的责任单位。 **工作重点** 质量管理体系标准的普及培训工作应从以下三个层面展开。 ☆决策层培训，其培训内容包括质量管理体系的发展和本企业的经验、建立和完善质量管理体系的迫切性和重要性、ISO 系列标准的内容、质量体系要素等。 ☆管理层培训，其培训对象主要是技术部和生产部等部门负责人，以及与建立质量管理体系有关的工作人员，他们需要全面接受 ISO 系列标准相关内容的培训。 ☆执行层培训，其培训对象主要是与产品质量形成过程有关的作业人员，这些人需要接受与本岗位质量活动有关内容的培训，包括在质量活动中应承担的任务、完成任务应赋予的权限及造成质量过失应承担的责任等。 **工作标准** 可参照同行业其他优秀企业的质量管理体系标准培训资料。 **考核指标** 培训计划完成率，其计算公式如下： $$培训计划完成率 = \frac{已完成培训项目数}{应完成的培训项目数} \times 100\%$$
制订工作计划与确立质量目标	**执行程序** **1. 制订工作计划** ☆落实各层质量组织后，质量管理部相关人员应针对各层质量组织制订工作计划，对质量管理体系建立各个阶段的任务时间表、主要负责人和参与人员及其职责分工等做出具体的规定。 ☆质量管理部将工作计划提交给质量管理部经理审批，之后报总经理审批。 **2. 制定质量方针，确立质量目标** 　工作计划审批通过后，质量管理部相关人员在质量管理部经理的指导下，制定本企业的质量方针，确立本企业应达到的质量目标。

任务名称	执行程序、工作标准与考核指标
制订工作计划与确立质量目标	**工作重点** 质量管理部制订的工作计划要符合实际。
	工作标准
	☆参照标准：同行业其他企业的工作计划、质量方针与质量目标等资料。 ☆完成标准：工作计划通过领导的审核与审批。
组织现状调查与分析	**执行程序**
	1.质量管理工作现状调查与分析 　根据本企业的质量方针和质量目标，质量管理部对本企业质量管理工作的现状进行调查与分析。 **2.调整组织结构，配备相关资源** ☆质量管理部根据 ISO 系列标准的要求，将质量活动与现有的部门进行协调，将质量活动中相应的工作职责和权限分配给各部门，以落实质量管理体系要素，并开展对应的质量活动。 ☆质量管理部根据质量活动开展的实际需要，适当地调配相应的硬件和软件等资源。 **工作重点** 质量管理部要做好对本企业质量管理工作现状的调查与分析工作。
	工作标准
	质量管理工作现状调查与分析工作应在＿＿个工作日内完成。
编制质量管理体系文件	**执行程序**
	1.编制质量管理体系文件 　上述工作告一段落后，质量管理部应编制质量管理体系文件，并提交给质量管理部经理审核，之后报总经理审批。 **2.质量管理体系试运行** ☆质量管理体系文件审批通过后，质量管理部根据总经理的审批意见试运行质量管理体系。 ☆在试运行的过程中，质量管理部要宣贯质量体系文件。 **工作重点** 质量管理体系文件要符合规范。
	工作标准
	☆参照标准：同行业其他企业的质量管理体系文件。 ☆完成标准：质量管理体系试运行效果良好。
	考核指标
	质量管理体系文件编制的及时性：应在＿＿个工作日内完成。
	执行规范
	"工作计划" "质量管理体系文件"。

6.3.1 质量控制管理流程设计

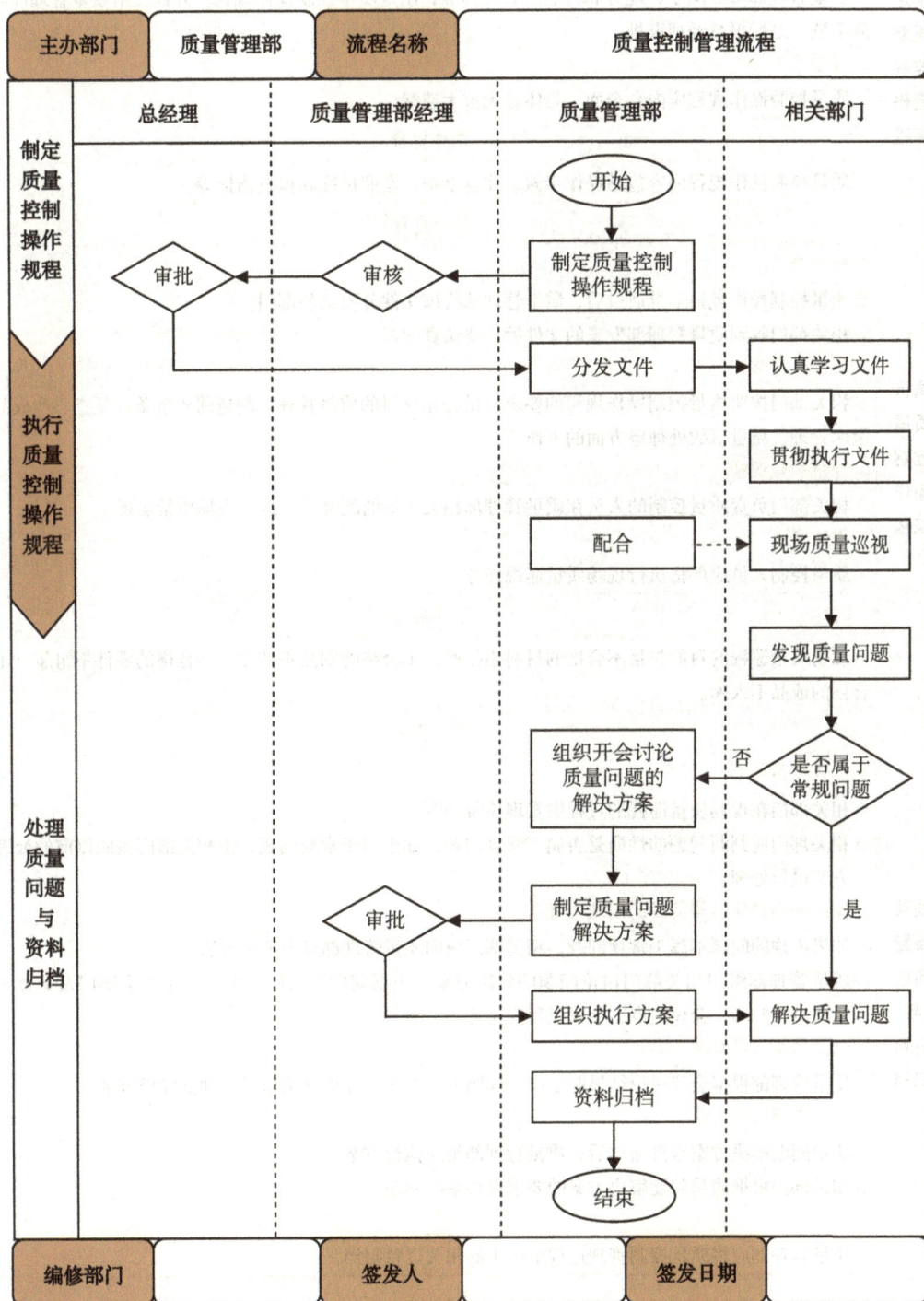

主办部门	质量管理部	流程名称	质量控制管理流程

	总经理	质量管理部经理	质量管理部	相关部门
制定质量控制操作规程			开始 制定质量控制操作规程	
	审批 ← 审核 ←		分发文件	认真学习文件
执行质量控制操作规程			配合	贯彻执行文件 现场质量巡视 发现质量问题
处理质量问题与资料归档		审批	组织开会讨论质量问题的解决方案 制定质量问题解决方案 组织执行方案 资料归档 结束	是否属于常规问题 否 是 解决质量问题

编修部门		签发人		签发日期	

第6章 质量运营管理

6.3.2　质量控制管理执行程序、工作标准、考核指标、执行规范

任务名称	执行程序、工作标准与考核指标
制定质量控制操作规程	**执行程序** 　　质量管理部参照国家、地方和行业的有关标准，制定质量控制操作规程，并提交给质量管理部经理审核，之后报总经理审批。 **工作重点** 　　质量控制操作规程应内容全面、具体且无重大遗漏。 **工作标准** 　　质量控制操作规程内容包括操作步骤、注意事项、参照标准和检查指标等。
执行质量控制操作规程	**执行程序** **1. 分发文件** ☆质量控制操作规程审批通过后，质量管理部将该文件分发给各部门。 ☆相关部门收到质量管理部发来的文件后，要认真学习。 **2. 贯彻执行文件** 　　相关部门按照质量控制操作规程的要求，做好原材料的质量管理、制造前质量条件复查、产成品缴库管理、质量事故处理等方面的工作。 **3. 现场质量巡视** 　　相关部门负责质量控制的人员在质量管理部相关人员的配合下，进行现场质量巡视。 **工作重点** 　　质量控制人员应严格执行现场质量巡视任务。 **工作标准** 　　现场质量巡视的目的包括不合格的材料不投产、不合格的制品不转序、不合格的零件不组装、不合格的成品不入库。
处理质量问题与资料归档	**执行程序** **1. 发现质量问题** ☆相关部门在现场质量巡视的过程中发现质量问题。 ☆相关部门应判断问题的性质是否属于常规问题，如果属于常规问题，由相关部门按照以前的处理方案进行处理。 **2. 组织开会讨论质量问题的解决方案** ☆如果出现的问题不属于常规问题，相关部门应向质量管理部寻求解决方法。 ☆质量管理部组织相关部门讨论问题的解决方案，根据问题的实际情况，确定参会部门及具体人员、会议时间、会议地点、会议议程安排等。 **3. 制定质量问题解决方案** 　　质量管理部根据会议讨论结果制定质量问题解决方案，并提交给质量管理部经理审批。 **4. 解决质量问题** ☆质量问题解决方案审批通过后，质量管理部组织执行方案。 ☆相关部门根据质量问题解决方案的要求妥善解决问题。 **5. 资料归档** 　　质量管理部应将质量控制管理过程中产生的相关资料归档。

任务名称	执行程序、工作标准与考核指标
处理质量问题与资料归档	**工作重点** 　　质量管理部经理在审批质量问题解决方案时，要审查其是否符合相关规定、预算是否超支等。
	<div align="center">**工作标准**</div>
	质量问题妥善解决，资料归档及时。
	<div align="center">**考核指标**</div>
	资料归档的及时性：应在＿＿＿个工作日内完成。
	<div align="center">**执行规范**</div>
	"质量控制操作规程""质量问题解决方案"。

6.4.1 质量改进管理流程设计

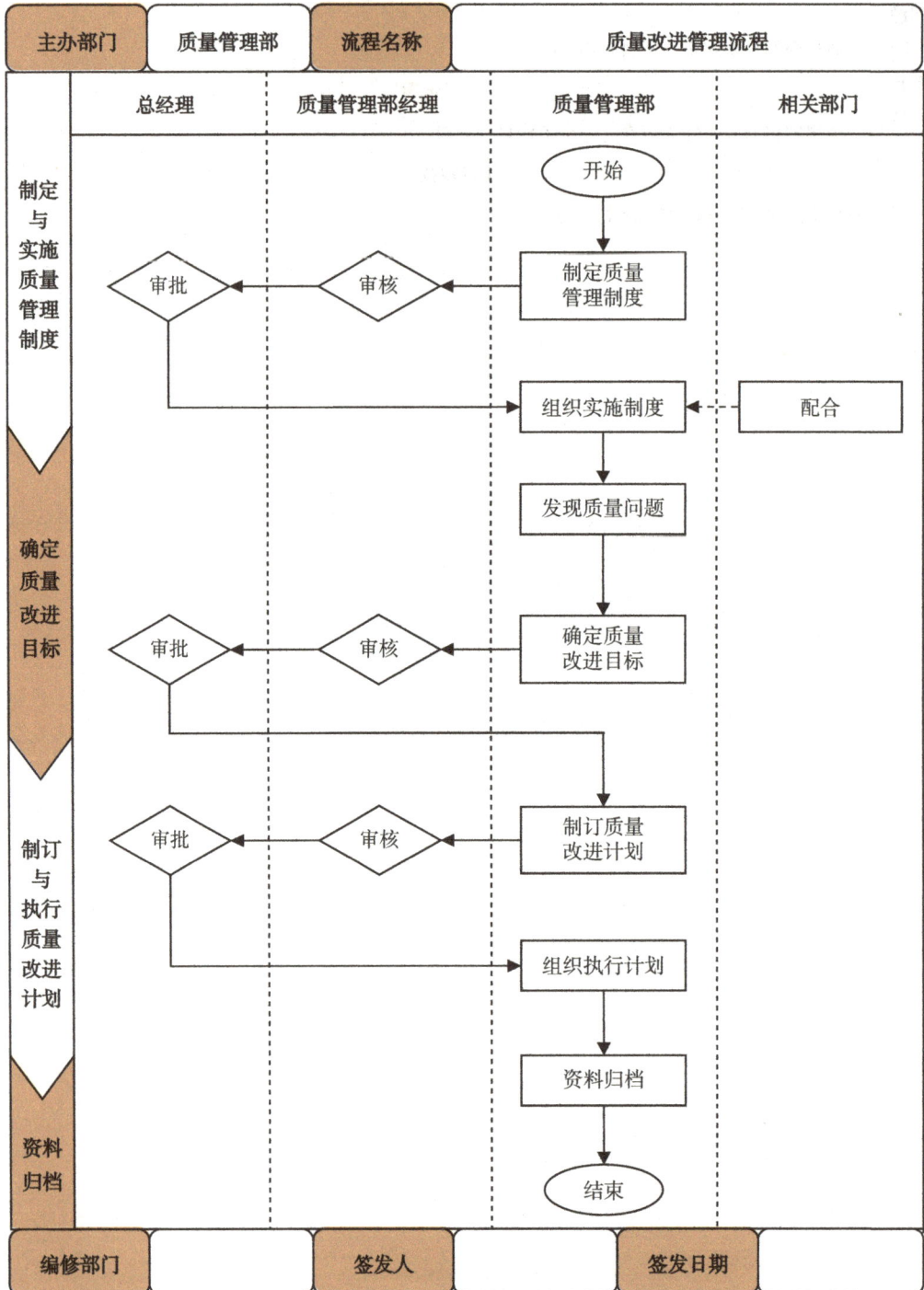

主办部门	质量管理部	流程名称	质量改进管理流程

	总经理	质量管理部经理	质量管理部	相关部门
制定与实施质量管理制度			开始 → 制定质量管理制度	
	审批 ←	审核 ←		
			组织实施制度 ←	配合
确定质量改进目标			发现质量问题	
	审批 ←	审核 ←	确定质量改进目标	
制订与执行质量改进计划			制订质量改进计划	
	审批 ←	审核 ←		
			组织执行计划	
资料归档			资料归档 → 结束	

编修部门		签发人		签发日期	

企业运营管理 流程设计与工作标准

6.4.2 质量改进管理执行程序、工作标准、考核指标、执行规范

任务名称	执行程序、工作标准与考核指标
制定与实施质量管理制度	**执行程序**
	1.制定质量管理制度 　质量管理部根据国家、地方及行业的有关规定，结合本企业的实际情况制定质量管理制度，并提交给质量管理部经理审核，之后报总经理审批。 **2.组织实施制度** 　质量管理制度审批通过后，质量管理部根据总经理的审批意见修订与完善制度，确定并组织执行质量管理制度。 **工作重点** 　质量管理制度的制定要规范。
	工作标准
	可参照同行业其他优秀企业的质量管理制度。
确定质量改进目标	**执行程序**
	1.发现质量问题 　质量管理部在执行质量管理制度的过程中发现问题。 **2.确定质量改进目标** 　质量管理部相关人员应对质量问题的原因进行分析，据此确定质量改进目标，并将其整理成报告提交给质量管理部经理审核，之后报总经理审批。 **工作重点** 　质量管理部在发现质量问题后要及时处理，不可置之不理。
	工作标准
	☆参照标准：同行业优秀企业的质量改进情况资料。 ☆完成标准：合理确定本企业的质量改进目标。
制订与执行质量改进计划	**执行程序**
	1.制订质量改进计划 ☆质量管理部根据已确定的质量改进目标制订质量改进计划，并提交给质量管理部经理审核，之后报总经理审批。 ☆质量改进计划内容包括需改进的项目、详细的改进方案、执行负责人、改进措施、实施时间和质检标准等。 **2.组织执行计划** 　质量改进计划审批通过后，质量管理部组织执行计划。 **工作重点** 　质量改进计划要具有可操作性。
	工作标准
	☆参照标准：本企业过去年度的质量改进计划。 ☆目标标准：通过执行质量改进计划，质量问题妥善解决。
	考核指标
	质量改进计划应一次性审批通过。

任务名称	执行程序、工作标准与考核指标
资料归档	**执行程序**
	质量管理部应及时将质量改进管理过程中产生的相关资料归档。
	工作重点
	资料归档应及时。
	工作标准
	资料的归档可参照本企业的资料管理制度执行。
	执行规范
	"质量管理制度""质量改进计划""资料管理制度"。

6.5.1 质量问题管理流程设计

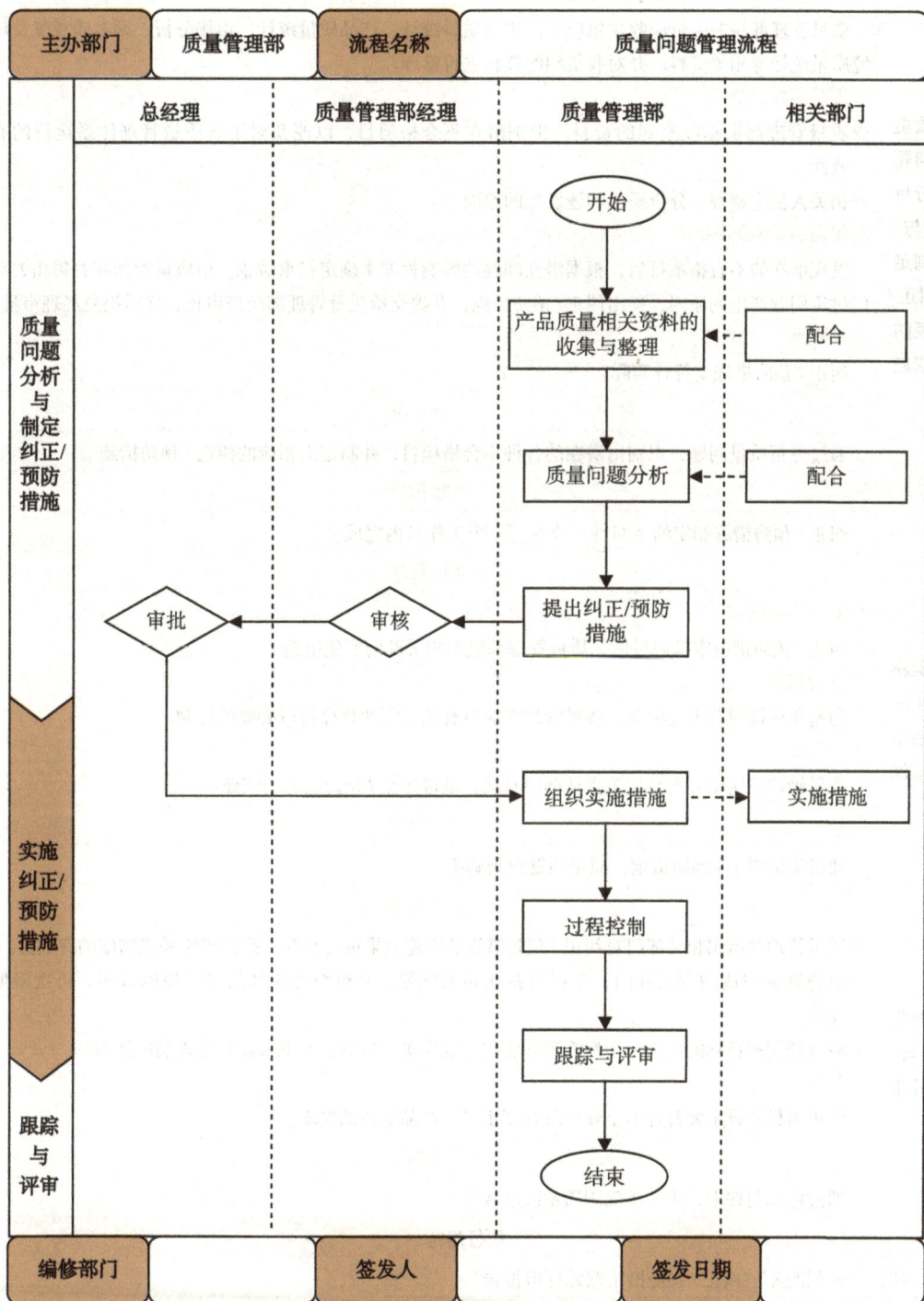

主办部门	质量管理部	流程名称	质量问题管理流程

	总经理	质量管理部经理	质量管理部	相关部门
质量问题分析与制定纠正/预防措施			开始	
			产品质量相关资料的收集与整理	配合
			质量问题分析	配合
	审批	审核	提出纠正/预防措施	
实施纠正/预防措施			组织实施措施	实施措施
			过程控制	
跟踪与评审			跟踪与评审	
			结束	

编修部门		签发人		签发日期	

6.5.2 质量问题管理执行程序、工作标准、考核指标、执行规范

任务名称	执行程序、工作标准与考核指标
质量问题分析与制定纠正/预防措施	**执行程序** **1.产品质量相关资料的收集与整理** 　质量管理部相关人员应收集供应商的供货质量统计、产品质量统计、市场分析、顾客满意度及环境质量统计等相关资料，并对收集到的资料进行整理。 **2.质量问题分析** ☆质量管理部根据收集到的资料，识别潜在不合格项目，以便及时了解质量管理体系运行的有效性。 ☆相关人员应调查、分析质量问题发生的原因。 **3.提出纠正/预防措施** 　发现潜在的不合格项目后，根据潜在问题的影响程度来确定轻重缓急，由质量管理部召集相关部门讨论问题产生的原因，提出纠正/预防措施，并提交给质量管理部经理审核，之后报总经理审批。 **工作重点** 纠正/预防措施要符合实际。 **工作标准** 通过分析质量问题，识别出潜在的各种不合格项目，并制定出相应的纠正/预防措施。 **考核指标** 纠正/预防措施制定的及时性：应在＿＿个工作日内完成。
实施纠正/预防措施	**执行程序** **1.组织实施措施** 　纠正/预防措施审批通过后，质量管理部组织相关部门实施措施。 **2.过程控制** 　为避免质量问题重复出现，质量管理部应对有关过程和程序进行必要的控制。 **工作重点** 质量管理部应派专人与相关责任部门对接，推进纠正/预防措施的实施。 **工作标准** 通过实施纠正/预防措施，质量问题得到解决。
跟踪与评审	**执行程序** ☆质量管理部组织相关部门对纠正/预防措施的实施效果进行跟踪，并评审所采取措施的有效性。 ☆对逾期未完成的责任部门，要报告企业相关领导，并组织责任部门进行原因分析，再次限期完成。 ☆对达到预期目标的措施，质量管理部应将其成果进行巩固，并纳入质量管理制度体系。 **工作重点** 评审指标的设定要符合本企业质量管理水平、产品定位的要求。 **工作标准** 通过跟踪与评审，进一步巩固质量改进成果。
执行规范	
"纠正/预防措施""纠正/预防措施跟踪评审报告"。	

6.6.1 质量成本管理流程设计

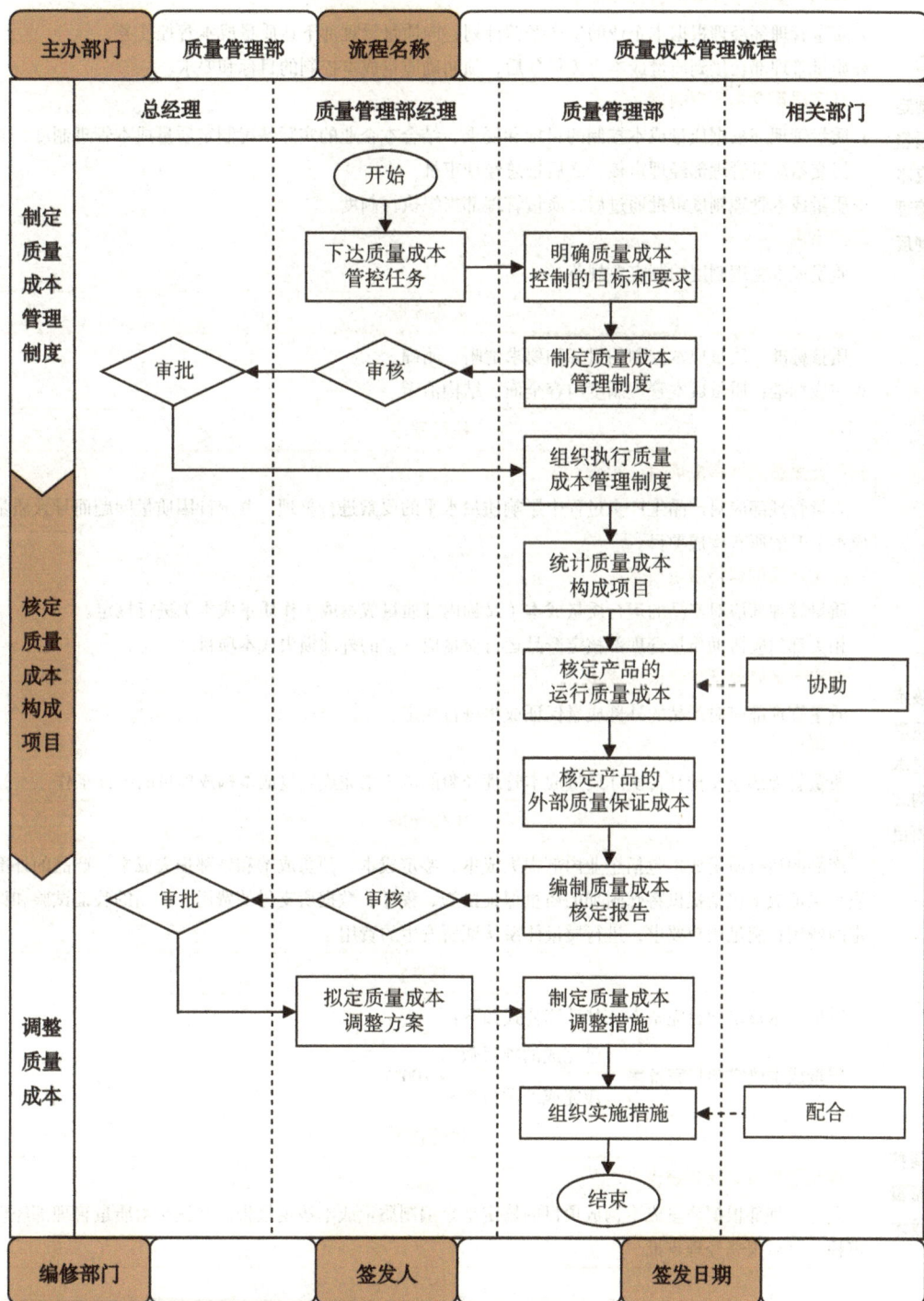

主办部门	质量管理部	流程名称	质量成本管理流程

	总经理	质量管理部经理	质量管理部	相关部门

制定质量成本管理制度

开始

下达质量成本管控任务 → 明确质量成本控制的目标和要求

审批 ← 审核 ← 制定质量成本管理制度

组织执行质量成本管理制度

核定质量成本构成项目

统计质量成本构成项目

核定产品的运行质量成本 ← 协助

核定产品的外部质量保证成本

审批 ← 审核 ← 编制质量成本核定报告

调整质量成本

拟定质量成本调整方案 → 制定质量成本调整措施

组织实施措施 ← 配合

结束

编修部门		签发人		签发日期	

第6章 质量运营管理

6.6.2　质量成本管理执行程序、工作标准、考核指标、执行规范

任务名称	执行程序、工作标准与考核指标
制定质量成本管理制度	**执行程序** **1.明确质量成本控制的目标和要求** ☆质量管理部经理根据本企业的生产经营计划，向质量管理部下达质量成本管控任务。 ☆质量管理部在接到质量成本管控任务后，须明确质量成本控制的目标和要求。 **2.制定质量成本管理制度** ☆质量管理部根据质量成本控制的目标和要求，结合本企业的实际情况制定质量成本管理制度，并提交给质量管理部经理审核，之后报总经理审批。 ☆质量成本管理制度审批通过后，质量管理部组织执行制度。 **工作重点** 　质量成本管理制度的制定要规范。 **工作标准** ☆质量标准：质量成本控制的目标和要求清晰、明确。 ☆完成标准：质量成本管理制度内容全面、结构清晰。
核定质量成本构成项目	**执行程序** **1.统计质量成本构成项目** 　质量管理部应对产品生产全过程中影响质量水平的要素进行整理，并统计因质量问题而导致质量成本上升的所有构成项目。 **2.核定产品的运行质量成本** ☆质量管理部应对产品的运行质量成本（又称内部质量成本或工作质量成本）进行核定。 ☆相关部门应协助质量管理部核定产品运行质量成本中的外部损失成本项目。 **3.核定产品的外部质量保证成本** 　质量管理部应对产品的外部质量保证成本进行核定。 **工作重点** 　质量管理部应安排具备实际质量成本管理经验的员工来完成质量成本构成项目的统计工作。 **工作标准** 　产品的运行质量成本包括企业内部损失成本、鉴定成本、预防成本和外部损失成本。产品的外部质量保证成本包括提供特殊附加的质量保证措施、程序、数据所支付的费用；产品的验证试验和评定的费用；满足用户要求，进行质量体系认证所发生的费用。 **考核指标** 　质量成本核定项目完备率，其计算公式如下： 　$$质量成本核定项目完备率 = \frac{已完成的项目数}{应完成的项目数} \times 100\%$$
调整质量成本	**执行程序** **1.编制质量成本核定报告** 　质量管理部根据质量成本构成项目的核定结果编制质量成本核定报告，并提交给质量管理部经理审核，之后报总经理审批。

任务 名称	执行程序、工作标准与考核指标
调整 质量 成本	**2.制定质量成本调整措施** ☆质量成本核定报告审批通过后，质量管理部经理拟定质量成本调整方案，并下发给质量管理部。 ☆质量管理部依照质量成本调整方案制定具体的质量成本调整措施，并组织实施。 **工作重点** 　质量成本调整方案应内容全面、结构清晰且无重大纰漏。
	工作标准
	☆时间标准：质量管理部应在＿＿个工作日内完成质量成本核定报告的编制工作。 ☆内容标准：质量成本调整方案内容包括产品的运行质量成本和外部质量保证成本两个方面。
	执行规范
	"质量成本管理制度" "质量成本核定报告" "质量成本调整方案"。

7.1　营销与销售运营管理流程设计

7.1.1　流程设计的目的

营销与销售运营管理是企业最重要的运营管理内容之一。营销和销售是企业资金流的生命线，良好的营销和销售运营管理是企业快速发展的必要条件。企业设计营销与销售运营管理流程的目的如下：

（1）明确营销和销售工作目标，更好地指导营销和销售工作的实施，促进企业战略目标的实现；

（2）明确营销与销售管理各个事项的工作程序，实现企业管理的规范化、标准化和程序化。

7.1.2　流程结构设计

营销与销售运营管理包括六大事项，我们可以就每个事项设计相应的流程，即营销策划管理流程、销售渠道设计管理流程、线上销售管理流程、新媒体营销管理流程、新媒体销售管理流程和销售计划管理流程，具体如图 7-1 所示。

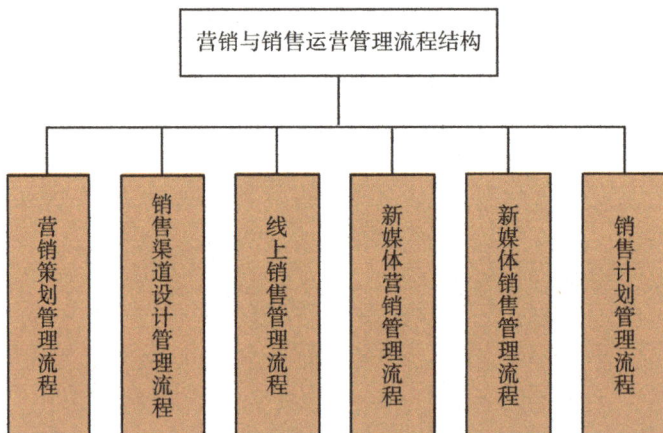

图 7-1　营销与销售运营管理流程结构

7.2.1 营销策划管理流程设计

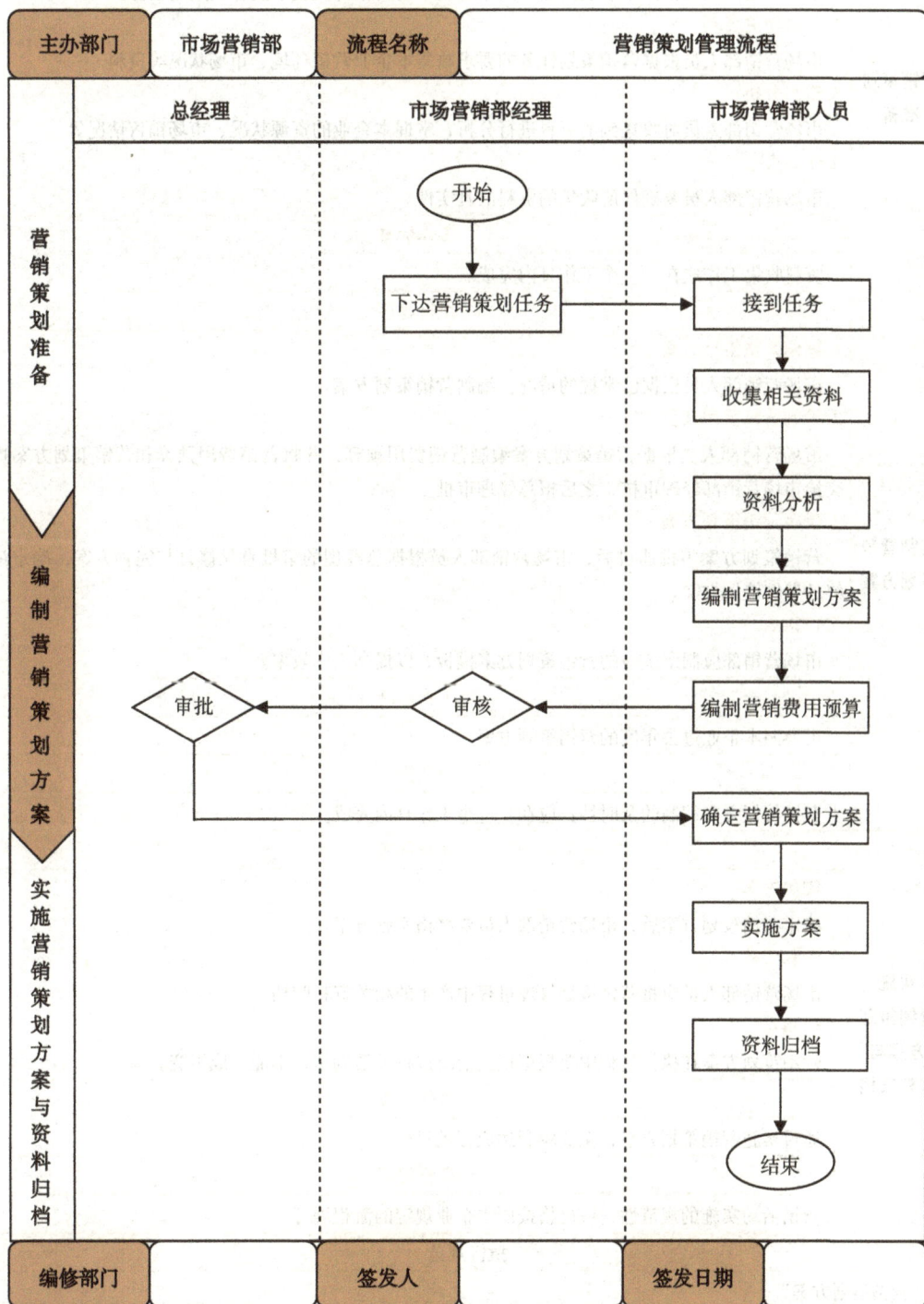

主办部门	市场营销部	流程名称	营销策划管理流程

	总经理	市场营销部经理	市场营销部人员

营销策划准备

编制营销策划方案

实施营销策划方案与资料归档

```
                              ┌──────────┐
                              │   开始   │
                              └────┬─────┘
                                   ↓
         ┌──────────────┐   ┌──────────┐
         │ 下达营销策划任务│──→│  接到任务 │
         └──────────────┘   └────┬─────┘
                                   ↓
                              ┌──────────┐
                              │ 收集相关资料│
                              └────┬─────┘
                                   ↓
                              ┌──────────┐
                              │  资料分析 │
                              └────┬─────┘
                                   ↓
                              ┌──────────┐
                              │编制营销策划方案│
                              └────┬─────┘
                                   ↓
    ┌──────┐      ┌──────┐    ┌──────────┐
    │ 审批 │←─────│ 审核 │←──│编制营销费用预算│
    └──┬───┘      └──────┘    └──────────┘
       │                      ┌──────────┐
       └─────────────────────→│确定营销策划方案│
                              └────┬─────┘
                                   ↓
                              ┌──────────┐
                              │  实施方案 │
                              └────┬─────┘
                                   ↓
                              ┌──────────┐
                              │  资料归档 │
                              └────┬─────┘
                                   ↓
                              ┌──────────┐
                              │   结束   │
                              └──────────┘
```

编修部门		签发人		签发日期	

7.2.2　营销策划管理执行程序、工作标准、考核指标、执行规范

任务名称	执行程序、工作标准与考核指标
营销策划准备	**执行程序** **1. 下达营销策划任务** 市场营销部经理根据本企业的发展战略，向市场营销部人员下达营销策划任务。 **2. 收集相关资料** 市场营销部人员根据营销策划任务的要求收集本企业营销环境、市场状况等资料。 **3. 资料分析** 市场营销部人员对收集到的资料进行分析，掌握本企业的资源状况、市场销售情况等。 **工作重点** 市场营销部人员要确保所收集的资料的真实性。 **工作标准** 资料收集工作应在____个工作日内完成。
编制营销策划方案	**执行程序** **1. 编制营销策划方案** 市场营销部人员根据已掌握的情况，编制营销策划方案。 **2. 编制营销费用预算** 市场营销部人员根据营销策划方案编制营销费用预算，并将营销费用预算和营销策划方案提交给市场营销部经理审核，之后报总经理审批。 **3. 确定营销策划方案** 营销策划方案审批通过后，市场营销部人员根据总经理的审批意见修订与完善方案，确定最终的营销策划方案。 **工作重点** 市场营销部应制定统一的营销策划方案模板，以提高工作效率。 **工作标准** 可参照本企业过去年度的营销策划方案。 **考核指标** 营销策划方案编制的及时性：应在____个工作日内完成。
实施营销策划方案与资料归档	**执行程序** **1. 实施方案** 确定营销策划方案后，市场营销部人员要严格实施方案。 **2. 资料归档** 市场营销部人员应将营销策划管理过程中产生的相关资料归档。 **工作重点** 营销策划方案在执行过程中要根据现实情况进行灵活调整，不能一成不变。 **工作标准** 通过实施营销策划方案，企业顺利达成营销目标。 **考核指标** 营销活动实施的规范性：应严格按照本企业规定的流程展开。
执行规范	
"营销策划方案"。	

7.3 销售渠道设计管理流程设计与工作执行

7.3.1 销售渠道设计管理流程设计

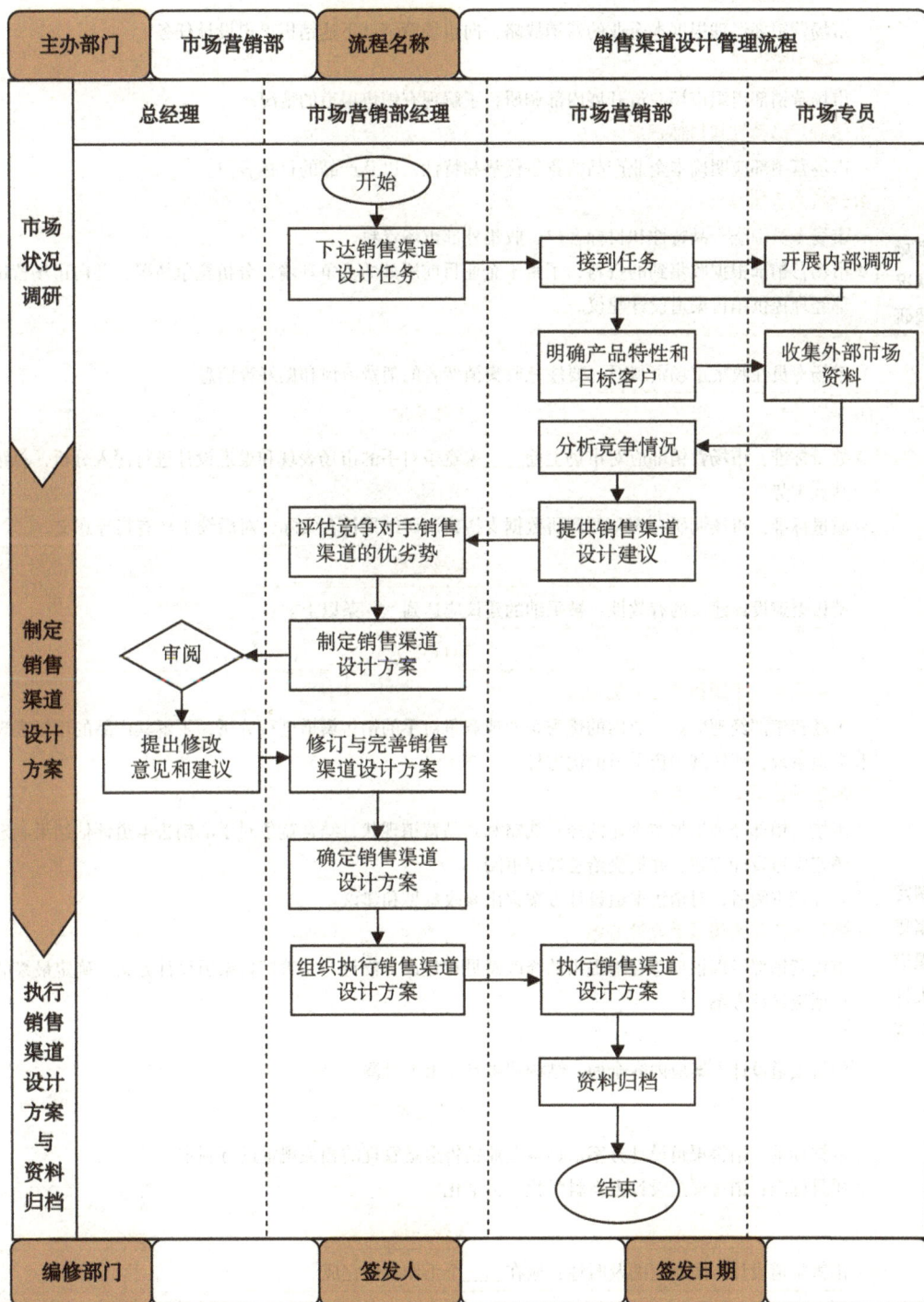

主办部门	市场营销部	流程名称	销售渠道设计管理流程

	总经理	市场营销部经理	市场营销部	市场专员
市场状况调研		开始 → 下达销售渠道设计任务	接到任务 →	开展内部调研
			明确产品特性和目标客户	收集外部市场资料
			分析竞争情况	
		评估竞争对手销售渠道的优劣势	提供销售渠道设计建议	
制定销售渠道设计方案	审阅	制定销售渠道设计方案		
	提出修改意见和建议	修订与完善销售渠道设计方案		
		确定销售渠道设计方案		
执行销售渠道设计方案与资料归档		组织执行销售渠道设计方案	执行销售渠道设计方案	
			资料归档	
			结束	

编修部门		签发人		签发日期	

/ 125 /

7.3.2　销售渠道设计管理执行程序、工作标准、考核指标、执行规范

任务名称	执行程序、工作标准与考核指标
市场状况调研	**执行程序** **1.下达销售渠道设计任务** 　市场营销部经理根据本企业的营销战略，向市场营销部下达销售渠道设计任务。 **2.开展内部调研** 　市场营销部组织市场专员开展内部调研，了解现有销售渠道的情况。 **3.明确产品特性和目标客户** 　市场营销部应明确本企业产品的竞争优势和特性，以及产品的目标客户。 **4.分析竞争情况** ☆市场专员围绕产品特性和目标客户，收集外部市场资料。 ☆市场营销部根据收集到的资料，了解本企业目前所处的竞争环境，分析竞争情况，并向市场营销部经理提供销售渠道设计建议。 **工作重点** 　市场专员在收集市场资料时，要注意收集消费者的消费习惯和偏好等信息。 **工作标准** ☆数量标准：市场营销部应对市场上前＿＿＿＿家竞争对手的市场表现和渠道设计进行深入分析，总结其优劣势。 ☆质量标准：市场调研有充分的调研数据支持，调研结果符合实际，对后续工作有指导意义。 **考核指标** 销售渠道设计建议的有效性：被采纳的建议应达到＿＿＿＿条以上。
制定销售渠道设计方案	**执行程序** **1.评估竞争对手销售渠道的优劣势** 　市场营销部经理应对行业内的优秀企业或竞争对手的销售渠道进行分析，了解其产品的市场表现和渠道系统，评估其销售渠道的优劣势。 **2.制定销售渠道设计方案** ☆市场营销部经理根据本企业的经营战略和产品营销现状，结合竞争对手的销售渠道评估结果制定销售渠道设计方案，并提交给总经理审阅。 ☆总经理审阅后，对销售渠道设计方案提出修改意见和建议。 **3.修订与完善销售渠道设计方案** 　市场营销部经理根据总经理提出的修改意见和建议，修订与完善销售渠道设计方案，确定最终的销售渠道设计方案。 **工作重点** 　销售渠道设计方案应内容全面、结构清晰且无重大纰漏。 **工作标准** ☆依据标准：销售渠道设计方案依据本企业销售渠道管理的相关规定进行制定。 ☆质量标准：销售渠道设计方案科学化、标准化。 **考核指标** 销售渠道设计方案制定的及时性：应在＿＿＿＿个工作日内完成。

任务名称	执行程序、工作标准与考核指标
执行销售渠道设计方案与资料归档	**执行程序**
	1. 组织执行销售渠道设计方案 市场营销部经理组织相关部门执行销售渠道设计方案。 **2. 资料归档** 市场营销部相关人员应及时将销售渠道设计管理过程中产生的相关资料归档。 **工作重点** 销售渠道设计方案不可轻易调整，也不可频繁调整，须在证明现有渠道体系存在明显缺陷且调整后能促进销售的情况下调整方案，且方案应报总经理审批通过后方可实行。
	工作标准
	资料的归档可参照本企业的资料管理制度执行。
	考核指标
	销售渠道设计方案执行到位。
执行规范	
"销售渠道设计方案""资料管理制度"。	

7.4.1 线上销售管理流程设计

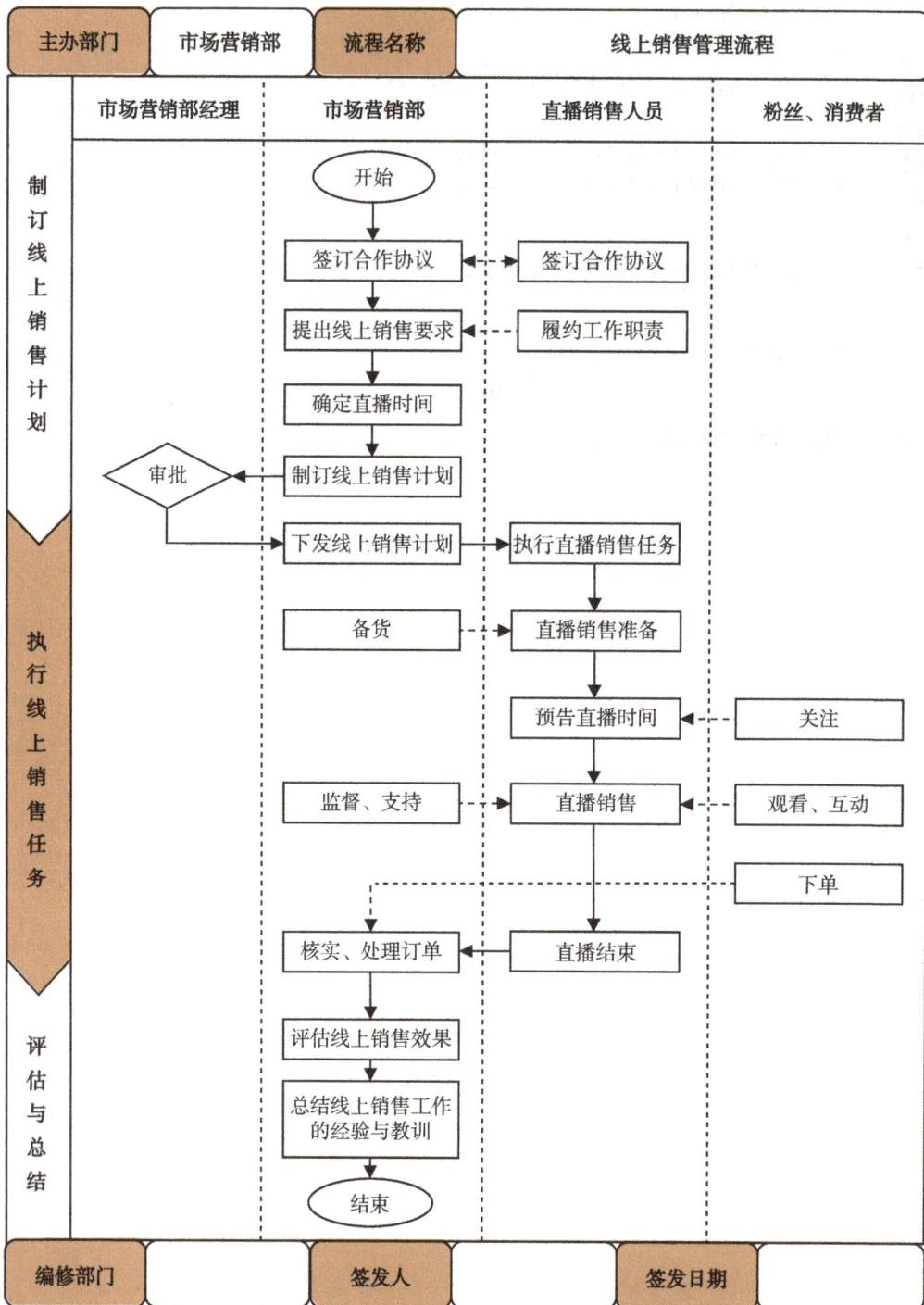

主办部门	市场营销部	流程名称	线上销售管理流程

	市场营销部经理	市场营销部	直播销售人员	粉丝、消费者

制订线上销售计划

执行线上销售任务

评估与总结

开始

签订合作协议 ┈► 签订合作协议

提出线上销售要求 ┈► 履约工作职责

确定直播时间

审批 ◄— 制订线上销售计划

下发线上销售计划 ─► 执行直播销售任务

备货 ┈► 直播销售准备

预告直播时间 ◄┈ 关注

监督、支持 ┈► 直播销售 ┈► 观看、互动

下单

核实、处理订单 ◄— 直播结束

评估线上销售效果

总结线上销售工作的经验与教训

结束

编修部门		签发人		签发日期	

7.4.2　线上销售管理执行程序、工作标准、考核指标、执行规范

任务名称	执行程序、工作标准与考核指标
制订线上销售计划	**执行程序** **1. 签订合作协议** 　市场营销部应选择合适的直播销售人员。双方就合作事宜达成一致意见后，市场营销部派代表与直播销售人员签订合作协议。 **2. 提出线上销售要求** ☆市场营销部根据产品销售计划，确定产品的销售日历，向直播销售人员提出线上销售要求。 ☆直播销售人员按照合作协议的要求履行工作职责。 **3. 制订线上销售计划** 　市场营销部根据产品销售日历，确定线上销售时间，制订线上销售计划，并提交给市场营销部经理审批。 **工作重点** 　市场营销部必须合理地确定产品的销售日历，保证通过开展线上销售活动可以有效地提升产品的曝光量和销量。 **工作标准** ☆目标标准：产品的销售日历准确地与社会固定热点时间相匹配。 ☆内容标准：线上销售计划内容包括销售时间、线上销售活动项目、线上销售流程等。
执行线上销售任务	**执行程序** **1. 执行直播销售任务** ☆线上销售计划审批通过后，市场营销部将其发给直播销售人员。 ☆直播销售人员根据线上销售计划，执行直播销售任务。 **2. 直播销售准备** ☆市场营销部根据直播销售人员的网络影响力和日常直播流量水平，判断预期销售情况，提前通知各个销售渠道进行备货。 ☆直播销售人员做好直播销售前的准备工作，包括了解和学习本企业的产品知识、撰写直播文案、制定直播销售流程等。 **3. 预告直播时间** 　直播销售人员在直播平台上预告直播时间，以吸引粉丝、消费者的关注。 **4. 直播销售** ☆直播销售人员在优势直播平台上进行直播，宣传推广本企业的产品。 ☆市场营销部要监督直播销售人员的直播销售情况，同时给予必要的支持。 **5. 核实、处理订单** ☆直播销售人员根据直播销售计划的要求，达到规定的效果后结束直播。 ☆粉丝、消费者下单，市场营销部核实系统订单，处理订单后发送给货仓。 **工作重点** 　市场营销部要通知各个销售渠道备好货，同时要检查销售订单系统，做好基础保障工作。 **工作标准** 　各个销售渠道备货充分，销售订单系统顺畅、无故障。

任务 名称	执行程序、工作标准与考核指标
执行 线上 销售 任务	**考核指标** 订单系统故障率，其计算公式如下： $$订单系统故障率 = \frac{出现故障的订单数}{订单总数} \times 100\%$$
评估 与 总结	**执行程序** **1. 评估线上销售效果** 市场营销部应对线上销售效果进行评估。 **2. 总结线上销售工作的经验与教训** 市场营销部要及时总结线上销售工作的经验和教训。 **工作重点** 市场营销部应客观、真实地评估线上销售效果。
	工作标准 线上销售效果评估应在____个工作日内完成。
	执行规范
	"线上销售管理制度""线上销售行为规范""合作协议""线上销售计划"。

7.5 新媒体营销管理流程设计与工作执行

7.5.1 新媒体营销管理流程设计

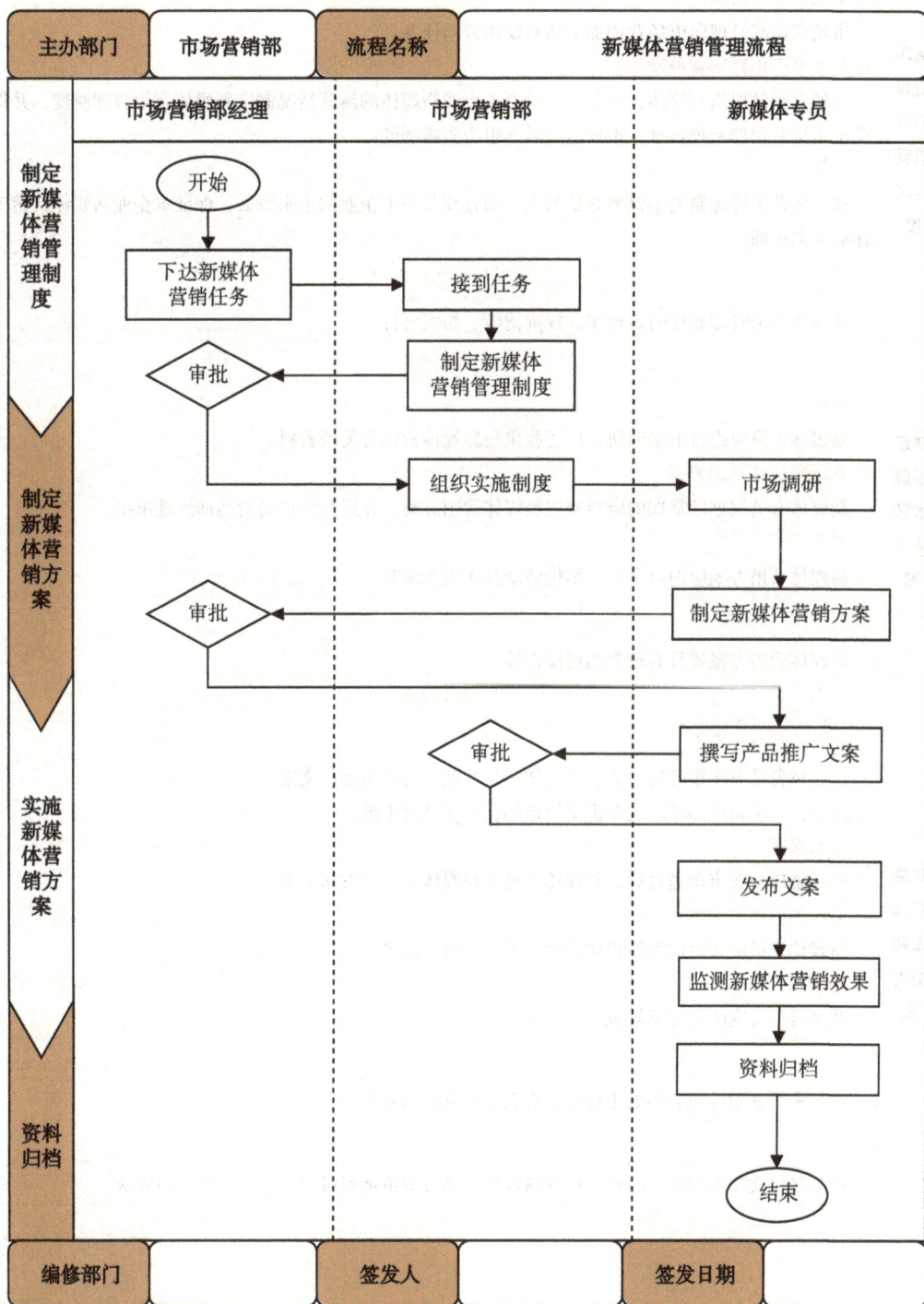

主办部门	市场营销部	流程名称	新媒体营销管理流程

	市场营销部经理	市场营销部	新媒体专员

制定新媒体营销管理制度

开始
↓
下达新媒体营销任务 → 接到任务
↓
审批 ← 制定新媒体营销管理制度

制定新媒体营销方案

组织实施制度 → 市场调研
↓
制定新媒体营销方案
审批 ←

实施新媒体营销方案

撰写产品推广文案
审批 ←
↓
发布文案
↓
监测新媒体营销效果
↓
资料归档
↓

资料归档

结束

编修部门		签发人		签发日期	

7.5.2　新媒体营销管理执行程序、工作标准、考核指标、执行规范

任务名称	执行程序、工作标准与考核指标
制定新媒体营销管理制度	**执行程序** **1. 下达新媒体营销任务** 　　市场营销部经理向市场营销部下达新媒体营销任务。 **2. 制定新媒体营销管理制度** 　　市场营销部根据新媒体营销任务，结合本企业新媒体的运营情况制定新媒体营销管理制度，并提交给市场营销部经理审批，审批通过后，组织实施制度。 **工作重点** 　　新媒体营销管理制度不仅要立足当下，而且要兼顾本企业的未来发展，保证本企业新媒体营销工作的方向正确。 **工作标准** 　　新媒体营销管理制度内容翔实、权责清晰、切实可行。
制定新媒体营销方案	**执行程序** **1. 市场调研** 　　新媒体专员应进行市场调研，广泛收集与新媒体营销有关的资料。 **2. 制定新媒体营销方案** 　　新媒体专员根据已掌握的资料制定新媒体营销方案，并提交给市场营销部经理审批。 **工作重点** 　　新媒体营销方案应内容全面、结构清晰且无重大纰漏。 **工作标准** 　　新媒体营销方案要具有较强的可操作性。
实施新媒体营销方案	**执行程序** **1. 撰写产品推广文案** 　　☆新媒体营销方案审批通过后，新媒体专员据此撰写产品推广文案。 　　☆新媒体专员将产品推广文案提交给市场营销部经理审批。 **2. 发布文案** 　　产品推广文案审批通过后，新媒体专员在新媒体平台上发布文案。 **3. 监测新媒体营销效果** 　　新媒体专员应实时监测新媒体营销效果，并做好记录。 **工作重点** 　　产品推广文案的撰写要规范。 **工作标准** 　　产品推广文案发布后的效果良好，有利于促进产品销售。 **考核指标** 　　产品推广文案撰写的及时性：应在新媒体营销方案审批通过后____个工作日内完成。

（续）

任务名称	执行程序、工作标准与考核指标
资料归档	**执行程序** 新媒体专员应及时将新媒体营销管理过程中产生的相关资料归档。 **工作重点** 资料归档应及时。 **工作标准** 资料的归档可参照本企业的资料管理制度执行。
	执行规范
	"新媒体营销管理制度""新媒体营销方案""资料管理制度"。

7.6.1 新媒体销售管理流程设计

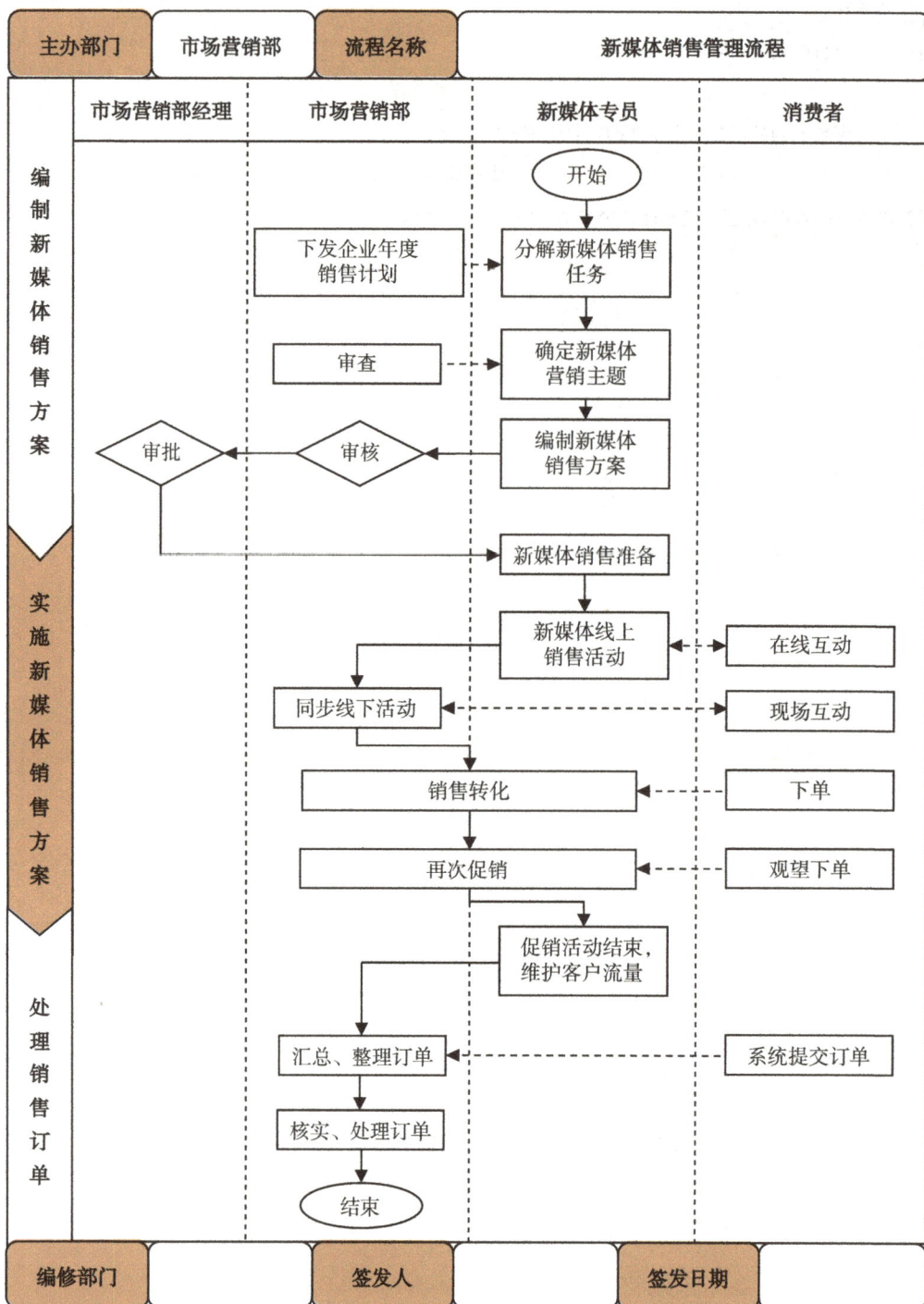

主办部门	市场营销部	流程名称	新媒体销售管理流程

	市场营销部经理	市场营销部	新媒体专员	消费者
编制新媒体销售方案		下发企业年度销售计划 → 审查 → 审批		开始 → 分解新媒体销售任务 → 确定新媒体营销主题 → 编制新媒体销售方案 → 审核	
实施新媒体销售方案		同步线下活动 → 销售转化 → 再次促销		新媒体销售准备 → 新媒体线上销售活动 → 促销活动结束，维护客户流量	在线互动 / 现场互动 / 下单 / 观望下单
处理销售订单		汇总、整理订单 → 核实、处理订单 → 结束			系统提交订单

编修部门		签发人		签发日期	

7.6.2　新媒体销售管理执行程序、工作标准、考核指标、执行规范

任务名称	执行程序、工作标准与考核指标
编制新媒体销售方案	**执行程序** **1. 分解新媒体销售任务** 　新媒体专员根据市场营销部下发的本企业年度销售计划来分解新媒体销售任务。 **2. 确定新媒体营销主题** ☆新媒体专员根据本企业的营销推广计划，确定新媒体营销主题。 ☆市场营销部须对新媒体专员确定的新媒体营销主题进行审查。 **3. 编制新媒体销售方案** 　新媒体专员以销售任务为出发点，围绕新媒体营销主题编制新媒体销售方案，并提交给市场营销部审核，之后报市场营销部经理审批。 **工作重点** 　新媒体营销主题确定合理。 **工作标准** ☆质量标准：新媒体销售方案的可操作性强。 ☆时间标准：新媒体专员应在____个工作日内完成新媒体销售方案的编制工作。
实施新媒体销售方案	**执行程序** **1. 新媒体线上销售活动** ☆新媒体销售方案审批通过后，新媒体专员要做好新媒体销售准备工作。 ☆新媒体专员围绕新媒体营销主题撰写推广文案，并在多个新媒体平台上发布，与消费者进行在线互动。 **2. 同步线下活动** 　市场营销部组织开展新媒体销售的同步线下活动，与参加新媒体线上销售活动的消费者进行现场互动，配合线上销售活动的进程。 **3. 销售转化** ☆新媒体专员在新媒体营销活动的过程中向消费者介绍本企业的产品。 ☆市场营销部在线下活动中推动消费者体验本企业的产品，刺激消费者购买，促进消费者下单。 **4. 再次促销** ☆新媒体专员在新媒体销售活动尾声进行最后促销。 ☆市场营销部在线下活动结束前进行最后促销，推动还在观望的消费者下单。 **工作重点** 　新媒体专员应如期开展新媒体销售活动，充分利用活动向消费者宣传本企业的产品，并促进消费者下单。 **工作标准** ☆质量标准：新媒体销售活动按计划正常开展。 ☆目标标准：新媒体销售活动期间，产品销售订单和金额达到预期值。

任务名称	执行程序、工作标准与考核指标
处理销售订单	**执行程序** **1. 促销活动结束，维护客户流量** 　　新媒体销售活动结束后，新媒体专员继续推动产品的宣传和曝光，维护产品的线上线下客户流量。 **2. 核实、处理订单** ☆消费者下单后，系统将订单信息录入订单系统，自动进行汇总、整理。 ☆市场营销部应及时核实、处理订单。 **工作重点** 　　新媒体专员应持续保持各个新媒体平台上的产品营销热度，避免活动结束后客流断崖式下跌。 **工作标准** 　　市场营销部应在____小时内完成订单的核实、处理工作。 **考核指标** 　　订单核实、处理及时率：应达到____%。
	执行规范
	"新媒体销售方案""企业年度销售计划"。

7.7.1 销售计划管理流程设计

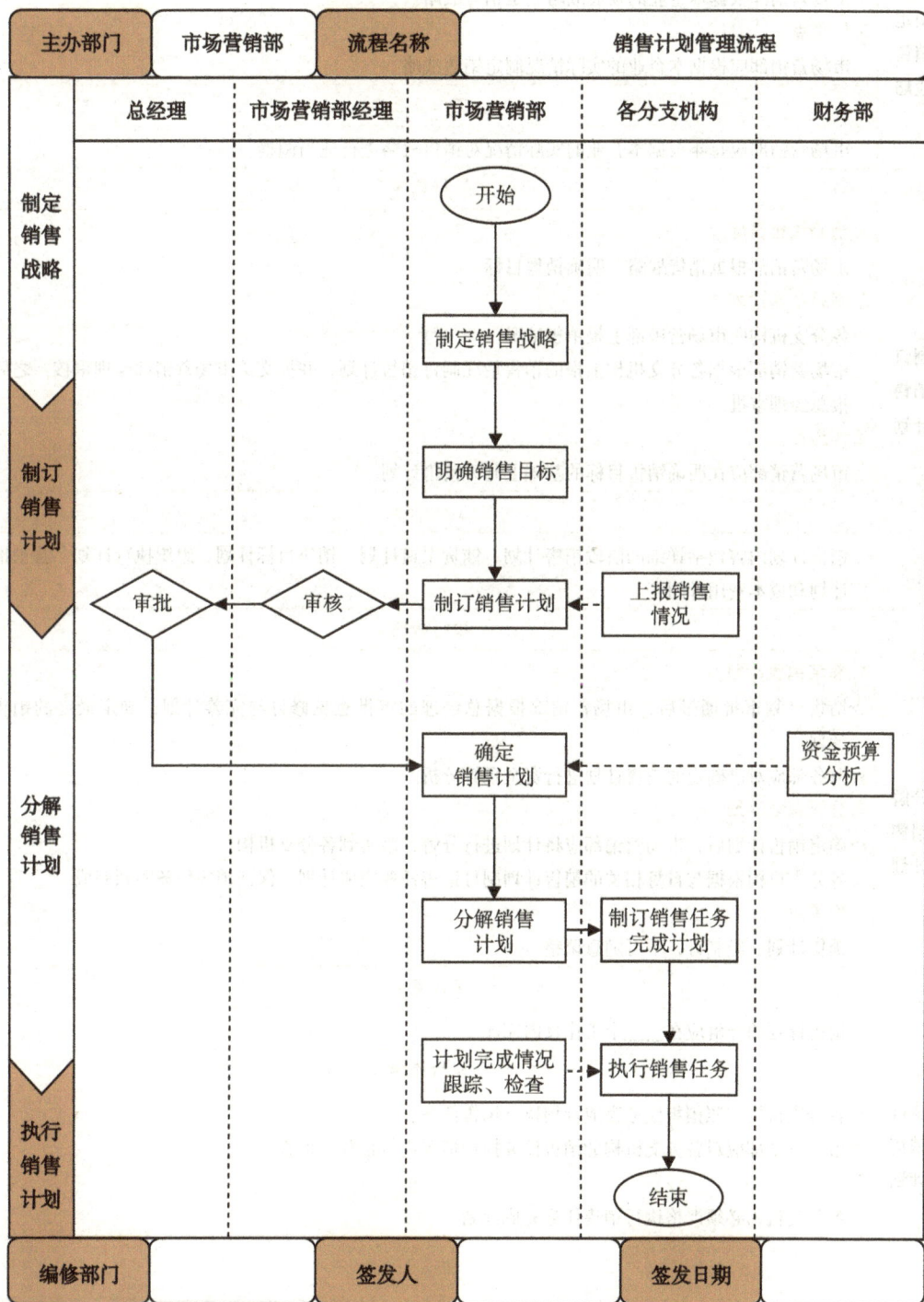

主办部门	市场营销部	流程名称	销售计划管理流程		

	总经理	市场营销部经理	市场营销部	各分支机构	财务部
制定销售战略			开始 → 制定销售战略 → 明确销售目标		
制订销售计划	审批 ←	审核 ←	制订销售计划	上报销售情况	
分解销售计划			确定销售计划 → 分解销售计划	资金预算分析 制订销售任务完成计划	
执行销售计划			计划完成情况跟踪、检查	执行销售任务 → 结束	

编修部门		签发人		签发日期	

7.7.2 销售计划管理执行程序、工作标准、考核指标、执行规范

任务名称	执行程序、工作标准与考核指标
制定销售战略	**执行程序** 市场营销部根据本企业的发展战略制定销售战略。 **工作重点** 市场营销部应根据本企业的实际情况制定销售战略。 **工作标准** 市场营销部应每年根据本企业的实际情况对销售战略进行适当调整。
制订销售计划	**执行程序** 1. 明确销售目标 市场营销部根据销售战略，明确销售目标。 2. 制订销售计划 ☆各分支机构向市场营销部上报销售情况。 ☆市场营销部根据各分支机构上报的销售情况制订销售计划，并提交给市场营销部经理审核，之后报总经理审批。 **工作重点** 市场营销部应在明确销售目标的基础上制订销售计划。 **工作标准** 销售计划内容包括详细的阶段销售计划、铺货渠道计划、销售目标计划、组织执行计划、营销推广计划和成本费用计划等。
分解销售计划	**执行程序** 1. 确定销售计划 ☆销售计划审批通过后，市场营销部根据总经理的审批意见修订与完善计划，确定最终的销售计划。 ☆财务部应对已确定的销售计划进行资金预算分析。 2. 分解销售计划 ☆确定销售计划后，市场营销部应将计划进行分解，落实到各分支机构。 ☆各分支机构根据与自身相关的销售计划制订销售任务完成计划，保证销售任务顺利完成。 **工作重点** 销售计划一经制订，不可随意调整。 **工作标准** 销售计划的分解应在____个工作日内完成。
执行销售计划	**执行程序** ☆各分支机构按照销售任务完成计划执行销售任务。 ☆市场营销应对各分支机构的销售任务执行情况进行跟踪、检查。 **工作重点** 各分支机构必须严格执行销售任务完成计划。

任务 名称	执行程序、工作标准与考核指标
执行 销售 计划	**工作标准**
	各分支机构须严格按照分解到本机构的销售指标和任务期限执行销售计划。
	考核指标
	销售任务完成计划执行到位。
执行规范	
"销售计划""各分支机构的销售计划进度安排表""销售任务完成计划"。	

8.1　风险与内控运营管理流程设计

8.1.1　流程设计的目的

企业设计风险与内控运营管理流程的目的如下：

（1）增强企业全体员工的风险意识，落实关键环节管控措施，降低风险，减少各种隐患的发生；

（2）建立健全风险控制体系，提高企业的风险防范能力；

（3）保证企业合规经营，推动企业的可持续发展。

8.1.2　流程结构设计

风险与内控运营管理包括四大事项，我们可以就每个事项设计相应的流程，即风险识别管理流程、风险控制管理流程、内部控制管理流程和内部控制审计管理流程，具体如图 8-1 所示。

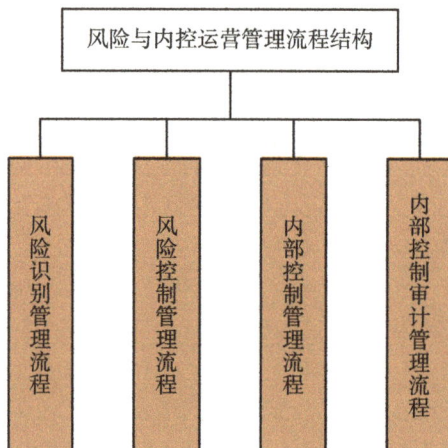

图 8-1　风险与内控运营管理流程结构

8.2　风险识别管理流程设计与工作执行

8.2.1　风险识别管理流程设计

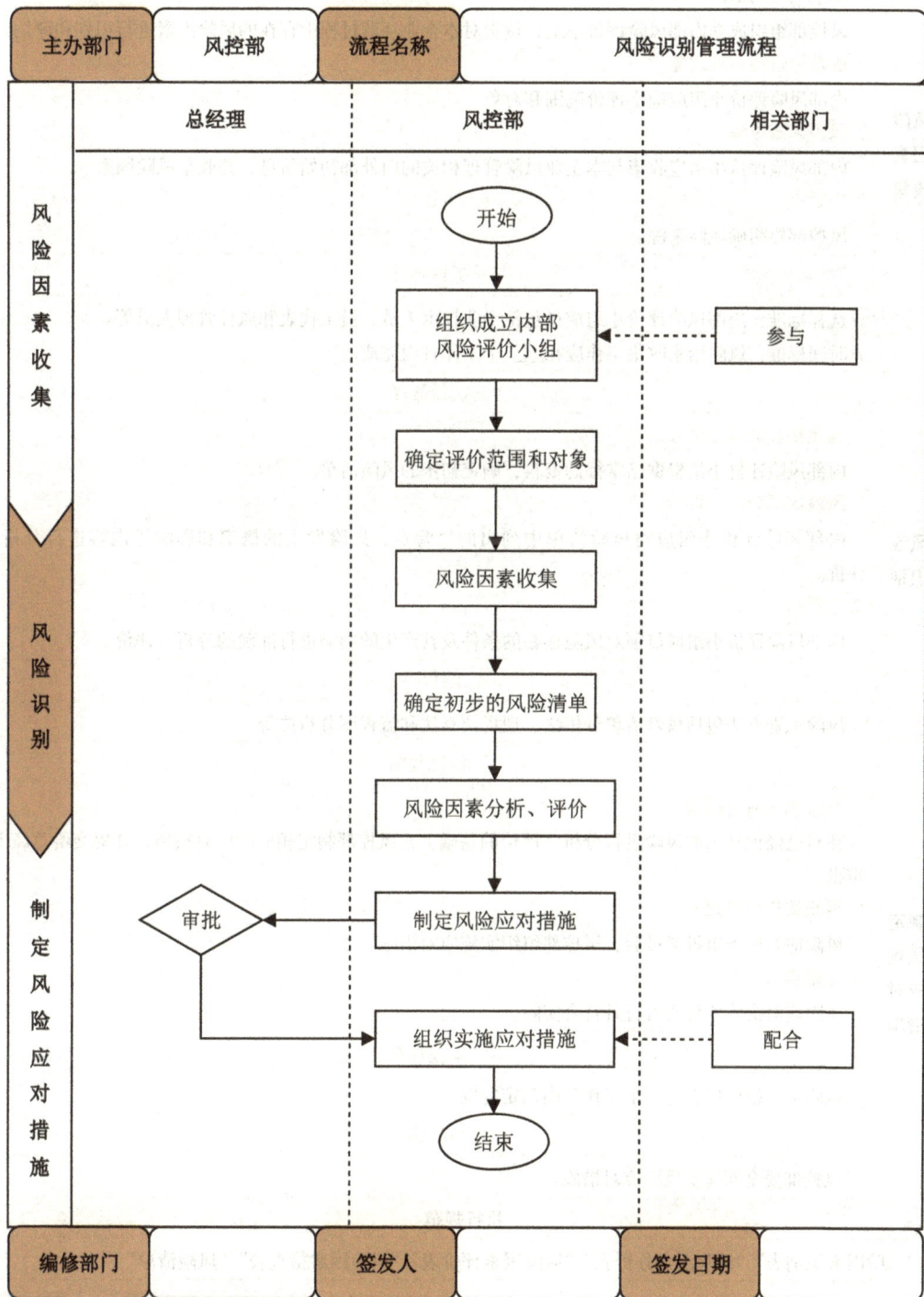

主办部门	风控部	流程名称	风险识别管理流程

	总经理	风控部	相关部门
风险因素收集		开始 → 组织成立内部风险评价小组 ┈┈ 参与	
		确定评价范围和对象	
风险识别		风险因素收集	
		确定初步的风险清单	
		风险因素分析、评价	
制定风险应对措施	审批 ←	制定风险应对措施	
	组织实施应对措施 ┈┈		配合
		结束	

编修部门		签发人		签发日期	

第8章　风险与内控运营管理

/ 141 /

8.2.2　风险识别管理执行程序、工作标准、考核指标、执行规范

任务名称	执行程序、工作标准与考核指标
风险因素收集	**执行程序** **1.组织成立内部风险评价小组** 　风控部组织成立内部风险评价小组，负责对本企业经营过程中存在的风险因素进行识别和评估。 **2.确定评价范围和对象** 　内部风险评价小组应确定评价范围和对象。 **3.风险因素收集** 　内部风险评价小组应收集与本企业风险管理相关的内外部初始信息，并收集风险因素。 **工作重点** 　风控部要明确风险来源。 **工作标准** ☆选择标准：内部风险评价小组成员包括专业技术人员、员工代表和风控管理人员等。 ☆时间标准：风险因素收集工作应在＿＿个工作日内完成。
风险识别	**执行程序** **1.确定初步的风险清单** 　内部风险评价小组根据已掌握的资料，确定初步的风险清单。 **2.风险因素分析、评价** 　内部风险评价小组应对风险清单中列出的风险点、风险发生的概率和影响等内容进行分析、评价。 **工作重点** 　内部风险评价小组成员须对风险存在的条件及其产生的影响进行准确的分析、评价。 **工作标准** 风险识别方法包括风险清单分析法、现场调查法和流程图分析法等。
制定风险应对措施	**执行程序** **1.制定风险应对措施** 　在对已经识别出的风险进行分析、评价的基础上，风控部制定相应的应对措施，并提交给总经理审批。 **2.组织实施应对措施** 　风险应对措施审批通过后，风控部组织实施应对措施。 **工作重点** 　风险应对措施要切实可行且符合实际。 **工作标准** 风险应对措施应在＿＿个工作日内制定完成。 **考核指标** 风控部要全面落实风险应对措施。
执行规范	
"风险因素识别表""风险因素分析表""风险因素评价表""风险因素检查表""风险清单"。	

8.3.1　风险控制管理流程设计

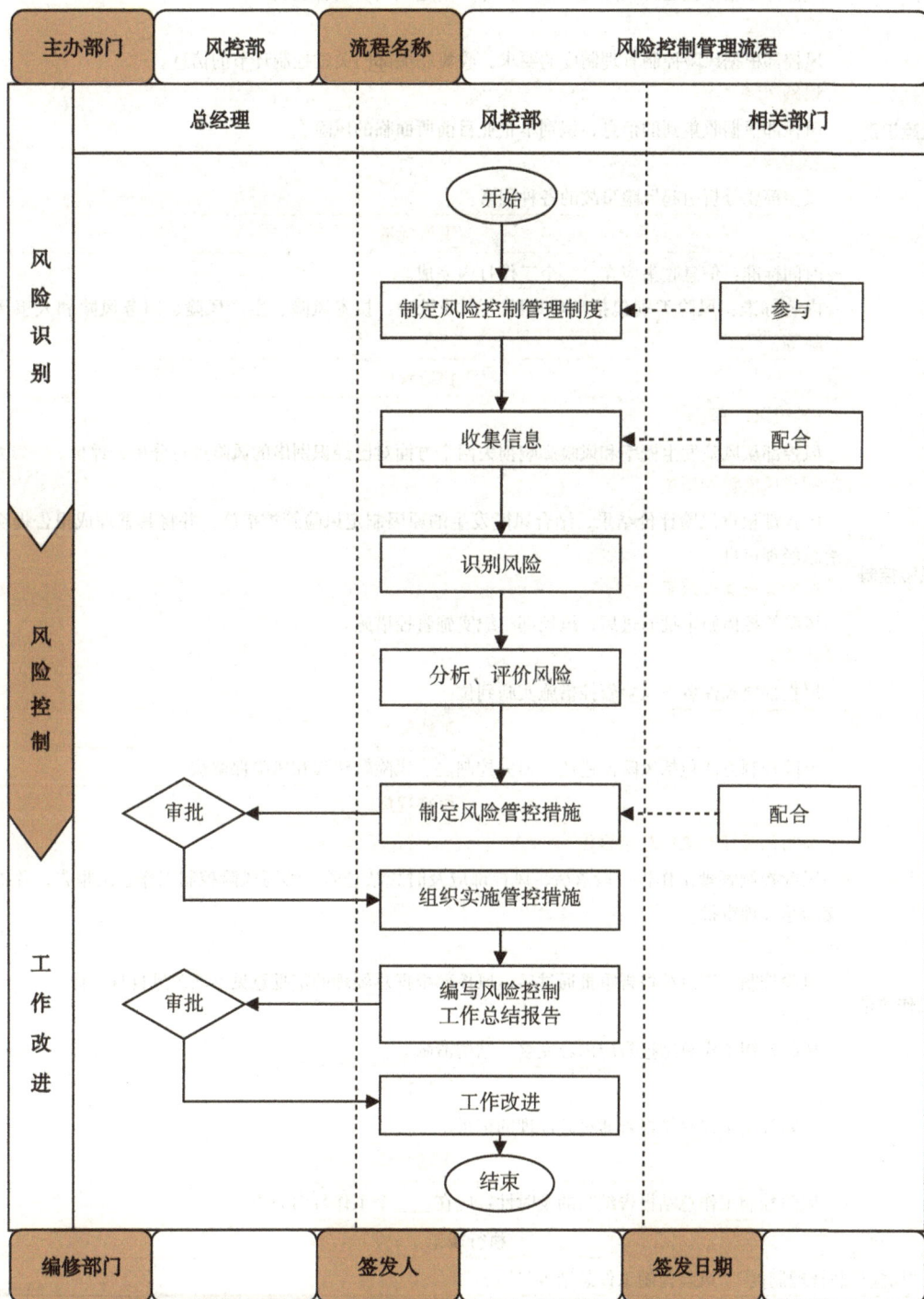

主办部门	风控部	流程名称	风险控制管理流程

	总经理	风控部	相关部门

风险识别

风险控制

工作改进

```
                    ┌────────┐
                    │  开始  │
                    └────────┘
                        │
             ┌──────────────────────┐        ┌────────┐
             │  制定风险控制管理制度  │ ◄------│  参与  │
             └──────────────────────┘        └────────┘
                        │
             ┌──────────────────────┐        ┌────────┐
             │      收集信息         │ ◄------│  配合  │
             └──────────────────────┘        └────────┘
                        │
             ┌──────────────────────┐
             │      识别风险         │
             └──────────────────────┘
                        │
             ┌──────────────────────┐
             │    分析、评价风险     │
             └──────────────────────┘
                        │
    ◇审批◇ ◄──┤ ┌──────────────────────┐        ┌────────┐
             │ │    制定风险管控措施    │ ◄------│  配合  │
             │ └──────────────────────┘        └────────┘
             │            │
             └──►┌──────────────────────┐
                 │    组织实施管控措施    │
                 └──────────────────────┘
                        │
    ◇审批◇ ◄──┤ ┌──────────────────────┐
             │ │  编写风险控制工作总结报告 │
             │ └──────────────────────┘
             │            │
             └──►┌──────────────────────┐
                 │      工作改进         │
                 └──────────────────────┘
                        │
                    ┌────────┐
                    │  结束  │
                    └────────┘
```

编修部门		签发人		签发日期	

第8章　风险与内控运营管理

8.3.2 风险控制管理执行程序、工作标准、考核指标、执行规范

任务名称	执行程序、工作标准与考核指标
风险识别	**执行程序** **1. 制定风险控制管理制度** 　风控部根据本企业的风险控制管理目标，制定风险控制管理制度。 **2. 收集信息** 　风控部根据风险控制管理制度的要求，收集相关部门关键控制环节的信息。 **3. 识别风险** 　风控部根据收集到的信息，识别本企业目前所面临的风险。 **工作重点** 　风控部要分析引起风险事故的各种因素。 **工作标准** ☆时间标准：信息收集应在＿＿个工作日内完成。 ☆内容标准：风险类别包括环境风险、市场风险、技术风险、生产风险、财务风险和人事风险等。
风险控制	**执行程序** **1. 分析、评价风险** 　风控部从风险发生概率和风险影响损失两个方面对已经识别出的风险进行分析、评价。 **2. 制定风险管控措施** 　风控部根据风险评价结果，结合风险发生的原因制定风险管控措施，并将其整理成报告提交给总经理审批。 **3. 组织实施管控措施** 　风险管控措施审批通过后，风控部组织实施管控措施。 **工作重点** 　风控部要确保各项风险管控措施实施到位。 **工作标准** 风险控制方法包括风险回避法、损失控制法、风险转法移和风险保留法。
工作改进	**执行程序** **1. 编写风险控制工作总结报告** 　风险控制管理工作告一段落后，风控部应及时总结经验，编写风险控制工作总结报告，并提交给总经理审批。 **2. 工作改进** 　风险控制工作总结报告审批通过后，风控部根据总经理的审批意见不断改进自身工作。 **工作重点** 　风险控制工作总结报告应内容完整、结构清晰。 **工作标准** 风险控制工作总结报告通过总经理的审批。 **考核指标** 风险控制工作总结报告编写的及时性：应在＿＿个工作日内完成。
执行规范	
"风险控制管理制度""风险控制工作总结报告"。	

8.4.1 内部控制管理流程设计

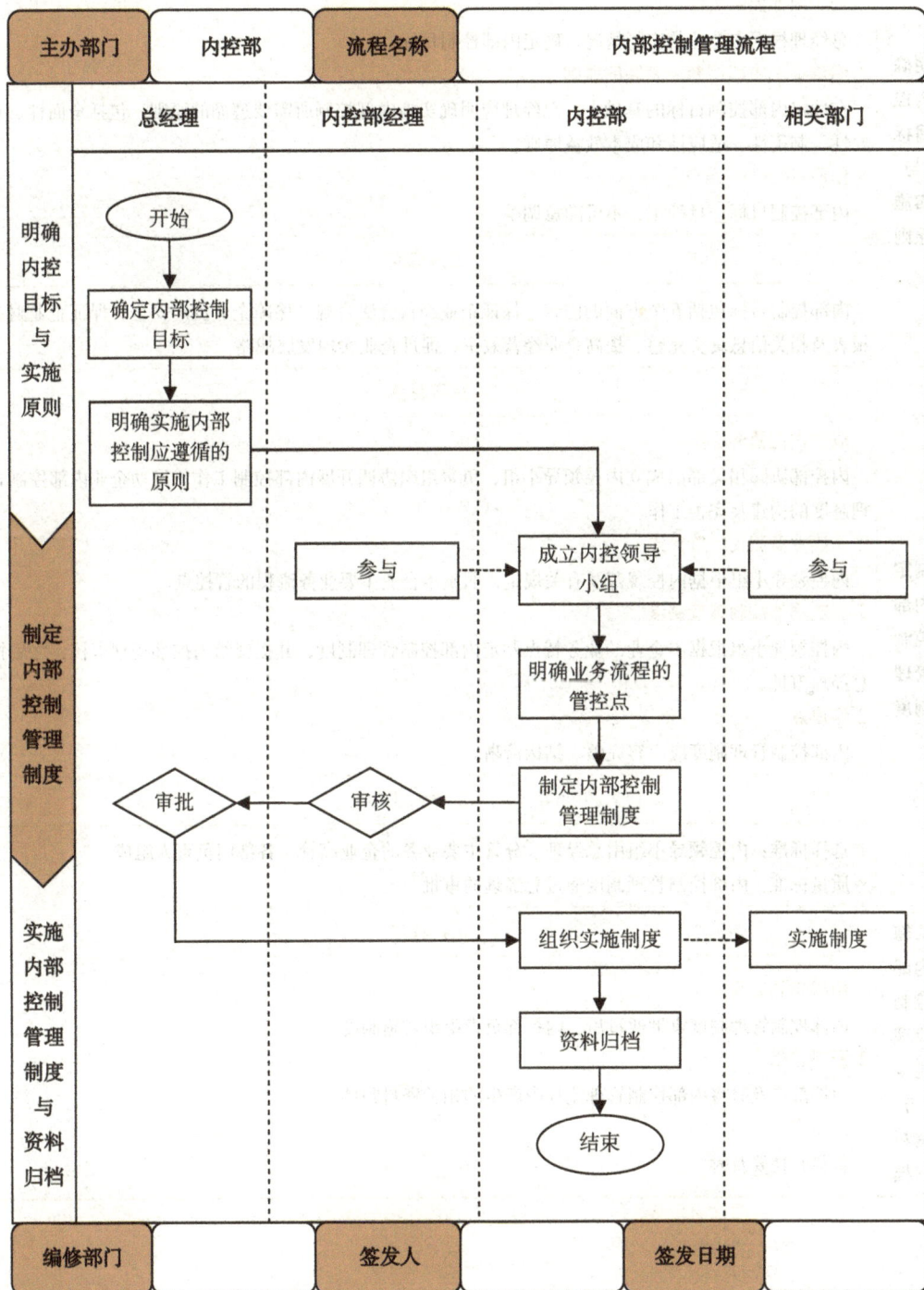

主办部门	内控部	流程名称	内部控制管理流程

	总经理	内控部经理	内控部	相关部门

明确内控目标与实施原则

开始 → 确定内部控制目标 → 明确实施内部控制应遵循的原则

制定内部控制管理制度

参与 ┄ 成立内控领导小组 ┄ 参与
→ 明确业务流程的管控点 → 制定内部控制管理制度
审批 ← 审核 ←

实施内部控制管理制度与资料归档

组织实施制度 ┄ 实施制度 → 资料归档 → 结束

编修部门		签发人		签发日期	

第8章 风险与内控运营管理

8.4.2　内部控制管理执行程序、工作标准、考核指标、执行规范

任务名称	执行程序、工作标准与考核指标
明确内控目标与实施原则	**执行程序**
	1. 确定内部控制目标 　　总经理根据本企业的实际情况，确定内部控制目标。 **2. 明确实施内部控制应遵循的原则** 　　在确定内部控制目标的基础上，总经理应明确实施内部控制所需要遵循的原则，包括全面性、重要性、制衡性、适应性和成本效益原则。 **工作重点** 　　内部控制目标一旦确定，不可随意调整。
	工作标准
	内部控制目标包括五个方面的内容：保证企业经营合法合规、保障企业资产安全、保证企业财务报表及相关信息真实完整、提高企业经营效率、促进企业实现发展战略。
制定内部控制管理制度	**执行程序**
	1. 成立内控领导小组 　　内控部协同相关部门成立内控领导小组，负责组织协调开展内部控制工作、推动企业内部控制管理制度的构建及完善工作。 **2. 明确业务流程的管控点** 　　内控领导小组根据内控规范及有关规定，明确本企业主要业务流程的管控点。 **3. 制定内部控制管理制度** 　　内控领导小组根据本企业的业务特点制定内部控制管理制度，并提交给内控部经理审核，之后报总经理审批。 **工作重点** 　　内部控制管理制度应内容完整、结构清晰。
	工作标准
	☆选择标准：内控领导小组由总经理、分管主要业务的企业高管、各部门负责人组成。 ☆质量标准：内部控制管理制度通过总经理的审批。
实施内部控制管理制度与资料归档	**执行程序**
	1. 组织实施制度 　　内部控制管理制度审批通过后，内控部负责组织实施制度。 **2. 资料归档** 　　内控部应及时将内部控制管理流程中产生的相关资料归档。 **工作重点** 　　资料归档要及时。

任务名称	执行程序、工作标准与考核指标
实施内部控制管理制度与资料归档	**工作标准**
	日常监督是企业对建立与实施内部控制情况进行常规、持续的监督、检查；专项监督是企业在发展战略、经营活动、业务流程、关键岗位员工等发生较大的调整或变化的情况下，企业对内部控制的某一个或者某些方面进行有针对性的监督、检查。
	考核指标
	内部控制管理制度执行到位。
	执行规范
	"内部控制管理制度"。

8.5.1 内部控制审计管理流程设计

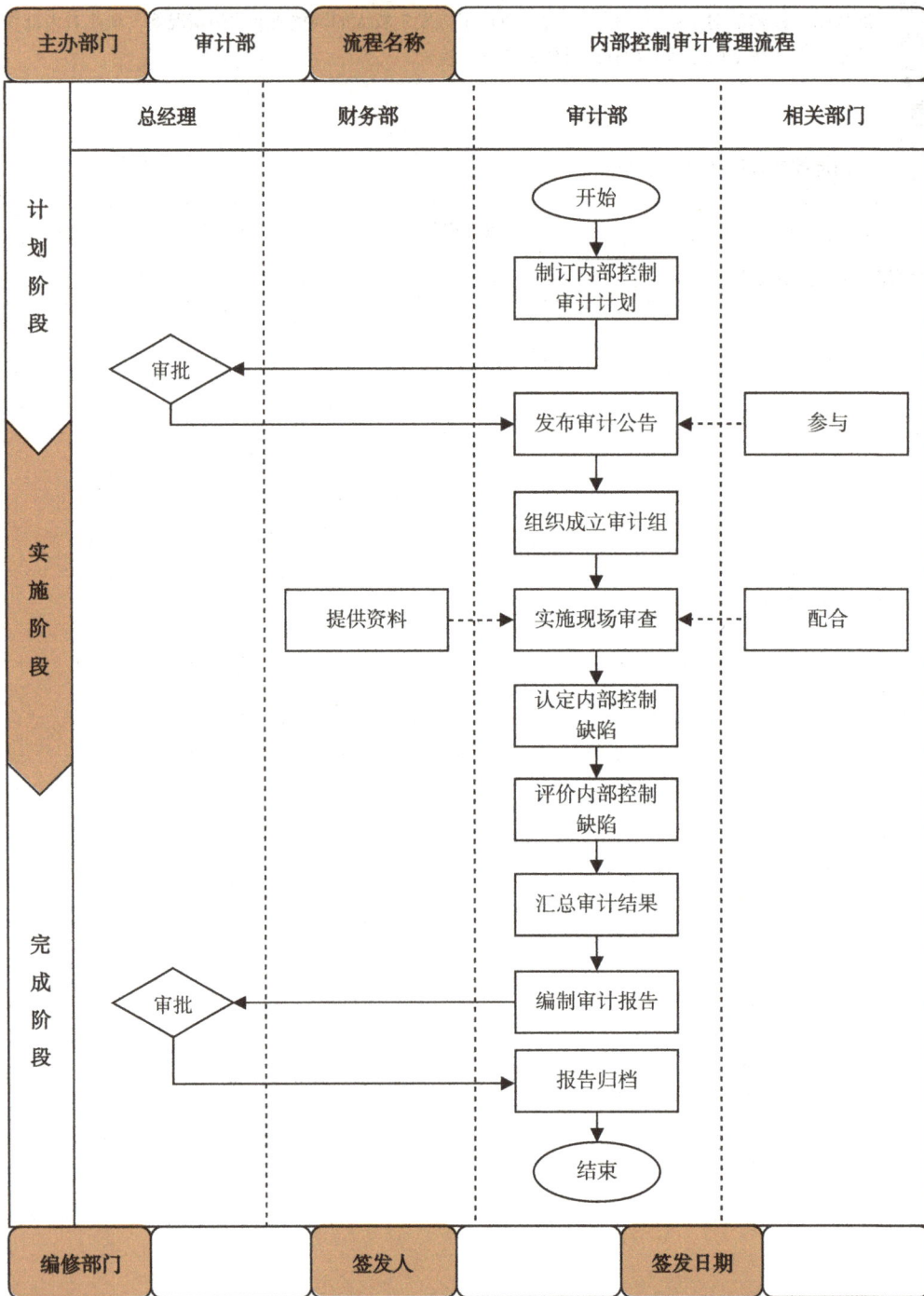

主办部门	审计部	流程名称	内部控制审计管理流程

	总经理	财务部	审计部	相关部门
计划阶段	审批		开始 → 制订内部控制审计计划	
实施阶段		提供资料	发布审计公告 ← 组织成立审计组 ← 实施现场审查 ← 认定内部控制缺陷 ← 评价内部控制缺陷 ← 汇总审计结果	参与 / 配合
完成阶段	审批		编制审计报告 → 报告归档 → 结束	

编修部门		签发人		签发日期	

8.5.2 内部控制审计管理执行程序、工作标准、考核指标、执行规范

任务名称	执行程序、工作标准与考核指标
计划阶段	**执行程序** 审计部根据本企业的年度审计工作计划制订内部控制审计计划，并提交给总经理审批。 **工作重点** 内部控制审计计划的内容要全面。 **工作标准** 内部控制审计计划通过总经理的审批。
实施阶段	**执行程序** **1. 发布审计公告** 审计部在实施内部控制审计前＿＿日，发布审计公告。 **2. 组织成立审计组** 审计部组织成立审计组，负责具体的内部控制审计工作。 **3. 实施现场审查** 审计组实施现场审查，根据被审计部门、单位提交的内部控制自我评估报告编制审计实施方案，确定审计的内容及重点。 **4. 认定内部控制缺陷** 审计组综合运用各种方法，充分收集被审计部门、单位内部控制设计和运行是否有效的证据，并对内部控制缺陷进行描述，记录于审计工作底稿中。 **5. 评价内部控制缺陷** 审计组选择适当的标准对被审计部门、单位的内部控制做出评价。 **工作重点** 被审计部门、单位应积极配合审计部的工作，按照审计部的要求及时提供相关资料，并对资料的真实性、完整性做出书面承诺。 **工作标准** ☆内容标准：内部控制审计方法包括询问相关人员、观察经营活动、检查相关文件、穿行测试、重新执行、询证等。 ☆分类标准：依据其成因可分为设计缺陷和运行缺陷；依据其影响程度可分为重大缺陷、重要缺陷和一般缺陷。 **考核指标** 审计部要全面落实内部控制审计计划。
完成阶段	**执行程序** **1. 汇总审计结果** 审计组应汇总审计结果。 **2. 编制审计报告** 审计部根据审计结果编制审计报告，并提交给总经理审批。

任务 名称	执行程序、工作标准与考核指标
完成 阶段	**3.报告归档** 　　审计报告审批通过后，审计部应及时将报告归档。 **工作重点** 　　审计报告中应当详细记录实施内部控制审计的内容。
	工作标准
	审计报告通过总经理的审批。
	执行规范
	"内部控制审计计划""审计报告"。

9.1　法务与合规运营管理流程设计

9.1.1　流程设计的目的

企业设计法务与合规运营管理流程的目的如下：

（1）规范企业法务与合规运营管理，使企业法务与合规运营管理工作标准化、规范化；

（2）明确企业法务与合规运营管理工作中各部门和人员之间的权责，避免摩擦与推诿；

（3）协调各部门之间的工作，提高企业的工作效率。

9.1.2　流程结构设计

法务与合规运营管理包括四大事项，我们可以就每个事项设计相应的流程，即知识产权管理流程、商业秘密管理流程、法务管理流程和合规管理流程，具体如图 9-1 所示。

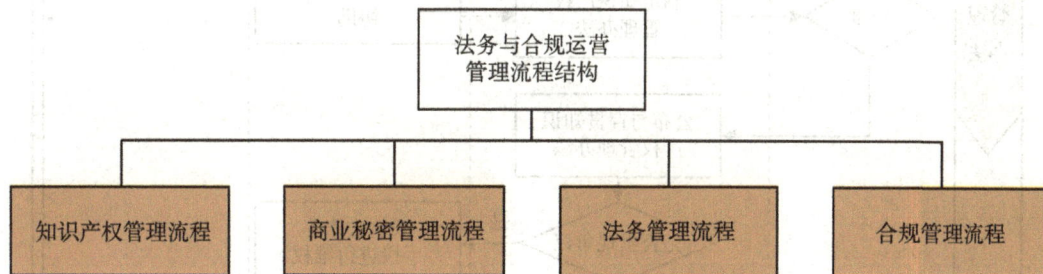

图 9-1　法务与合规运营管理流程结构

9.2 知识产权管理流程设计与工作执行

9.2.1 知识产权管理流程设计

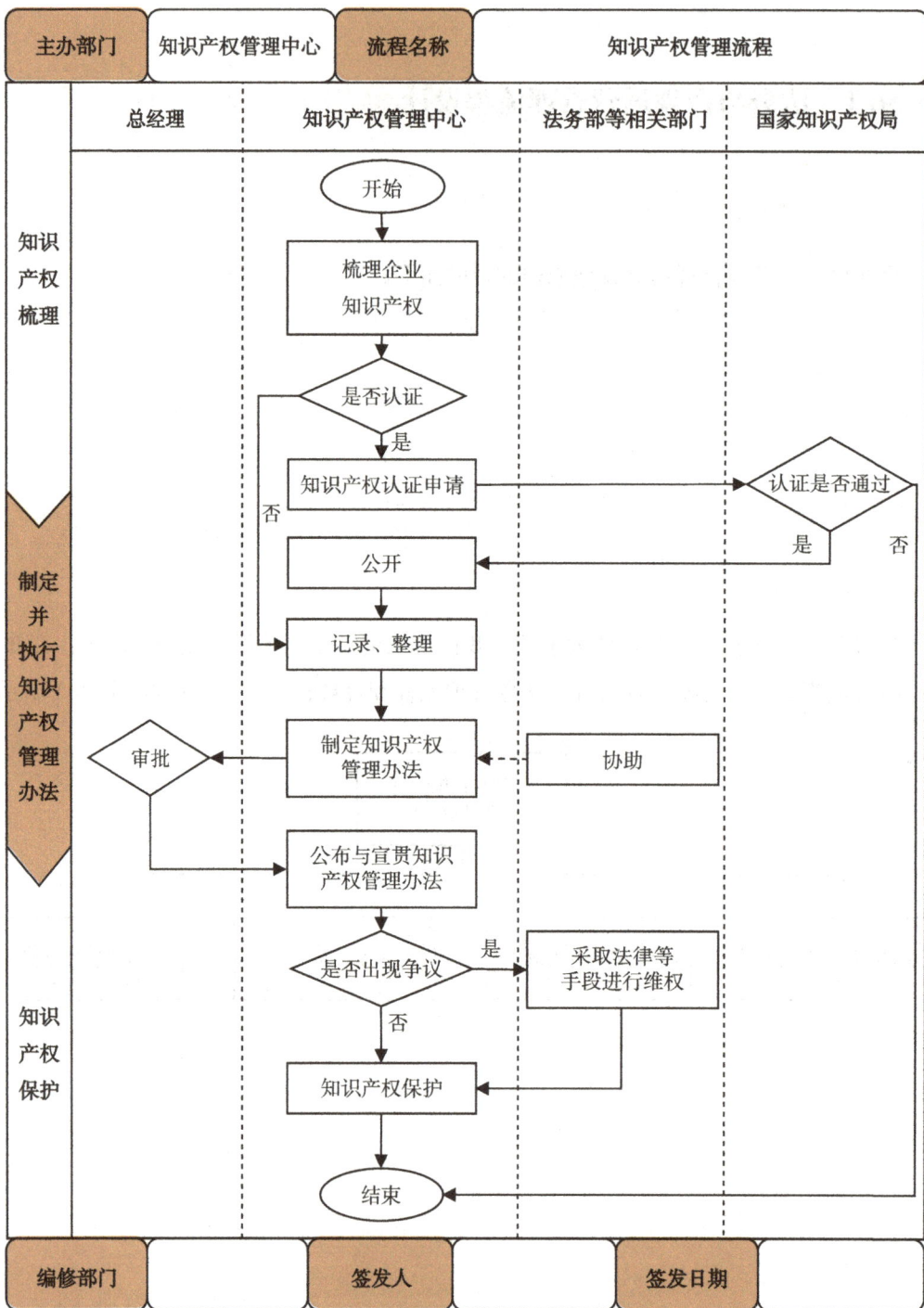

主办部门	知识产权管理中心	流程名称	知识产权管理流程

	总经理	知识产权管理中心	法务部等相关部门	国家知识产权局

知识产权梳理

- 开始
- 梳理企业知识产权
- 是否认证 → 否（至记录、整理）／是
- 知识产权认证申请 → 认证是否通过（是／否）
- 公开
- 记录、整理

制定并执行知识产权管理办法

- 制定知识产权管理办法 ← 协助
- 审批
- 公布与宣贯知识产权管理办法
- 是否出现争议 → 是（采取法律等手段进行维权）／否

知识产权保护

- 知识产权保护
- 结束

编修部门		签发人		签发日期	

企业运营管理 流程设计与工作标准

9.2.2　知识产权管理执行程序、工作标准、考核指标、执行规范

任务名称	执行程序、工作标准与考核指标
知识产权梳理	**执行程序** **1. 梳理企业知识产权** 　知识产权管理中心要定期梳理本企业已有知识产权，包括已经申报认证的和未认证的知识产权，并将其登记在本企业知识产权清单中。 **2. 是否认证** ☆对于已认证的知识产权，知识产权管理中心要进行记录、整理。 ☆对于未认证的知识产权，知识产权管理中心要及时向国家知识产权局提交认证申请。企业可委托知识产权代理机构申请，也可做好相应准备后自行申请。 **3. 公开** 　企业要按照相关规定对认证通过的知识产权进行公开，并做好记录、整理。 **工作重点** ☆知识产权是智力劳动产生的成果所有权，它是依照各国法律赋予符合条件的著作者及发明者或成果拥有者在一定期限内享有的对知识的独占权利。 ☆知识产权管理中心在申请知识产权认证前要将相应申请书、说明书等材料准备齐全。 **工作标准** 　知识产权认证流程可参照国家知识产权局规定的认证流程执行。
制定并执行知识产权管理办法	**执行程序** **1. 制定知识产权管理办法** ☆知识产权管理中心根据国家知识产权局颁布的有关规定，在法务部等相关部门的协助下制定本企业的知识产权管理办法。 ☆知识产权管理中心将知识产权管理办法提交给总经理审批。 **2. 公布与宣贯知识产权管理办法** 　知识产权管理办法审批通过后，知识产权管理中心要将知识产权管理办法在本企业范围内公布，保证各部门知晓并贯彻执行。 **工作重点** 　知识产权管理中心在制定知识产权管理办法时要严格遵守有关规定。 **工作标准** ☆参照标准：知识产权管理办法可参照国家有关规定进行制定。 ☆质量标准：知识产权管理办法内容完整、条理清晰、符合国家有关规定。
知识产权保护	**执行程序** **1. 是否出现争议** 　当已认证的知识产权与市场其他单位或个人出现争议时，知识产权管理中心要及时协同法务部等相关部门采取法律等手段维护本企业利益。 **2. 知识产权保护** 　知识产权管理中心要做好知识产权保护工作。

任务 名称	执行程序、工作标准与考核指标
知识 产权 保护	**工作重点** ☆侵犯知识产权的现象屡见不鲜，知识产权管理中心要时刻关注已有知识产权动态，防止被侵权，给企业带来损失。 ☆不同类型的知识产权有不同的保护期限，如商标权的保护期限为 10 年、发明专利权的保护期限为 20 年、实用新型专利权和外观设计专利权的保护期限为 10 年、著作权的保护期限为 50 年。知识产权管理中心要关注本企业知识产权的保护期限。
	工作标准
	☆目标标准：通过梳理与关注知识产权，杜绝发生侵权事件。 ☆质量标准：知识产权保护措施得当，知识产权保护期限内无侵权事件发生。
	考核指标
	知识产权侵权事件发生次数：目标值为 0。
执行规范	
"知识产权管理办法"。	

9.3.1 商业秘密管理流程设计

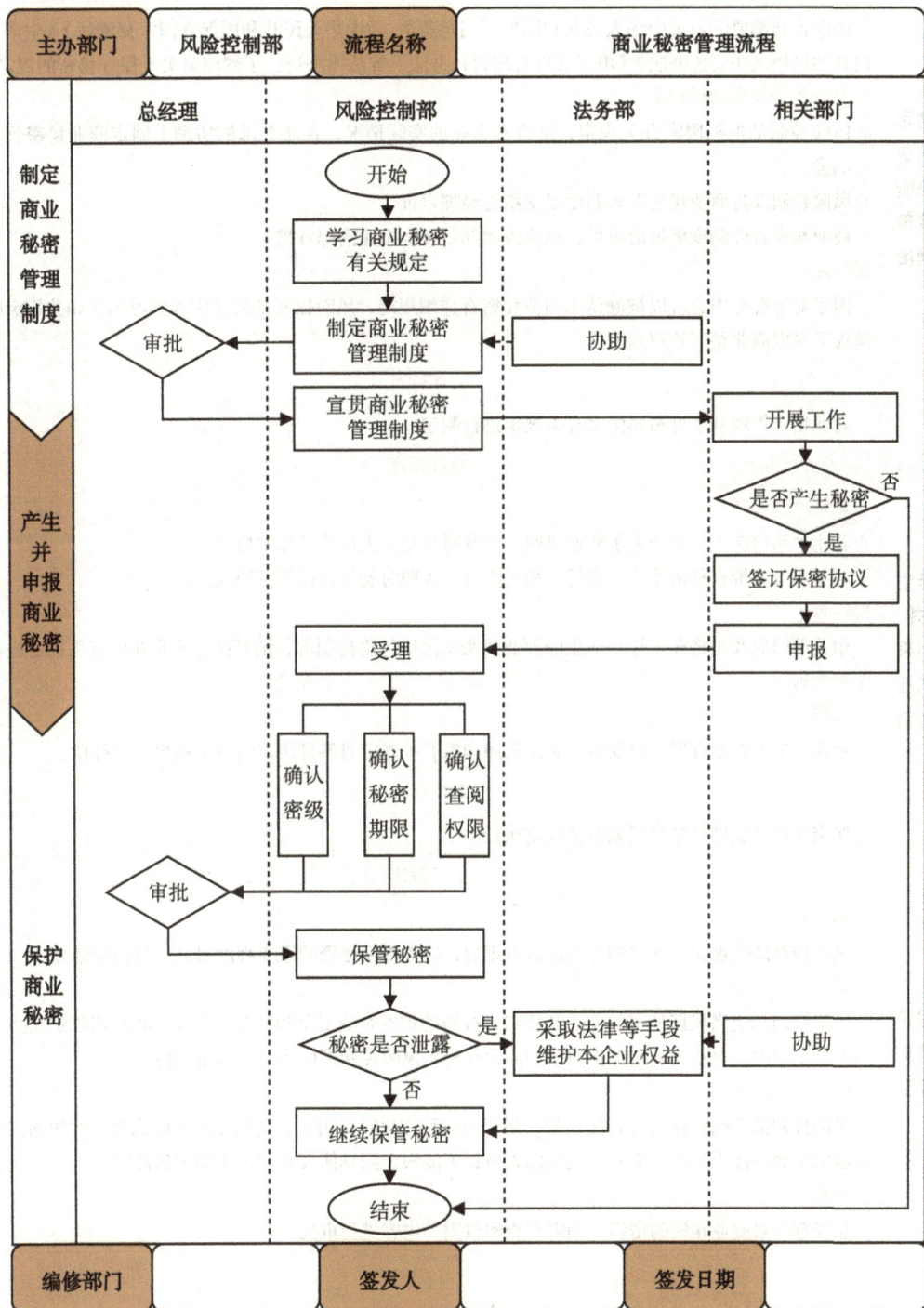

主办部门	风险控制部	流程名称	商业秘密管理流程

	总经理	风险控制部	法务部	相关部门

制定商业秘密管理制度

- 开始
- 学习商业秘密有关规定
- 审批 ← 制定商业秘密管理制度 ← 协助
- 审批 → 宣贯商业秘密管理制度 → 开展工作
  - 是否产生秘密 —否
  - 是 → 签订保密协议
  - 申报

产生并申报商业秘密

- 受理 ← 申报
  - 确认密级 / 确认秘密期限 / 确认查阅权限
  - 审批 ←

保护商业秘密

- 审批 → 保管秘密
  - 秘密是否泄露 —是→ 采取法律等手段维护本企业权益 ← 协助
  - 否 ↓
  - 继续保管秘密
  - 结束

编修部门		签发人		签发日期	

9.3.2　商业秘密管理执行程序、工作标准、考核指标、执行规范

任务名称	执行程序、工作标准与考核指标
制定商业秘密管理制度	**执行程序** **1.学习商业秘密有关规定** 　风险控制部要学习《中华人民共和国反不当竞争法》《中华人民共和国保守国家秘密法》《中华人民共和国档案法实施办法》《电子文件管理暂行办法》等法律法规，了解国家关于保守秘密的规定。 **2.制定商业秘密管理制度** ☆风险控制部根据国家有关规定，结合本企业的实际情况，在法务部的协助下制定商业秘密管理制度。 ☆风险控制部将商业秘密管理制度提交给总经理审批。 ☆商业秘密管理制度审批通过后，风险控制部要在本企业内部宣贯。 **工作重点** 　国家对于哪些内容可以被确认为商业秘密有详细规定，风险控制部要在深入学习国家相关规定的前提下制定商业秘密管理制度。 **工作标准** 　商业秘密管理制度可参照国家有关规定进行制定。
产生并申报商业秘密	**执行程序** **1.是否产生秘密** ☆若相关部门在工作中产生了商业秘密，应及时与相关人员签订保密协议。 ☆对于本身就带有秘密性质的部门，相关人员在入职时就应签订保密协议。 **2.申报** 　相关部门应及时将在工作中产生的商业秘密呈报给风险控制部，请其按照本企业的有关规定进行保密管理。 **工作重点** 　企业与员工在签订保密协议时，必须按照国家有关规定对签订协议的员工做出经济补偿。 **工作标准** 　保密协议的签订可参照国家有关规定执行。
保护商业秘密	**执行程序** **1.确认密级** 　风险控制部受理相关部门的商业秘密申报后，应先根据秘密的重要程度对其进行密级划分。 **2.确认秘密期限** 　风险控制部应当根据秘密的性质和特点，按照维护本企业安全和利益的需要，将秘密限定在必要的保护期限内；对不能确定保护期限的商业秘密，风险控制部应当确定解密条件。 **3.确认查阅权限** 　风险控制部要确认秘密的查阅权限，制定商业秘密权限说明书。商业秘密权限说明书的知悉范围能够限定到具体人员的，应限定到具体人员；不能限定到具体人员的，应限定到部门。 **4.审批** 　总经理须对商业秘密的密级、期限和查阅权限等内容进行审批。

任务名称	执行程序、工作标准与考核指标
保护商业秘密	**5. 秘密是否泄露** ☆若发生秘密泄露事件，风险控制部要及时协同法务部等相关部门通过法律等手段维护本企业权益，减少本企业经济损失。 ☆若没有发生秘密泄露事件，风险控制部继续保管秘密。 **工作重点** 　　如有员工违规查阅商业秘密或泄露商业秘密，企业除了要尽量弥补损失、降低影响，还要及时对违规或泄密人员做出处罚。
	工作标准
	通过风险控制部的保护，本企业的商业秘密无违规操作或被泄露情况发生。
	考核指标
	商业秘密泄露发生次数：目标值为 0。
	执行规范

"商业秘密管理制度""商业秘密权限说明书"。

第 9 章 | 法务与合规运营管理

9.4.1　法务管理流程设计

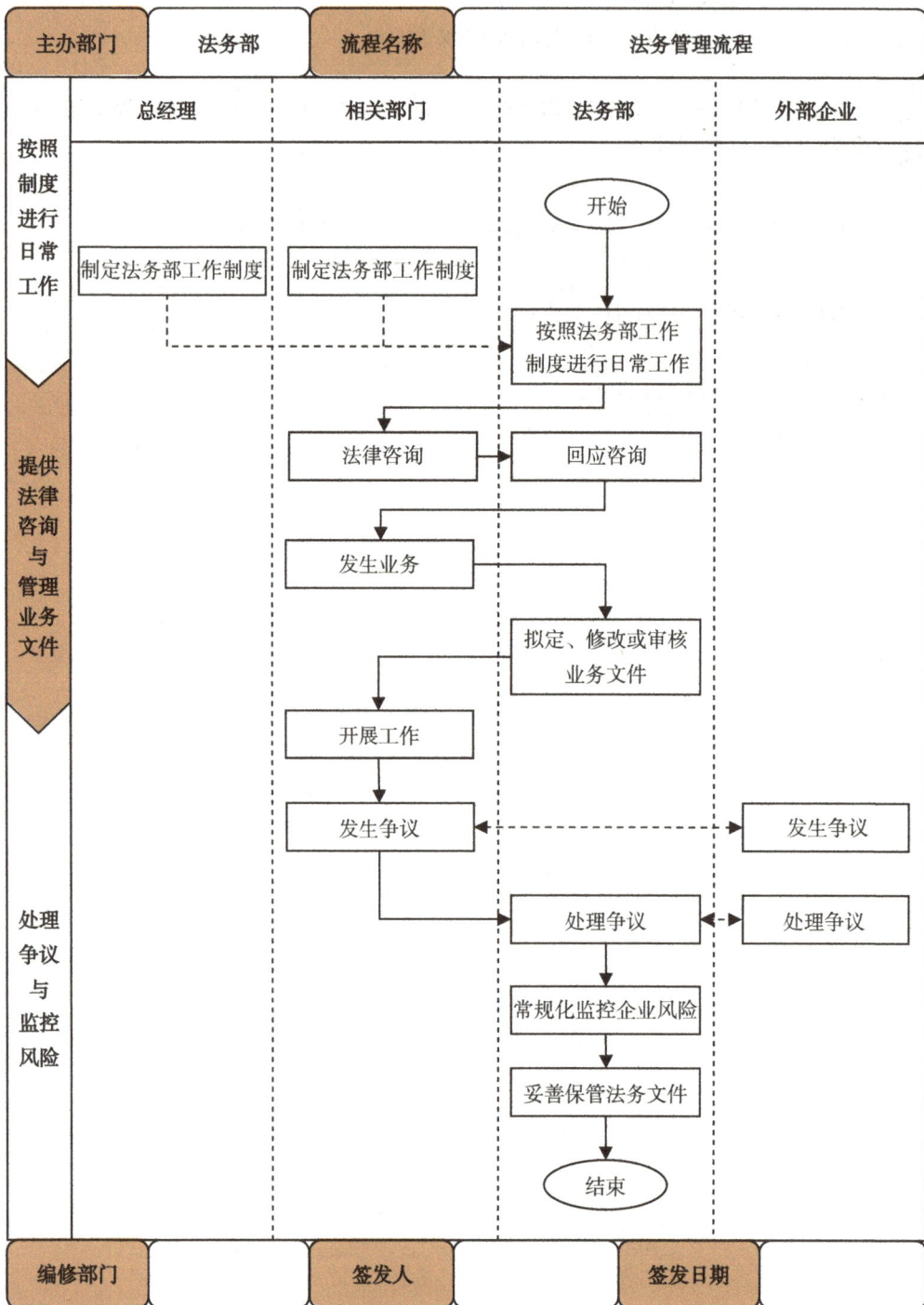

主办部门	法务部	流程名称	法务管理流程

	总经理	相关部门	法务部	外部企业
按照制度进行日常工作	制定法务部工作制度	制定法务部工作制度	开始 → 按照法务部工作制度进行日常工作	
提供法律咨询与管理业务文件		法律咨询 → 发生业务 → 开展工作	回应咨询 拟定、修改或审核业务文件	
处理争议与监控风险		发生争议	处理争议 常规化监控企业风险 妥善保管法务文件 结束	发生争议 处理争议

编修部门		签发人		签发日期	

企业运营管理 流程设计与工作标准

/ 158 /

9.4.2 法务管理执行程序、工作标准、考核指标、执行规范

任务名称	执行程序、工作标准与考核指标
按照制度进行日常工作	**执行程序** **1. 制定法务部工作制度** 　企业总经理和制度管理部门（如人力资源部、企业管理部）在法务部成立之时，应根据本企业的性质制定法务部工作制度，明确法务部工作内容，规范法务部工作方法。 **2. 按照法务部工作制度进行日常工作** 　法务部人员按照法务部工作制度进行日常工作。 **工作重点** 　法务部工作制度制定完成后，应在本企业内部进行宣贯。法务部有新员工入职后，应先请其知晓法务部工作制度。 **工作标准** ☆参照标准：法务部日常工作可参照法务部工作制度执行。 ☆质量标准：法务部严格按照法务部工作制度进行日常工作，无违规操作现象发生。
提供法律咨询与管理业务文件	**执行程序** **1. 法律咨询** 　企业相关部门在工作中遇到法律难题时，要及时向法务部咨询，禁止擅自做决定，避免给企业带来风险。 **2. 回应咨询** 　收到法律咨询后，法务部应第一时间做出回应，为相关部门提供专业的法律援助。 **3. 拟定、修改或审核业务文件** ☆相关部门发生业务时，必然会产生类似销售合同、采购合同、合作协议等文件，法务部要及时对这些文件做出处理。 ☆对于外部发来的文件，法务部要审核其内容，检查其是否存在隐患；对于内部发出的文件，法务部要承担拟定、修改或审核文件的工作职责。 **工作重点** 　法务部要重视文件审核工作，找出其中存在的漏洞并加以改进。 **工作标准** 法务部拟定、修改或审核的相关文件无明显漏洞。 **考核指标** ☆客户满意度：目标值为100%。 ☆文件出错率：经法务部拟定、修改或审核的文件出错率为0。
处理争议与监控风险	**执行程序** **1. 发生争议** 　当相关部门与外部企业发生各类争议时，要及时请法务部出面解决问题。 **2. 处理争议** 　法务部要及时与外部企业协商处理争议，若为己方责任，要尽可能将损失降至最低；若为对方责任，要尽快要求对方承担责任，赔偿本企业损失。

任务名称	执行程序、工作标准与考核指标
处理争议与监控风险	**3. 常规化监控企业风险** 　　法务部要时刻注意企业潜在的风险，制定企业风险监控表；定期清理企业各类合同、协议，及时处理遗留争议问题等。 **4. 妥善保管法务文件** 　　法务部要妥善保管各类法务文件，做好文件备份，明确文件查阅权限，防止企业秘密泄露。 **工作重点** 　　法务部在处理争议时，应尽量与对方在合法范围内协商解决，如实在无法解决，应通过法律程序解决，尽力避免浪费人力、物力、财力及时间。
	工作标准
	法务部能够处理好各类争议，对企业风险做到实时监控，对各类法务文件进行妥善保管。
	执行规范
	"法务部工作制度""企业风险监控表"。

9.5 合规管理流程设计与工作执行

9.5.1 合规管理流程设计

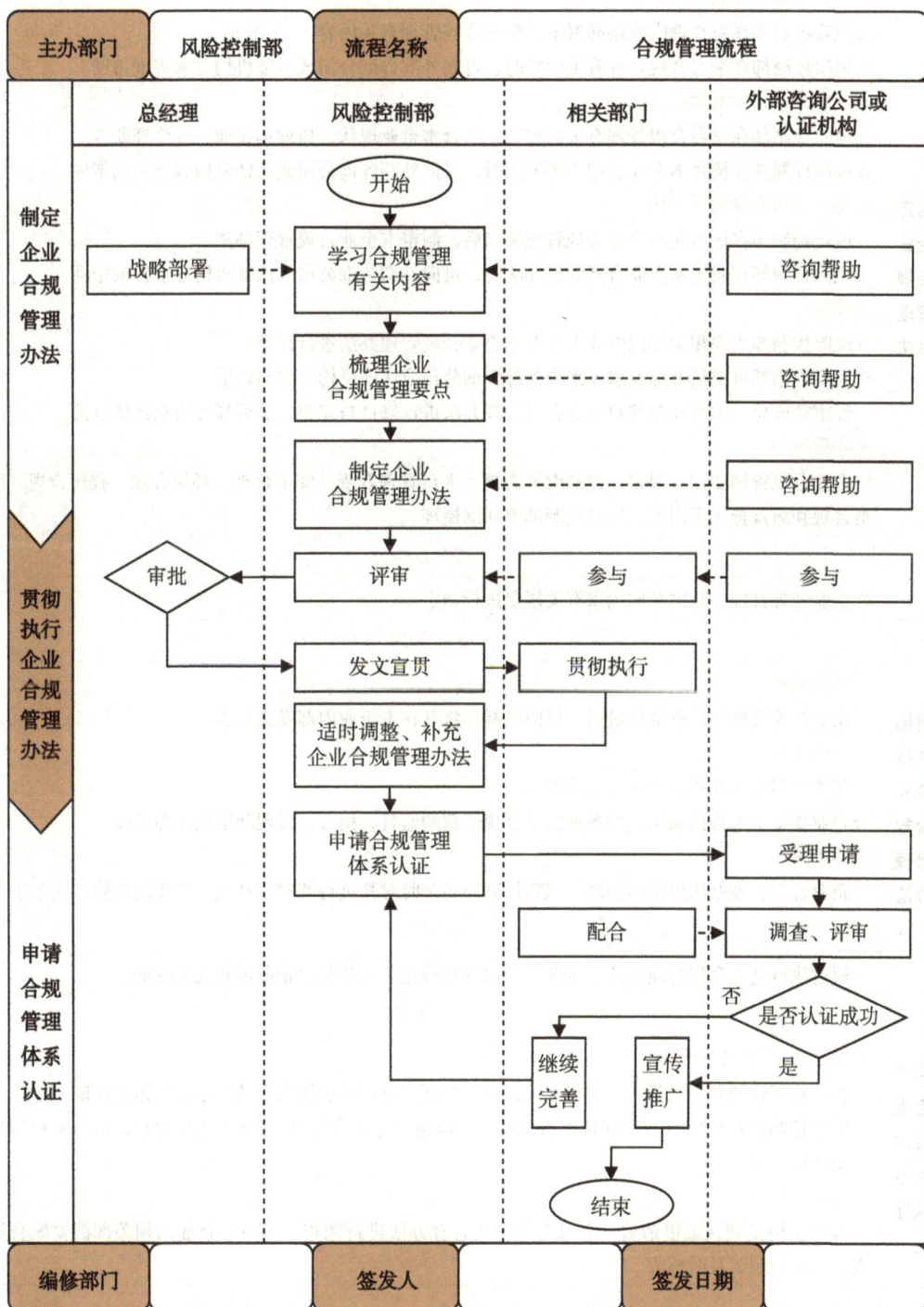

主办部门	风险控制部	流程名称	合规管理流程

	总经理	风险控制部	相关部门	外部咨询公司或认证机构
制定企业合规管理办法	战略部署	开始 → 学习合规管理有关内容		咨询帮助
		梳理企业合规管理要点		咨询帮助
		制定企业合规管理办法		咨询帮助
贯彻执行企业合规管理办法	审批	评审	参与	参与
		发文宣贯	贯彻执行	
		适时调整、补充企业合规管理办法		
申请合规管理体系认证		申请合规管理体系认证		受理申请
			配合	调查、评审
				是否认证成功 否
		继续完善	宣传推广	是
			结束	

编修部门		签发人		签发日期	

9.5.2　合规管理执行程序、工作标准、考核指标、执行规范

任务名称	执行程序、工作标准与考核指标
制定企业合规管理办法	**执行程序** **1.学习合规管理有关内容** ☆风险控制部在总经理的战略部署下，学习合规管理有关内容。 ☆风险控制部在学习合规管理有关内容时，可向外部咨询公司或认证机构寻求咨询帮助。 **2.梳理企业合规管理要点** ☆风险控制部在学习合规管理有关内容后，结合本企业现状，梳理本企业合规管理要点。 ☆风险控制部在梳理本企业合规管理要点时，可向外部咨询公司或认证机构寻求咨询帮助。 **3.制定企业合规管理办法** ☆风险控制部在梳理完本企业合规管理要点后，制定本企业合规管理办法。 ☆风险控制部在制定本企业合规管理办法时，可向外部咨询公司或认证机构寻求咨询帮助。 **4.评审** ☆风险控制部组织相关部门专业人员对本企业合规管理办法进行评审。 ☆风险控制部可邀请外部专家（来自外部咨询公司或认证机构）参与评审。 ☆评审完成后，风险控制部对企业合规管理办法进行修订与完善，然后提交给总经理审批。 **工作重点** 　企业合规管理要点有很多，包括财务合规、人员管理合规、安全合规、环保合规、程序合规、职责合规和运营合规等内容，风险控制部要仔细梳理。 **工作标准** 　企业合规管理办法可参照国家有关规定进行制定。
贯彻执行企业合规管理办法	**执行程序** **1.发文宣贯** 　企业合规管理办法审批通过后，风险控制部将其在本企业内部发文宣贯。 **2.贯彻执行** ☆相关部门要贯彻执行企业合规管理办法。 ☆企业要接受来自国家机关的各种关于合规经营的监督、检查，发现问题应立即整改。 **工作重点** 　企业合规管理办法出现问题时，风险控制部要及时对其进行调整、补充，必要时应修订该办法。 **工作标准** 　通过执行企业合规管理办法，企业经营做到标准化、规范化，企业风险大大降低。
申请合规管理体系认证	**执行程序** **1.申请合规管理体系认证** ☆企业合规管理办法运营到一定程度后，风险控制部可向认证机构申请合规管理体系认证。 ☆风险控制部在评估企业合规管理水平后（可邀请外部专家指导），准备相应材料，向认证机构提交认证申请。 **2.调查、评审** 　认证机构接到认证申请后，会对企业合规管理办法进行调查、评审，企业的相关部门要配合调查，出现问题要及时整改。

任务 名称	执行程序、工作标准与考核指标
申请 合规 管理 体系 认证	**3. 继续完善，宣传推广** ☆若认证不成功，企业相关部门应继续完善企业合规管理，不断提高企业合规管理水平。 ☆若认证成功，除继续保持企业合规管理水平，企业还可将合规管理认证作为宣传点对外宣传，以提高企业的竞争力。 **工作重点** 建立有效的合规管理体系虽然不能杜绝违规行为发生，但是能够降低违规发生的风险，还能在一些国际和国内招标采购中获得加分，因此企业有必要进行合规管理体系认证。
	<div align="center">**工作标准**</div>
	☆目标标准：企业通过践行合规管理，通过合规管理体系认证，取得相应证书。 ☆参照标准：合规管理体系认证可参照认证机构的有关规定执行。
	<div align="center">**考核指标**</div>
	合规管理体系认证通过率：目标值为100%。

执行规范

认证机构的"企业合规评审报告"及企业的"企业合规管理办法"。

第 9 章 法务与合规运营管理

第 **10** 章　财务运营管理

10.1　财务运营管理流程设计

10.1.1　流程设计的目的

企业设计财务运营管理流程的目的如下：

（1）使企业的财务运营管理工作规范化、专业化、精细化；

（2）加强企业资金管控，以及事前预测、控制与决策，促使企业的财务资源创造最大效益。

10.1.2　流程结构设计

财务运营管理包括五大事项，我们可以就每个事项设计相应的流程，即财务预算管理流程、财务分析管理流程、财务风险管理流程、财务成本管理流程和内部审计管理流程，具体如图 10-1 所示。

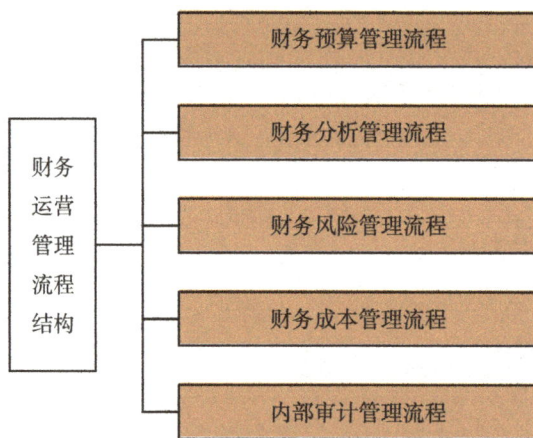

图 10-1　财务运营管理流程结构

10.2 财务预算管理流程设计与工作执行

10.2.1 财务预算管理流程设计

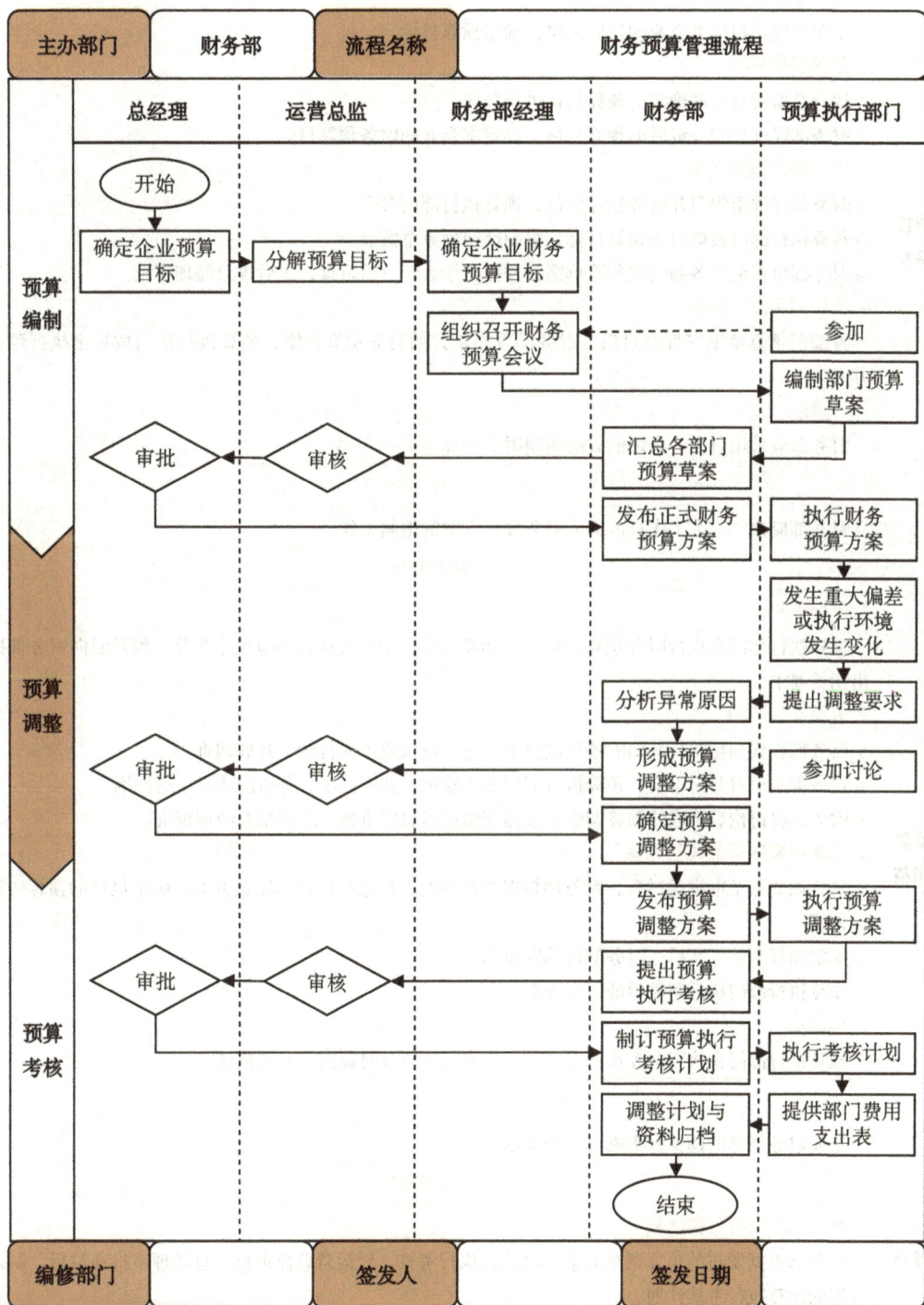

主办部门	财务部	流程名称	财务预算管理流程

	总经理	运营总监	财务部经理	财务部	预算执行部门
预算编制	开始 → 确定企业预算目标	分解预算目标	确定企业财务预算目标		
			组织召开财务预算会议		参加
					编制部门预算草案
	审批	审核		汇总各部门预算草案	
			发布正式财务预算方案	执行财务预算方案	
					发生重大偏差或执行环境发生变化
预算调整			分析异常原因	提出调整要求	
	审批	审核	形成预算调整方案	参加讨论	
			确定预算调整方案		
			发布预算调整方案	执行预算调整方案	
预算考核	审批	审核	提出预算执行考核		
			制订预算执行考核计划	执行考核计划	
			调整计划与资料归档	提供部门费用支出表	
			结束		

编修部门		签发人		签发日期	

10.2.2　财务预算管理执行程序、工作标准、考核指标、执行规范

任务名称	执行程序、工作标准与考核指标
预算编制	**执行程序** **1.确定企业预算目标** 　企业总经理根据本企业的发展战略，确定预算目标。 **2.分解预算目标** ☆运营总监对总经理确定的预算目标进行分解。 ☆财务部经理按照分解后的预算目标，确定本企业的财务预算目标。 **3.编制部门预算草案** ☆财务部经理组织召开财务预算会议，预算执行部门参会。 ☆预算执行部门根据财务预算目标，编制部门预算草案。 ☆财务部负责汇总各部门的预算草案，并提交给运营总监审核，之后报总经理审批。 **4.执行财务预算方案** 　各部门预算草案审批通过后，财务部发布正式的财务预算方案，预算执行部门按规定执行预算方案。 **工作重点** 　财务部应采用科学、合理的方法编制财务预算。 **工作标准** 　财务部应在＿＿个工作日内完成财务预算方案的编制工作。
预算调整	**执行程序** **1.提出调整要求** 　预算执行部门在执行财务预算方案时，如发生重大偏差或执行环境发生变化，须及时向财务部提出调整要求。 **2.分析异常原因** ☆财务部收到预算执行部门的预算调整申请时，应快速采取行动，开展调查。 ☆财务部组织召开讨论会，预算执行部门必须参加，共同讨论、分析问题发生的原因。 ☆财务部将讨论后形成的预算调整方案提交给运营总监审核，之后报总经理审批。 **3.确定与发布预算调整方案** ☆预算调整方案审批通过后，财务部根据总经理的审批意见修订与完善方案，确定最终的预算调整方案。 ☆确定预算调整方案后，财务部将其发布出去。 ☆预算执行部门执行调整后的预算方案。 **工作重点** 　预算执行部门在执行财务预算方案时，发现问题应及时提出，不可拖延。 **工作标准** 　企业财务预算的调整有明确可靠的依据。
预算考核	**执行程序** **1.制订预算执行考核计划** 　财务部根据发布的预算调整方案提出预算执行考核，经运营总监审核、总经理审批通过后，制订合理的预算执行考核计划。

（续）

任务名称	执行程序、工作标准与考核指标
预算考核	**2. 执行考核计划** 　预算执行部门按照预算执行考核计划执行预算考核，并且向财务部提供部门费用支出表。 **3. 调整计划与资料归档** ☆财务部根据预算执行部门提供的费用支出表，编制预算执行情况报告。 ☆财务部须对预算执行考核计划中不合理的地方进行相应的调整，并将财务预算管理过程中产生的相关资料归档。 **工作重点** 　财务部应了解预算考核计划执行过程中存在的问题及原因，做好过程控制。 **工作标准** 　财务部应对预算执行考核计划中不合理的地方及时进行调整。 **考核指标** 　财务预算完成率，其计算公式如下： $$财务预算完成率 = \frac{实际支出}{预算支出} \times 100\%$$
执行规范	
"企业财务预算管理制度""财务预算分析报告""财务预算调整方案""费用支出表""预算执行考核计划""预算执行情况报告"。	

10.3.1　财务分析管理流程设计

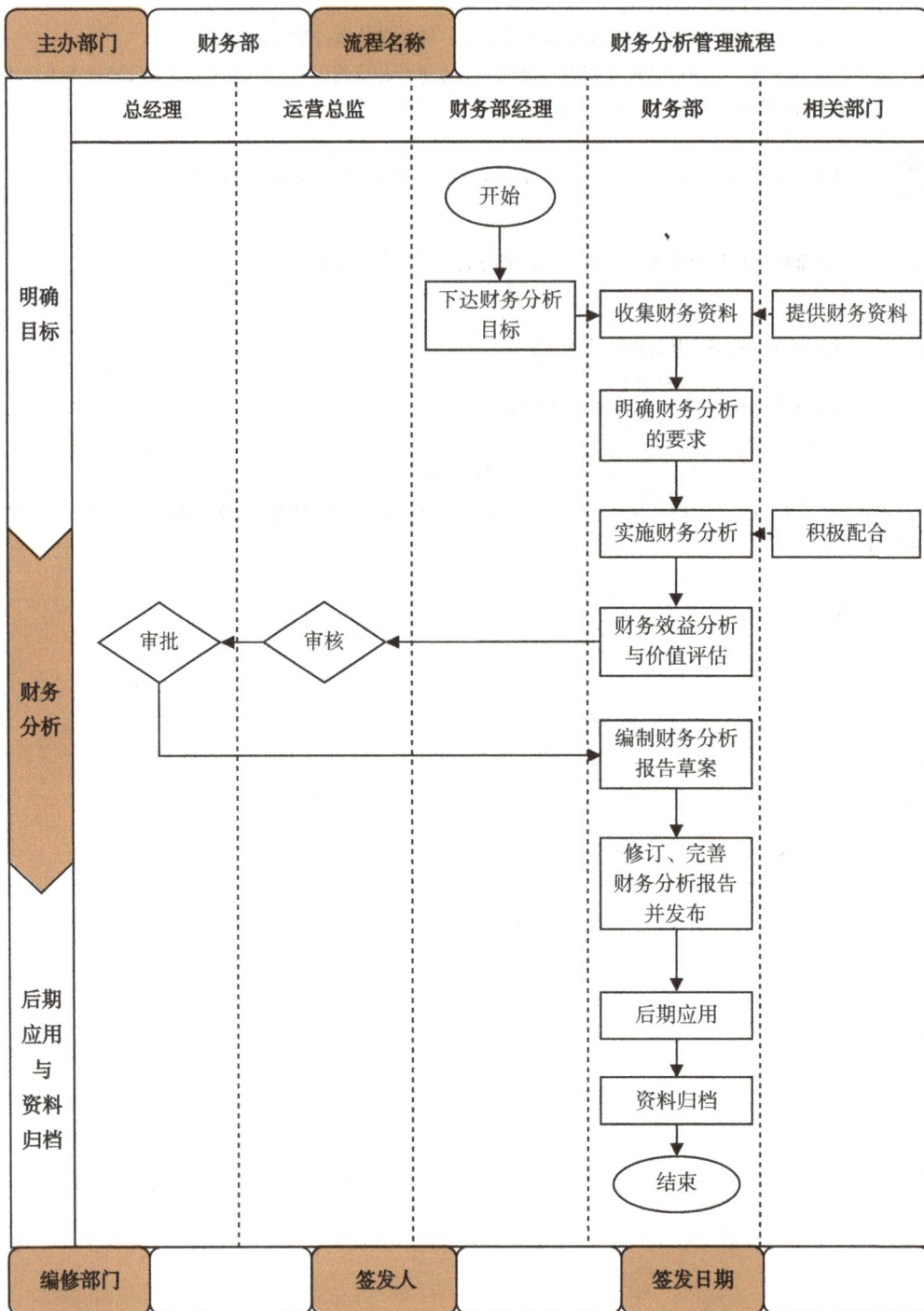

主办部门	财务部	流程名称	财务分析管理流程	
	总经理	运营总监	财务部经理	财务部	相关部门

明确目标

开始

下达财务分析目标 → 收集财务资料 ← 提供财务资料

明确财务分析的要求

实施财务分析 ← 积极配合

财务分析

审批 ← 审核 ← 财务效益分析与价值评估

编制财务分析报告草案

修订、完善财务分析报告并发布

后期应用与资料归档

后期应用

资料归档

结束

编修部门		签发人		签发日期	

10.3.2 财务分析管理执行程序、工作标准、考核指标、执行规范

任务名称	执行程序、工作标准与考核指标
明确目标	**执行程序** **1. 下达财务分析目标** 　财务部经理向财务部下达财务分析目标。 **2. 收集财务资料** 　财务部组织相关人员收集财务资料，相关部门向财务部提供财务资料。 **3. 明确财务分析的要求** 　财务部应明确此次财务分析的具体要求。 **工作重点** ☆财务部经理向财务部下达的财务分析目标要准确、合理。 ☆财务部应全面收集财务资料。 **工作标准** 　财务部应在____个工作日内完成财务资料的收集工作。
财务分析	**执行程序** **1. 实施财务分析** 　财务部按计划实施财务分析，相关部门应积极配合。 **2. 财务效益分析与价值评估** ☆财务部对企业的整体财务效益进行分析，对企业的盈利能力、偿债能力、资产运营能力和发展能力等方面进行价值评估。 ☆财务部将财务效益分析与价值评估结果整理成报告提交给运营总监审核，之后报总经理审批。 **3. 编制财务分析报告草案** 　财务效益分析与价值评估结果审批通过后，财务部据此编制财务分析报告草案。 **工作重点** ☆财务部要按照计划实施财务分析。 ☆财务部必须根据本企业的实际情况进行价值评估，不能捏造数据。 **工作标准** 　财务部应在____个工作日内完成财务分析报告草案的编制工作。
后期应用与资料归档	**执行程序** **1. 修订、完善财务分析报告并发布** 　财务部应对财务分析报告草案进行修订与完善，然后发布正式的财务分析报告。 **2. 后期应用** 　财务部正式发布的财务分析报告对企业后期的发展有辅助作用，可将此报告应用到企业后期的发展中。 **3. 资料归档** 　财务部应将财务分析管理过程中产生的相关资料归档。 **工作重点** 　财务分析报告的编制要规范。

第 10 章 财务运营管理

/ 169 /

（续）

任务名称	执行程序、工作标准与考核指标
后期应用与资料归档	**工作标准**
	财务分析报告内容全面。
	考核指标
	财务分析报告草案的修订次数不超过＿＿次。
执行规范	
"财务分析报告草案""财务分析报告"。	

10.4 财务风险管理流程设计与工作执行

10.4.1 财务风险管理流程设计

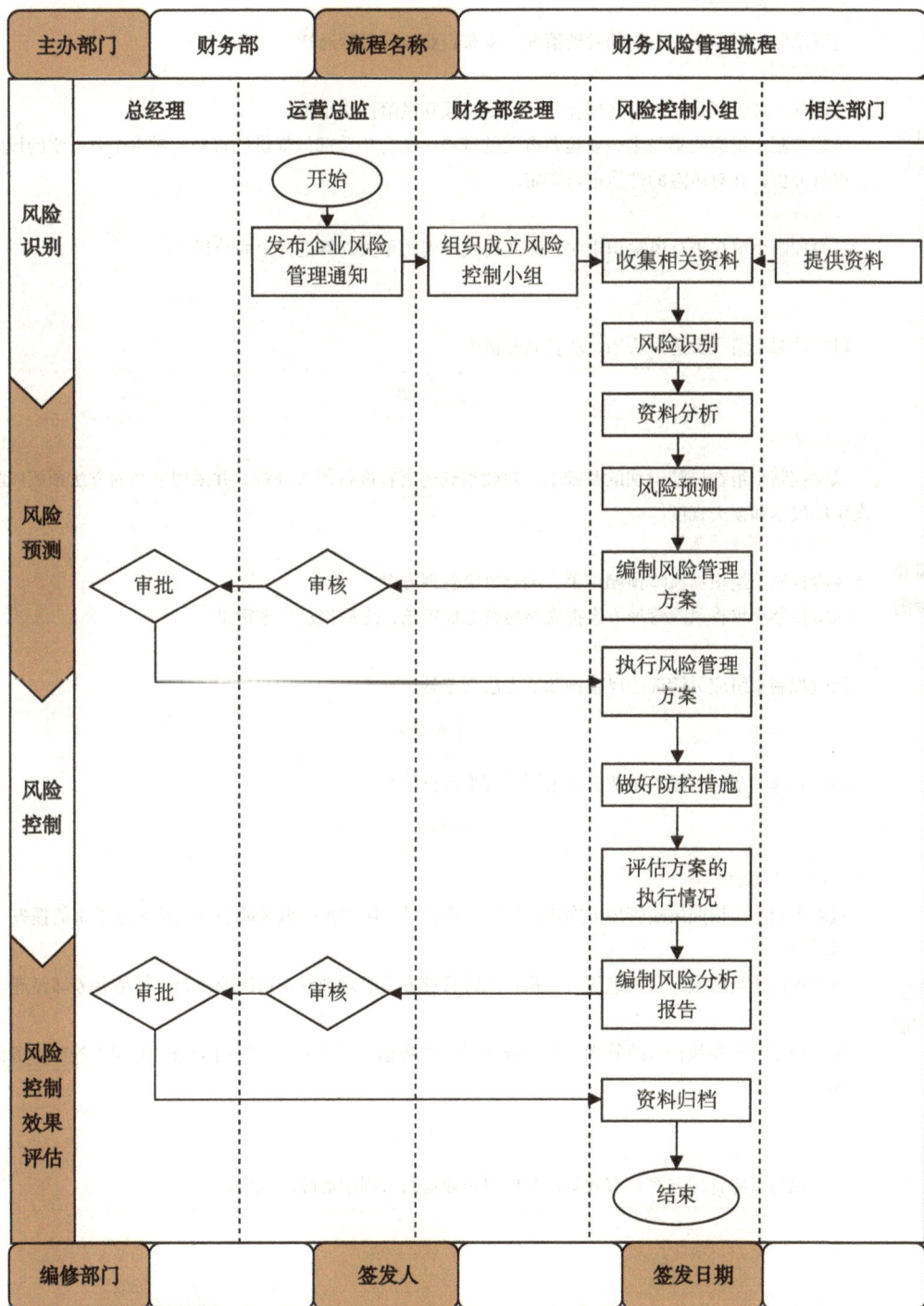

主办部门	财务部	流程名称		财务风险管理流程	
	总经理	运营总监	财务部经理	风险控制小组	相关部门

风险识别

开始 → 发布企业风险管理通知 → 组织成立风险控制小组 → 收集相关资料 ← 提供资料

→ 风险识别 → 资料分析 → 风险预测

风险预测

编制风险管理方案 → 审核 → 审批

执行风险管理方案

风险控制

做好防控措施 → 评估方案的执行情况 → 编制风险分析报告 → 审核 → 审批

风险控制效果评估

资料归档 → 结束

编修部门		签发人		签发日期	

10.4.2　财务风险管理执行程序、工作标准、考核指标、执行规范

任务名称	执行程序、工作标准与考核指标
风险识别	**执行程序** **1.发布企业风险管理通知** 　运营总监根据本企业当前的发展情况，发布企业风险管理通知。 **2.风险识别** ☆财务部经理收到企业风险管理通知后，组织成立风险控制小组。 ☆风险控制小组应收集与本企业运营有关的资料，结合相关部门提供的资料，对本企业面临的风险进行分析，并对风险的性质进行鉴定。 **工作重点** 　风险控制小组在进行风险识别时，需要对收集到的相关资料进行全面分析。 **工作标准** 风险控制小组成员选择恰当，职责划分清晰。
风险预测	**执行程序** **1.风险预测** 　风险控制小组在风险识别的基础上，对收集到的资料进行深入分析，并采用恰当的方法预测风险发生的概率和损失程度。 **2.编制风险管理方案** ☆风险控制小组根据风险预测结果，编制风险管理方案。 ☆风险控制小组将风险管理方案提交给运营总监审核，之后报总经理审批。 **工作重点** 　风险控制小组应灵活选用风险预测的方法与工具。 **工作标准** 风险管理方案可参照本企业的文书写作标准进行编制。
风险控制	**执行程序** **1.执行风险管理方案** 　风险控制小组依照风险管理方案进行风险管理，最大限度地降低风险及其给本企业带来的损失。 **2.做好防控措施** 　风险控制小组应做好防控措施，在执行风险管理方案时发现异常情况要及时上报给财务部经理。 **工作重点** 　风险控制小组在执行风险管理方案时应实时监测数据，发生异常情况时应第一时间上报给财务部经理。 **工作标准** 通过执行风险管理方案，有效防范与应对企业运营过程中面临的风险。

任务名称	执行程序、工作标准与考核指标
风险控制效果评估	**执行程序**
	1. 评估方案的执行情况
	风险管理工作告一段落后，风险控制小组应对风险管理方案的执行情况进行评估。
	2. 编制风险分析报告
	风险控制小组根据评估结果编制风险分析报告，并提交给运营总监审核，之后报总经理审批。
	3. 资料归档
	风险分析报告审批通过后，风险控制小组应及时将相关资料归档。
	工作重点
	风险分析报告的编制要规范。
	工作标准
	资料归档及时。
执行规范	
"企业风险管理通知""风险管理方案""风险分析报告"。	

10.5.1 财务成本管理流程设计

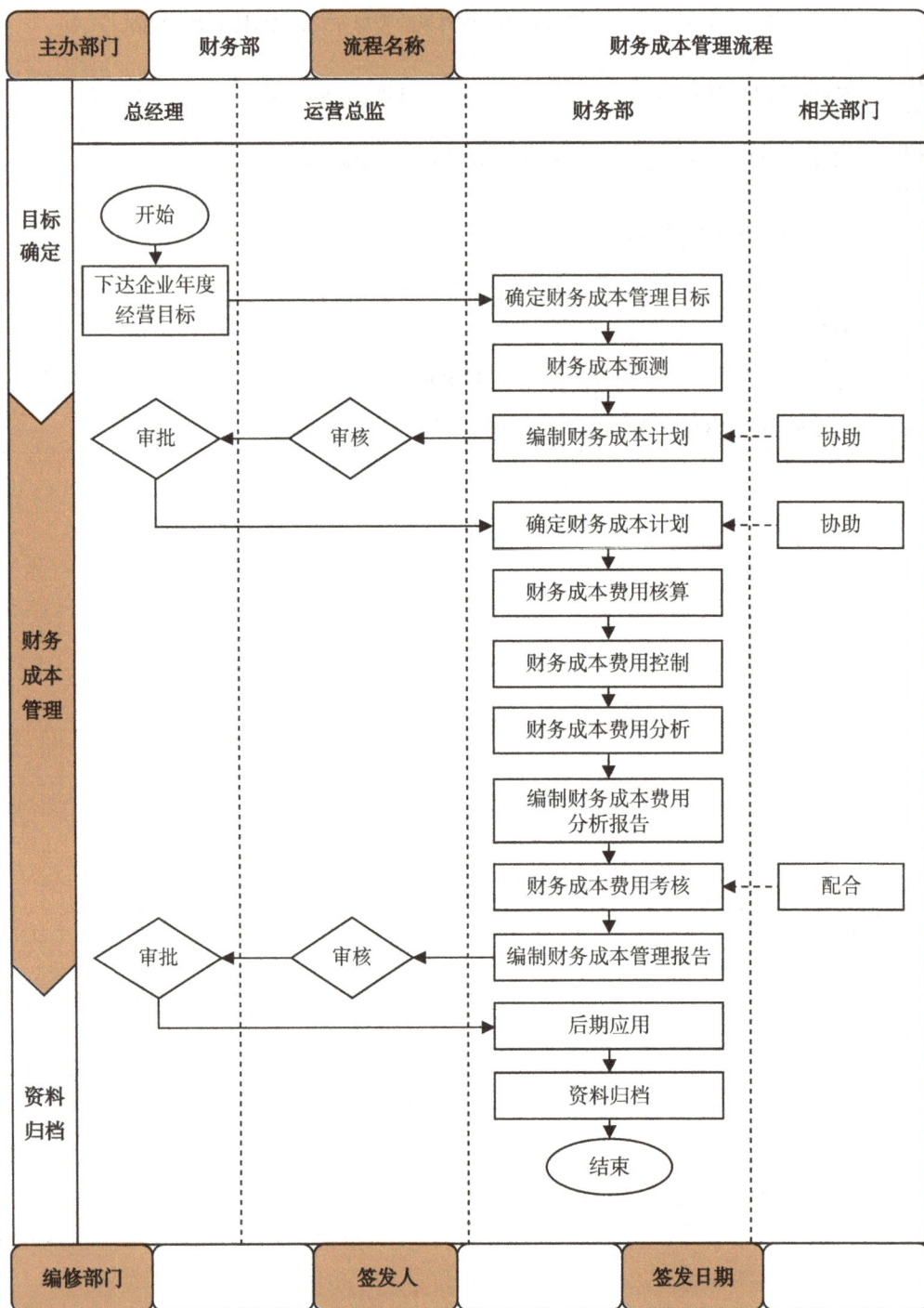

主办部门	财务部	流程名称	财务成本管理流程	
	总经理	运营总监	财务部	相关部门

目标确定

开始

下达企业年度经营目标 → 确定财务成本管理目标

财务成本预测

编制财务成本计划 ⋯ 协助

审批 ← 审核 ← 编制财务成本计划

财务成本管理

确定财务成本计划 ⋯ 协助

财务成本费用核算

财务成本费用控制

财务成本费用分析

编制财务成本费用分析报告

财务成本费用考核 ⋯ 配合

审批 ← 审核 ← 编制财务成本管理报告

后期应用

资料归档

资料归档

结束

编修部门		签发人		签发日期	

10.5.2　财务成本管理执行程序、工作标准、考核指标、执行规范

任务名称	执行程序、工作标准与考核指标
	执行程序
目标确定	**1. 确定财务成本管理目标** 　总经理向财务部下达本企业的年度经营目标，财务部据此确定财务成本管理目标。 **2. 财务成本预测** 　财务部根据财务成本管理目标，对本年度的财务成本进行预测。 **工作重点** 　财务部应合理确定财务成本管理目标。
	工作标准
	财务部应在____个工作日内完成财务成本的预测工作。
	执行程序
财务成本 管理	**1. 编制财务成本计划** ☆财务部根据财务成本预测结果，编制财务成本计划。 ☆财务部将财务成本计划提交给运营总监审核，之后报总经理审批。 ☆财务成本计划审批通过后，财务部人员根据总经理的审批意见修订与完善计划，确定最终的 　财务成本计划。 **2. 财务成本费用核算、控制和分析** 　财务部须对财务成本费用进行核算、控制和分析，并编制财务成本费用分析报告。 **3. 财务成本费用考核** 　财务部根据财务成本费用分析报告，对相关部门进行财务成本费用考核。 **工作重点** 　财务部应针对不同的部门制定相应的财务成本费用考核标准。
	工作标准
	财务部应在____个工作日内完成财务成本费用分析报告的编制工作。
	执行程序
资料归档	**1. 编制财务成本管理报告** ☆财务部将财务成本管理全过程编制成完整的财务成本管理报告。 ☆财务部将财务成本管理报告提交给运营总监审核，之后报总经理审批。 **2. 后期应用** 　财务部可将财务成本管理报告应用到企业后期的发展中，可以对员工起到激励、约束的作用。 **3. 资料归档** 　财务部应将财务成本管理过程中产生的相关资料归档。 **工作重点** 　财务成本管理报告的编制要规范。
	工作标准
	☆完成标准：财务成本管理报告通过总经理的审批。 ☆时间标准：资料应在____个工作日内归档完成。
	执行规范
	"财务成本管理制度""财务成本计划""财务成本费用分析报告""财务成本管理报告"。

10.6.1 内部审计管理流程设计

主办部门	财务部	流程名称	内部审计管理流程		
	总经理	运营总监	财务部经理	审计小组	相关部门

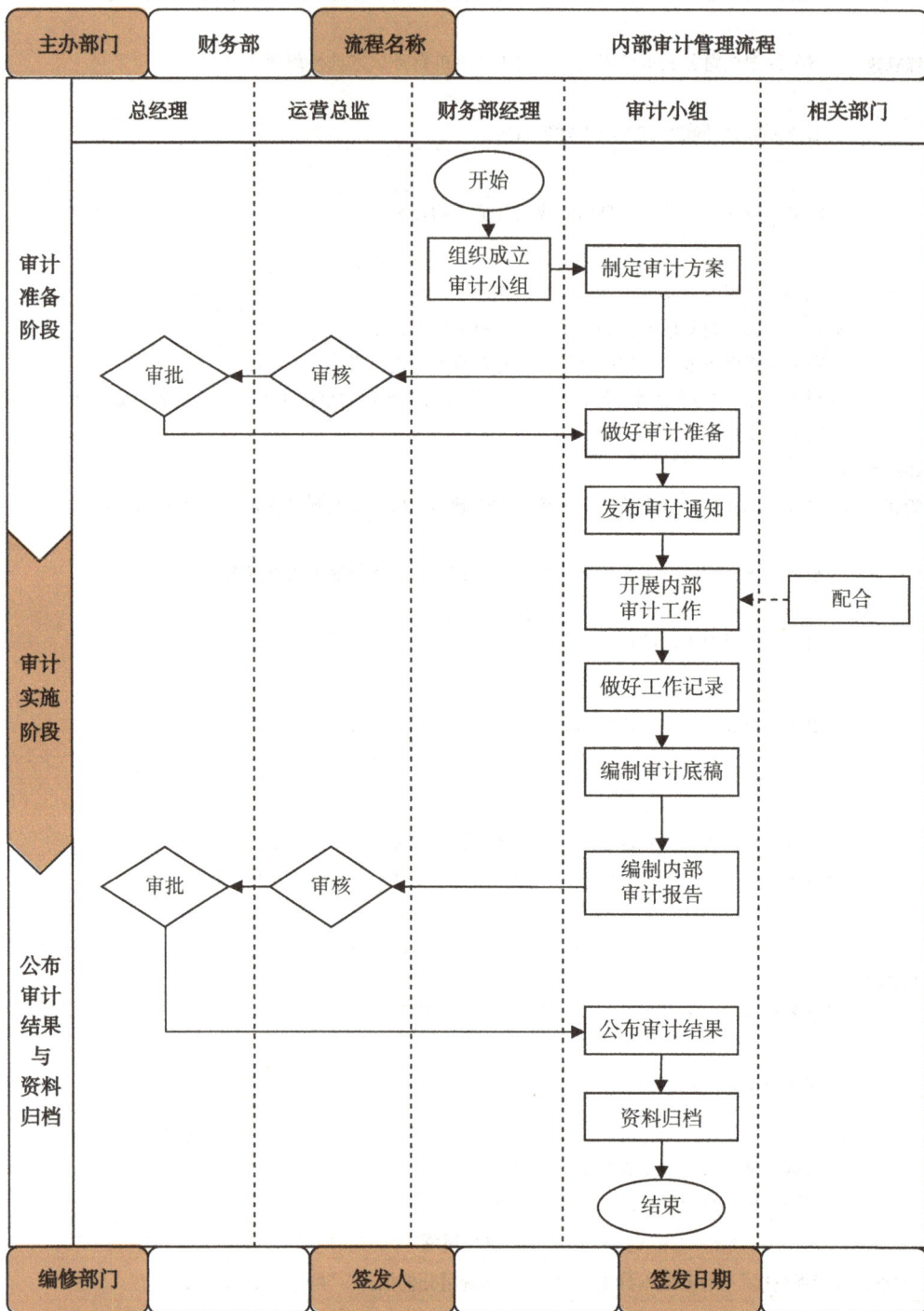

编修部门		签发人		签发日期	

10.6.2　内部审计管理执行程序、工作标准、考核指标、执行规范

任务 名称	执行程序、工作标准与考核指标
审计 准备 阶段	**执行程序** **1.组织成立审计小组** 　财务部经理根据内部审计工作的需要，组织成立内部审计小组。 **2.制定审计方案** 　审计小组编制审计方案，并提交给运营总监审核，之后报总经理审批。 **3.发布审计通知** 　审计方案审批通过后，审计小组做好审计准备工作，发布审计通知。 **工作重点** 　财务部经理应明确审计小组成员的选择标准。 **工作标准** 　审计小组应在＿＿个工作日内完成内部审计的准备工作。
审计 实施 阶段	**执行程序** **1.开展内部审计工作** 　审计小组按计划开展内部审计工作，相关部门予以配合。 **2.做好工作记录** 　审计小组要记录审计工作的每一个环节，尤其是测试结果、数据分析等内容。 **3.编制审计底稿** 　审计小组应编制审计底稿。审计底稿并不拘泥于形式，可以以纸质、电子或其他介质形式呈现。 **工作重点** 　相关部门应根据内部审计工作的需要，向审计小组提供财务计划、预算、决算、报表等资料。 **工作标准** ☆内容标准：审计底稿内容包括审计部门、审计事项名称、审计事项描述与结果记录、审计结论等。 ☆编写标准：审计底稿内容完整、要素齐全、格式规范、标识一致、结论明确。 **考核指标** 　审计方案执行到位。
公布 审计 结果 与 资料 归档	**执行程序** **1.编制内部审计报告** ☆审计小组对整个审计工作进行汇报、总结，编制内部审计报告。 ☆审计小组将内部审计报告提交给运营总监审核，之后报总经理审批。 **2.公布审计结果** 　审计报告审批通过后，审计小组公布审计结果。

任务名称	执行程序、工作标准与考核指标
公布审计结果与资料归档	**3.资料归档** 内部审计工作结束后，审计小组应及时将内部审计管理过程中产生的相关资料归档。 **工作重点** 内部审计报告的编制要规范。
	工作标准
	内部审计报告通过领导的审核与审批。
执行规范	
"内部审计管理制度""内部审计通知""内部审计报告""审计方案"。	

11.1 人力资源运营管理

11.1.1 流程设计的目的

企业设计人力资源运营管理流程的目的如下:

(1) 对人力资源运营管理的重要环节进行严格把控,对招聘、培训等工作进行精细化管理,使企业更加合理、充分地运用人力资源;

(2) 在企业发展战略的指导下,最大限度地发挥人力资源的作用,减少企业的人力成本。

11.1.2 流程结构设计

人力资源运营管理包括六大事项,我们可以就每个事项设计相应的流程,即人力资源规划管理流程、人才盘点管理流程、招聘外包管理流程、培训外包管理流程、薪酬外包管理流程和社保代缴管理流程,具体如图 11-1 所示。

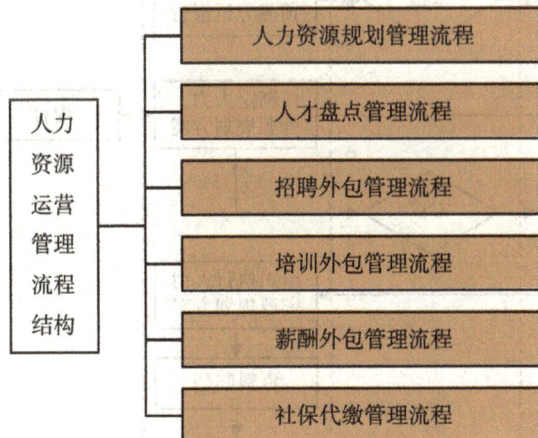

图 11-1 人力资源运营管理流程结构

11.2.1 人力资源规划管理流程设计

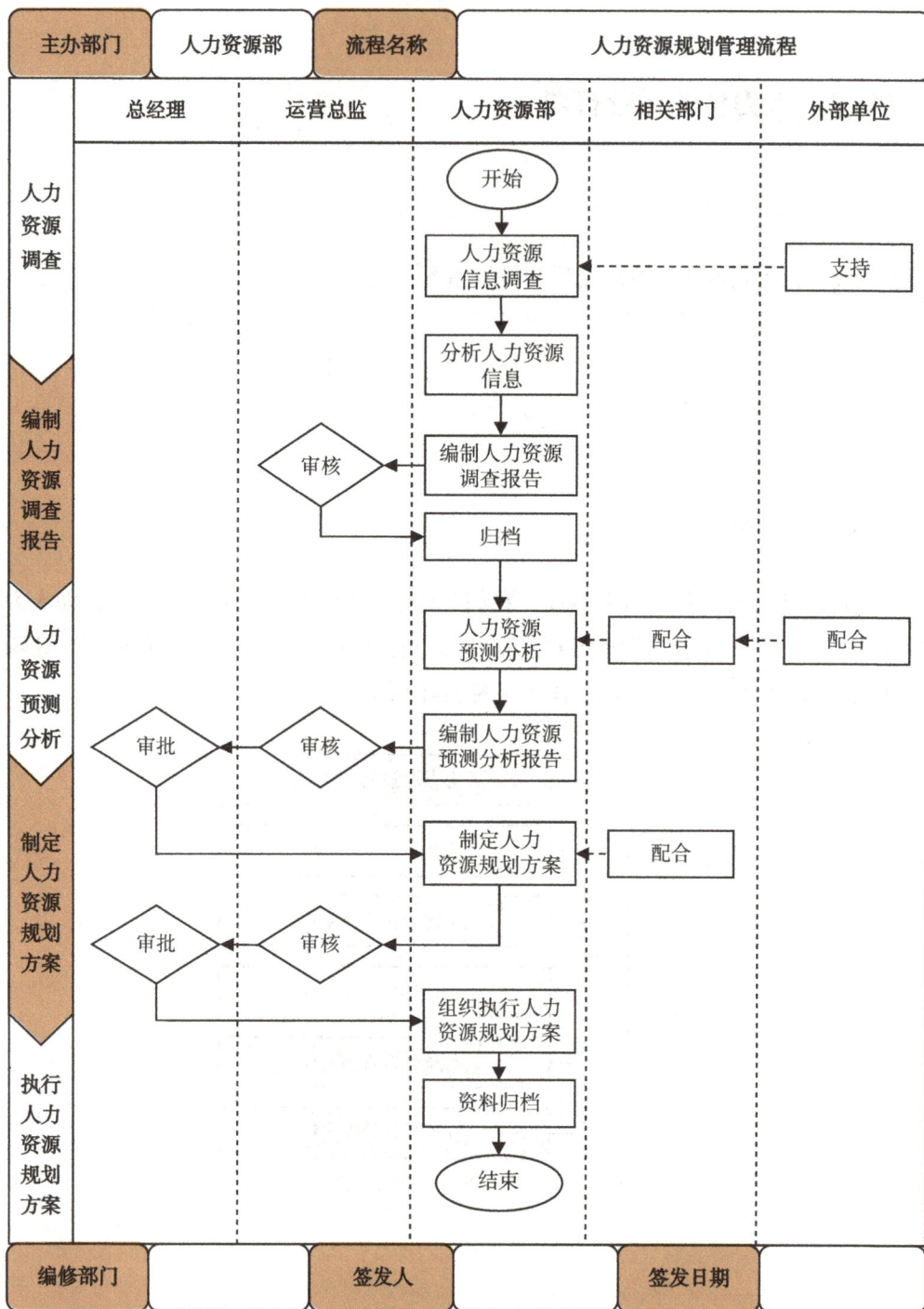

主办部门	人力资源部	流程名称	人力资源规划管理流程		
	总经理	运营总监	人力资源部	相关部门	外部单位

人力资源调查

开始

编制人力资源调查报告

人力资源信息调查 ┄┄┄┄ 支持

分析人力资源信息

审核 ← 编制人力资源调查报告

归档

人力资源预测分析

人力资源预测分析 ← 配合 ┄┄ 配合

审批 ← 审核 ← 编制人力资源预测分析报告

制定人力资源规划方案

制定人力资源规划方案 ← 配合

审批 ← 审核 ←

执行人力资源规划方案

组织执行人力资源规划方案

资料归档

结束

编修部门		签发人		签发日期	

企业运营管理
流程设计与工作标准

11.2.2 人力资源规划管理执行程序、工作标准、考核指标、执行规范

任务名称	执行程序、工作标准与考核指标
人力资源调查	**执行程序** **1. 人力资源信息调查** 　人力资源部在外部单位的支持下，定期在社会上广泛开展人力资源信息调查，获取人力资源方面的信息。 **2. 分析人力资源信息** 　人力资源部对获取到的人力资源信息进行分析，为本企业的人力资源管理工作提供决策依据。 **工作重点** 　人力资源部要确保所获取的人力资源信息的真实性。 **工作标准** 　人力资源部应在____个工作日内完成人力资源信息的调查工作，在____个工作日内完成人力资源信息的分析工作。
编制人力资源调查报告	**执行程序** **1. 编制人力资源调查报告** 　人力资源部根据人力资源信息分析结果，编制人力资源调查报告。 **2. 审核** 　人力资源部将人力资源调查报告提交给运营总监审核，审核通过后及时归档。 **工作重点** 　人力资源调查报告中应有市场实时数据，可借助多种统计工具进行数据分析。 **工作标准** ☆时间标准：人力资源部应在____个工作日内完成人力资源调查报告的编制工作。 ☆内容标准：人力资源调查报告内容重点突出，可为企业提供可行性的建议。
人力资源预测分析	**执行程序** **1. 人力资源预测分析** ☆人力资源部组织做好企业内部的人力资源预测分析工作。 ☆必要时，人力资源预测分析活动需取得外部单位和相关部门的配合。 **2. 编制人力资源预测分析报告** 　人力资源部根据人力资源预测分析结果编制人力资源预测分析报告，并提交给运营总监审核，之后报总经理审批。 **工作重点** 　人力资源部编制的人力资源预测分析报告中应明确企业未来一段时间内人员的供需情况。 **工作标准** ☆时间标准：人力资源部应在____个工作日内完成人力资源预测分析报告的编制工作。 ☆质量标准：领导满意度不低于____%。 **考核指标** ☆人力资源预测分析报告编制的及时性：报告编制及时，无延误或到期未完成的情况。 ☆人力资源预测分析报告内容的完整性：报告内容完整、全面，包含人力资源所需预测的各个方面。

任务名称	执行程序、工作标准与考核指标
制定人力资源规划方案	**执行程序** ☆人力资源预测分析报告审批通过后，人力资源部制定人力资源规划方案。 ☆人力资源部将人力资源规划方案提交给运营总监审核，之后报总经理审批。 **工作重点** 人力资源部制定的人力资源规划方案与企业的发展目标相适应。
	工作标准 ☆内容标准：人力资源规划方案内容包括人力资源总体规划、人力资源供需计划、人员使用计划、培训开发计划、绩效与薪酬福利计划等。 ☆完成标准：人力资源规划方案编制及时、合理、可行。
	考核指标 人力资源规划方案应一次性审批通过。
执行人力资源规划方案	**执行程序** **1.组织执行人力资源规划方案** 人力资源规划方案审批通过后，人力资源部负责组织执行方案。 **2.资料归档** 人力资源部应及时将人力资源规划管理过程中产生的相关资料归档。 **工作重点** 资料归档应及时。
	工作标准 人力资源规划方案执行到位。
执行规范	
"人力资源管理制度""人力资源调查报告""人力资源预测分析报告""人力资源规划方案"。	

11.3.1　人才盘点管理流程设计

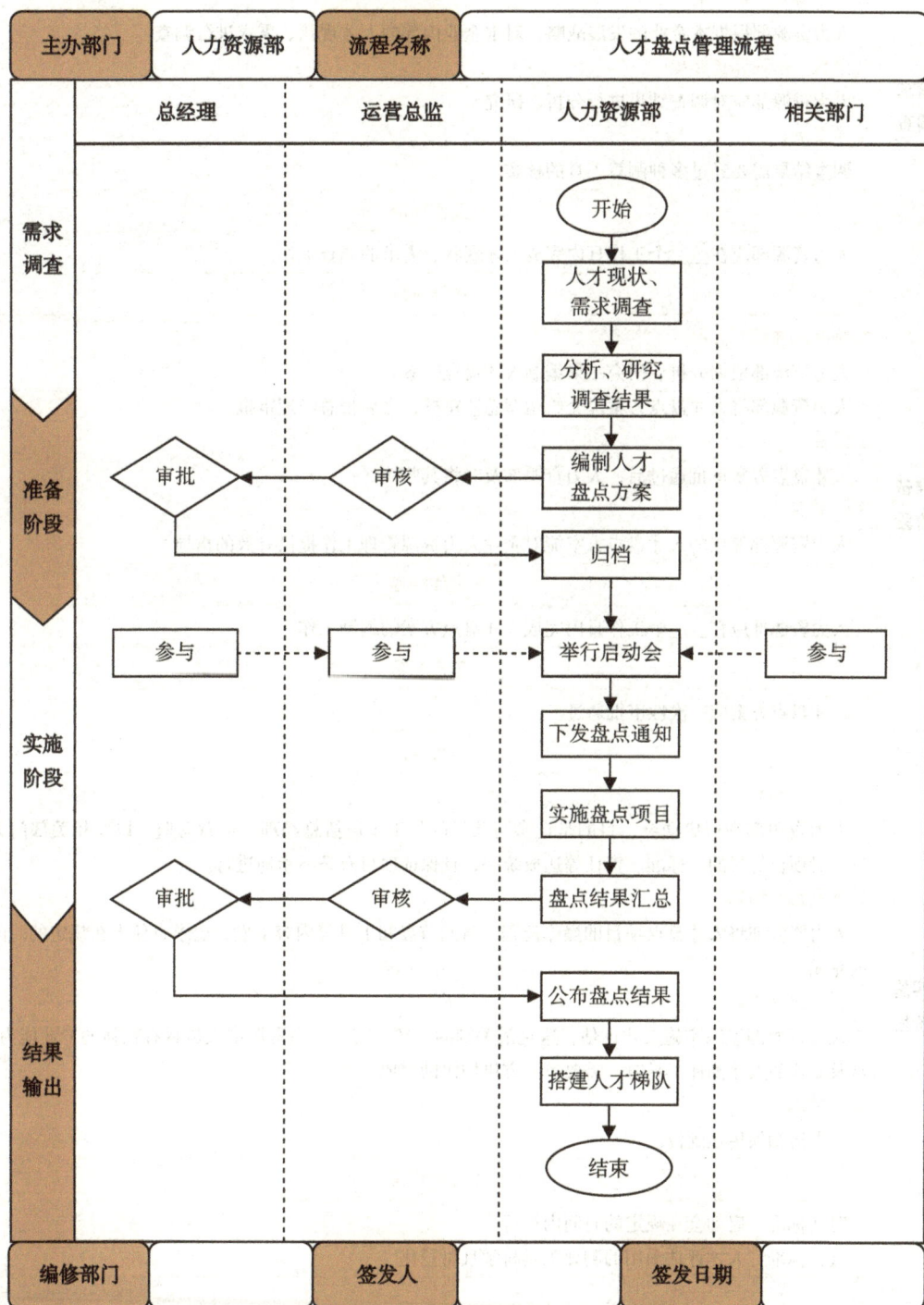

主办部门	人力资源部	流程名称	人才盘点管理流程		

	总经理	运营总监	人力资源部	相关部门

需求调查

开始

人才现状、需求调查

分析、研究调查结果

准备阶段

审批 ← 审核 ← 编制人才盘点方案

归档

参与 ⇠ 参与 ⇠ 举行启动会 ⇠ 参与

实施阶段

下发盘点通知

实施盘点项目

审批 ← 审核 ← 盘点结果汇总

结果输出

公布盘点结果

搭建人才梯队

结束

编修部门		签发人		签发日期	

11.3.2　人才盘点管理执行程序、工作标准、考核指标、执行规范

任务名称	执行程序、工作标准与考核指标
需求调查	**执行程序** **1. 人才现状、需求调查** 　人力资源部根据本企业的发展战略，对本企业内部的人才现状、需求进行调查。 **2. 分析、研究调查结果** 　人力资源部应对调查结果进行分析、研究。 **工作重点** 　调查结果需要经过多种测算工具的核实。 **工作标准** 　人力资源部应在＿＿＿个工作日内完成人才现状、需求的调查工作。
准备阶段	**执行程序** **1. 编制人才盘点方案** ☆人力资源部根据分析、研究结果编制人才盘点方案。 ☆人力资源部将人才盘点方案提交给运营总监审核，之后报总经理审批。 **2. 归档** 　人才盘点方案审批通过后，人力资源部及时将其归档。 **工作重点** 　人力资源部编制的人才盘点方案能对企业人力资源管理工作提供有效的指导。 **工作标准** 　人力资源部应在＿＿＿个工作日内完成人才盘点方案的编制工作。 **考核指标** 　人才盘点方案应一次性审批通过。
实施阶段	**执行程序** **1. 举行启动会** 　人力资源部举行启动会，目的是让参与项目的员工（包括总经理、运营总监，以及相关部门人员）对项目的目的、标准、责任等达成统一，且保证项目有条不紊地进行。 **2. 下发盘点通知** 　人力资源部将人才盘点项目的操作流程、时间节点和工具等内容下发，要求责任人在规定的时间内完成。 **3. 实施盘点项目** 　人力资源部组织实施人才评估，这是最关键的一环，需要人力资源部人员有较强的专业能力；涉及专业的人才测评工具时，需要第三方机构协助完成。 **工作重点** 　盘点通知须传达到位。 **工作标准** ☆时间标准：启动会在规定的时间内举行。 ☆选择标准：人才评估采用的测评工具科学且可量化。

任务名称	执行程序、工作标准与考核指标
结果输出	**执行程序** **1. 盘点结果汇总** 　人力资源部应汇总人才评估结果，据此编制人才盘点报告，并提交给运营总监审核，之后报总经理审批。 **2. 公布盘点结果** 　人才盘点报告审批通过后，人力资源部公布人才盘点结果。 **3. 搭建人才梯队** 　人力资源部根据最终的盘点结果搭建本企业的人才梯队，锚定员工发展和培养方向。 **工作重点** 　人才梯队的搭建要紧密结合人才盘点结果，并且要和本企业的发展战略相结合。
	工作标准
	人才盘点结果在规定的时间内汇总完成。

执行规范
"人才盘点管理办法""人才盘点方案"。

第三章　人力资源运营管理

11.4.1 招聘外包管理流程设计

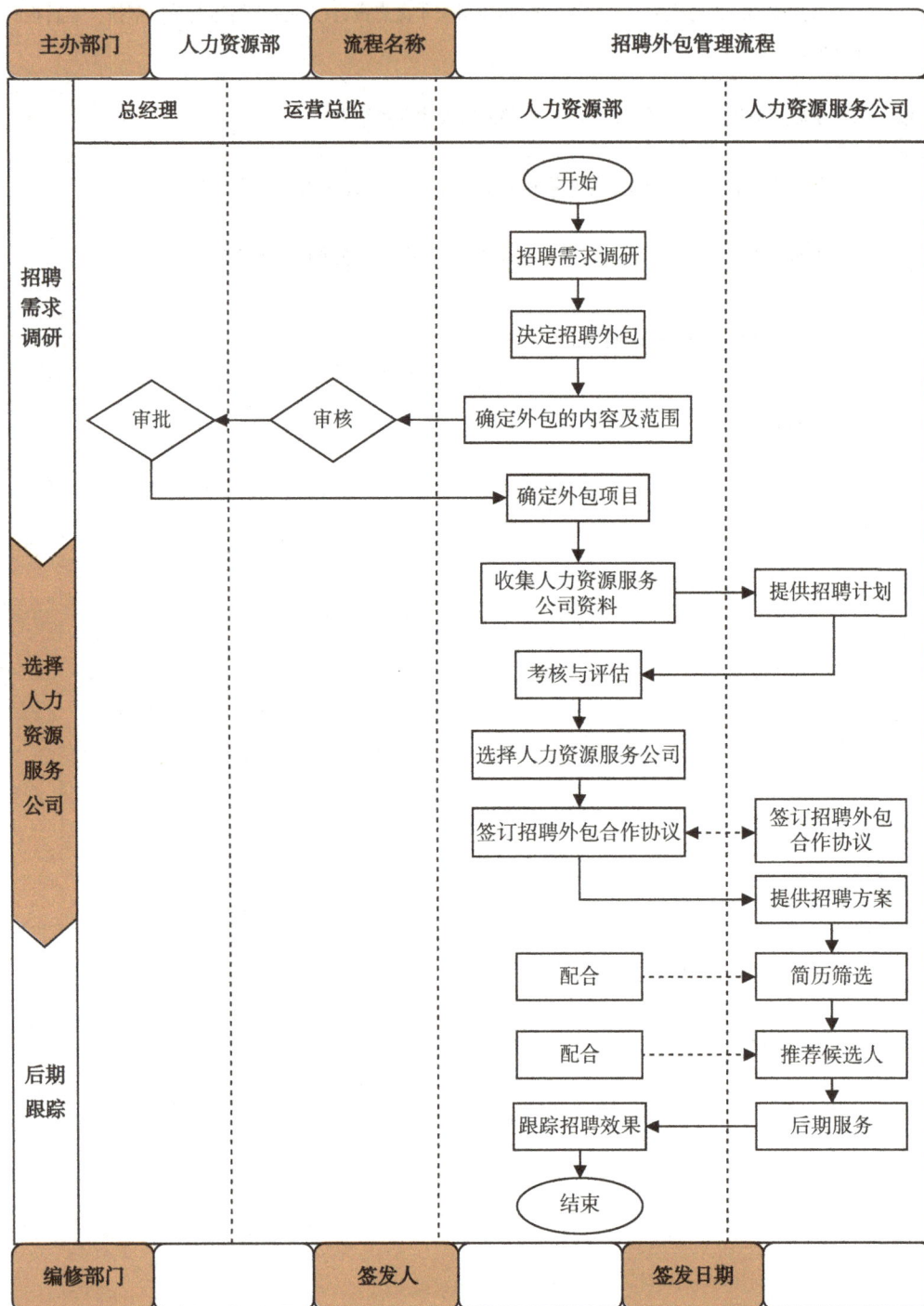

主办部门	人力资源部	流程名称	招聘外包管理流程

	总经理	运营总监	人力资源部	人力资源服务公司

招聘需求调研

开始

招聘需求调研

决定招聘外包

审批 ← 审核 ← 确定外包的内容及范围

确定外包项目

收集人力资源服务公司资料 → 提供招聘计划

考核与评估

选择人力资源服务公司

选择人力资源服务公司

签订招聘外包合作协议 ⇢ 签订招聘外包合作协议

提供招聘方案

后期跟踪

配合 ⇢ 简历筛选

配合 ⇢ 推荐候选人

跟踪招聘效果 ← 后期服务

结束

编修部门		签发人		签发日期	

11.4.2　招聘外包管理执行程序、工作标准、考核指标、执行规范

任务名称	执行程序、工作标准与考核指标
招聘需求调研	**执行程序** **1. 招聘需求调研** 　人力资源部根据本企业的人力资源战略，组织进行招聘需求调研。 **2. 决定招聘外包** 　人力资源部对调研结果进行分析、研究，决定将招聘进行外包，以减少招聘成本，并确定招聘外包的内容及范围，将其整理成报告提交给运营总监审核，之后报总经理审批。 **3. 确定外包项目** 　招聘外包的内容和范围审核通过后，人力资源部确定外包项目。 **工作重点** 　人力资源部应对本企业的实际招聘能力进行数据化分析。 **工作标准** 　人力资源部应在____个工作日内完成招聘需求的调研工作。
选择人力资源服务公司	**执行程序** **1. 收集人力资源服务公司资料** ☆人力资源部根据本企业的招聘需求，广泛收集市场上从事招聘服务的人力资源服务公司的资料。 ☆人力资源部根据本企业的实际招聘需求，对人力资源服务公司提供的招聘计划进行考核与评估，最终选择出符合本企业要求的人力资源服务公司。 **2. 签订招聘外包合作协议** 　人力资源部相关人员代表企业与人力资源服务公司代表签订招聘外包合作协议。 **工作重点** 　人力资源部在选择人力资源服务公司时需谨慎对待，须充分调查该公司的招聘能力和后期服务质量。 **工作标准** 　招聘外包合作协议符合国家相关法律法规的规定。
后期跟踪	**执行程序** **1. 配合** 　人力资源部在人力资源服务公司实施招聘的过程中要予以配合，必要时参与其中，严格把关。 **2. 跟踪招聘效果** 　人力资源部对人力资源服务公司推荐的新员工需要实时跟踪，对于其工作能力、岗位匹配度进行定期记录。另外，人力资源部应针对此次招聘外包的效果进行数据分析、复盘，以便为后续工作提供借鉴。 **工作重点** 　人力资源部应与人力资源服务公司定期进行业务沟通，时刻关注招聘进度。

任务名称	执行程序、工作标准与考核指标		
后期跟踪	**工作标准**		
	人力资源服务公司应在____个工作日内完成招聘。		
	考核指标		
	招聘计划完成率，其计算公式如下： $$招聘计划完成率 = \frac{实际招聘人数}{计划招聘人数} \times 100\%$$		
执行规范			
企业的"招聘管理制度""招聘外包合作协议"及人力资源服务公司的"招聘计划""招聘方案"。			

11.5 培训外包管理流程设计与工作执行

11.5.1 培训外包管理流程设计

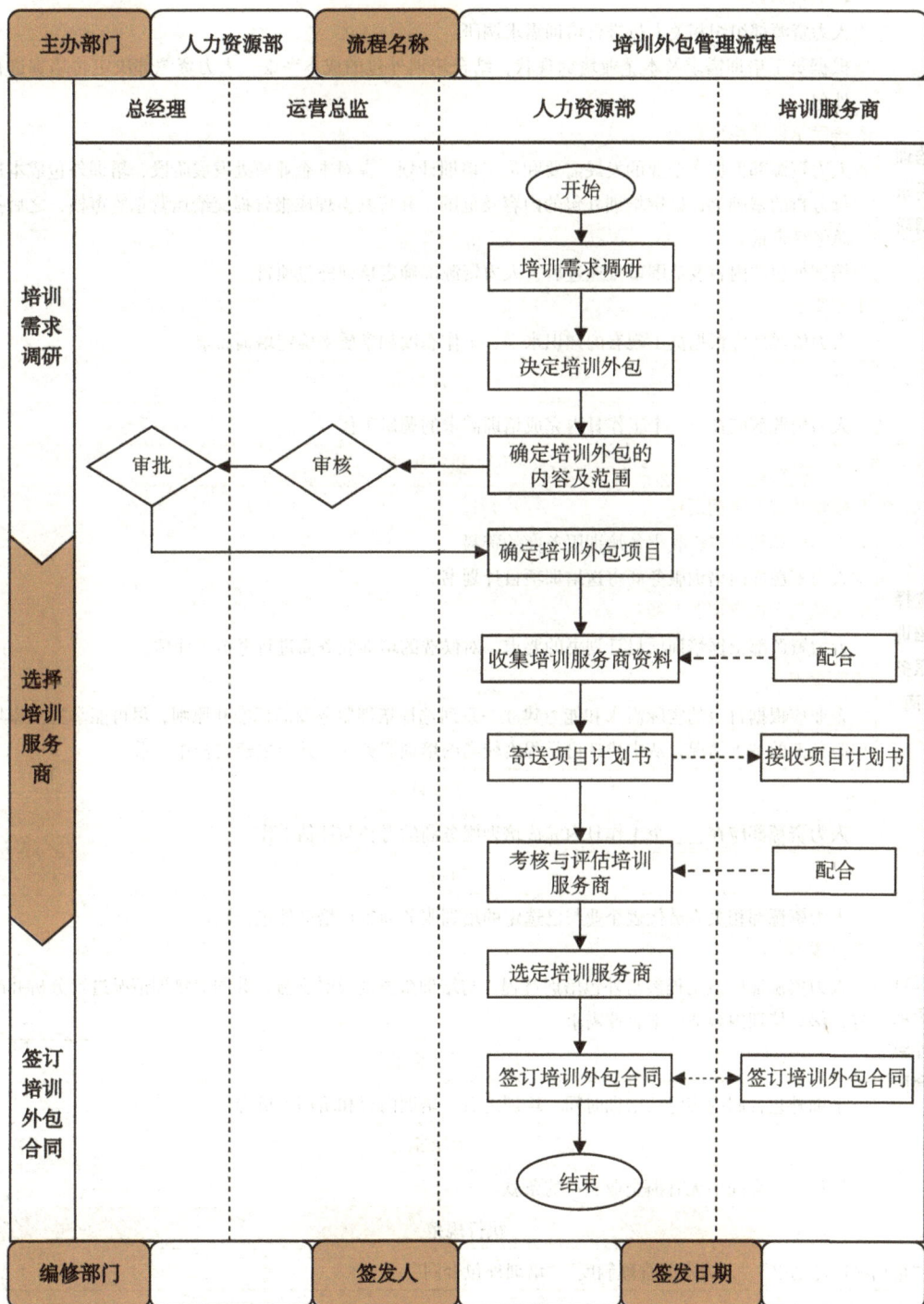

主办部门	人力资源部	流程名称	培训外包管理流程

	总经理	运营总监	人力资源部	培训服务商
培训需求调研			开始 → 培训需求调研 → 决定培训外包 → 确定培训外包的内容及范围	
		审批 ←	审核 ←	
选择培训服务商			确定培训外包项目 → 收集培训服务商资料	配合
			寄送项目计划书	接收项目计划书
			考核与评估培训服务商	配合
			选定培训服务商	
签订培训外包合同			签订培训外包合同 → 结束	签订培训外包合同

编修部门		签发人		签发日期	

第三章　人力资源运营管理

11.5.2　培训外包管理执行程序、工作标准、考核指标、执行规范

任务名称	执行程序、工作标准与考核指标
培训需求调研	**执行程序** **1.培训需求调研** ☆人力资源部组织相关人员进行培训需求调研。 ☆根据员工培训需求及本企业培训现状，结合培训外包的成本考虑，人力资源部决定将培训进行外包。 **2.确定培训外包项目** ☆人力资源部根据本企业的发展需要和员工培训计划，在对本企业所处发展阶段、培训外包成本进行分析的基础上，确定培训外包的内容及范围，并将其整理成报告提交给运营总监审核，之后报总经理审批。 ☆培训外包的内容及范围审批通过后，人力资源部确定培训外包项目。 **工作重点** 人力资源部应根据员工现有的知识水平、工作态度和素质来确定培训需求。 **工作标准** 人力资源部应在____个工作日内完成培训需求的调研工作。
选择培训服务商	**执行程序** **1.收集培训服务商资料** ☆人力资源部应广泛收集各培训服务商的资料。 ☆人力资源部向培训服务商寄送培训项目计划书。 **2.考核与评估培训服务商** 人力资源部根据培训项目计划书的要求，对候选的培训服务商进行考核与评估。 **工作重点** 企业应根据自身的实际需求和能力建立一系列选择培训服务商的标准和原则，尽可能掌握多家培训服务商的基本情况，从中挑选可靠程度较高的培训服务商，并与之建立合作关系。 **工作标准** 人力资源部应在____个工作日内完成培训服务商的考核与评估工作。
签订培训外包合同	**执行程序** 人力资源部相关人员代表企业与已选定的培训服务商签订培训外包合同。 **工作重点** 人力资源部应该全程参与外包培训过程，与培训服务商及时交流，共同对培训情况进行分析并改进，保证培训内容适应本企业需求。 **工作标准** 培训外包合同内容包括培训时间、培训地点、培训内容和培训人员等。 **考核指标** 培训外包合同中无有损企业利益的条款。

执行规范
"培训项目计划书""人力资源管理制度""培训外包合同"。

11.6.1 薪酬外包管理流程设计

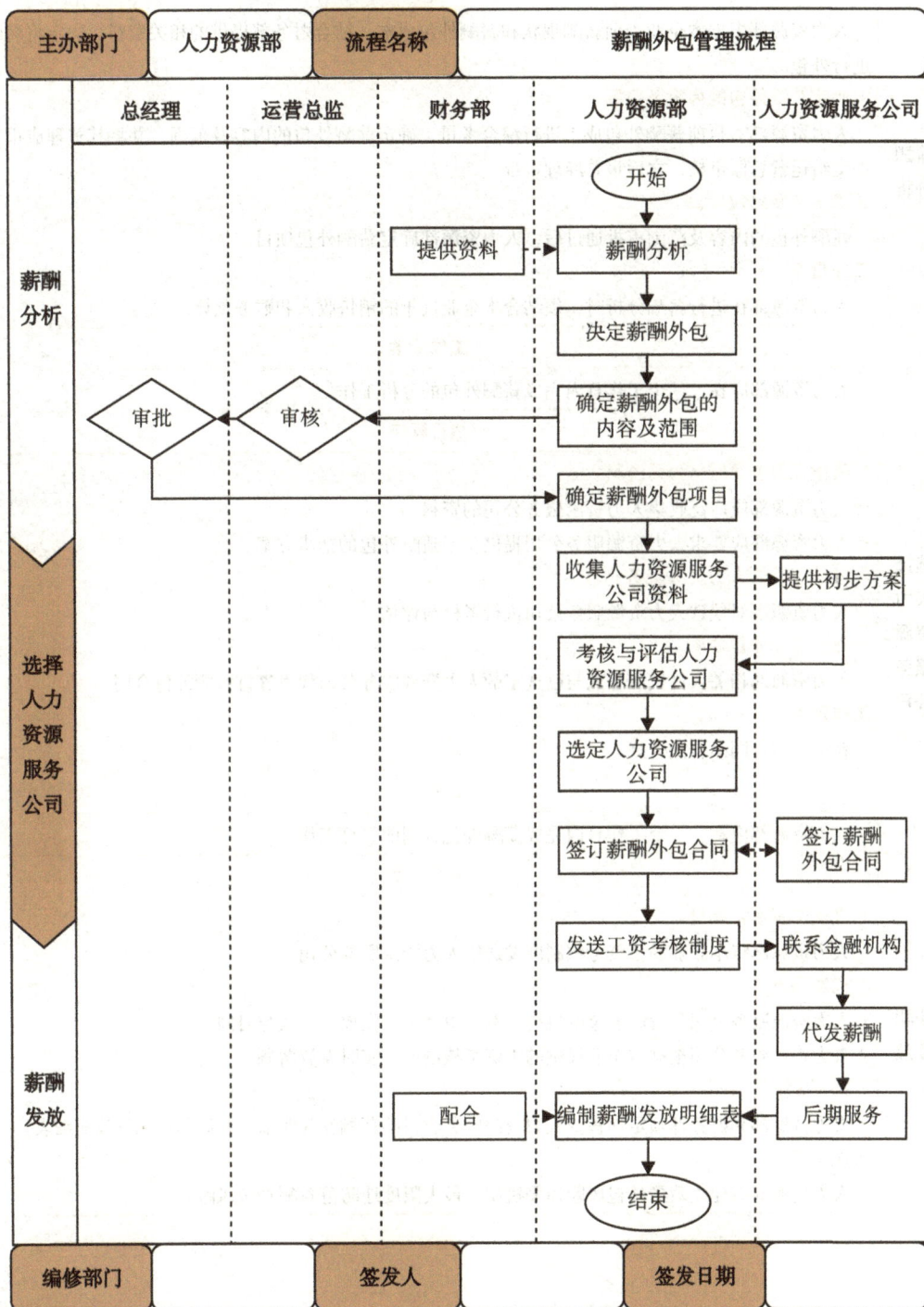

主办部门	人力资源部	流程名称	薪酬外包管理流程

	总经理	运营总监	财务部	人力资源部	人力资源服务公司
薪酬分析			提供资料	开始 → 薪酬分析 → 决定薪酬外包 → 确定薪酬外包的内容及范围	
	审批	审核		确定薪酬外包项目	
选择人力资源服务公司				收集人力资源服务公司资料	提供初步方案
				考核与评估人力资源服务公司	
				选定人力资源服务公司	
				签订薪酬外包合同	签订薪酬外包合同
				发送工资考核制度	联系金融机构
					代发薪酬
薪酬发放			配合	编制薪酬发放明细表	后期服务
				结束	

编修部门		签发人		签发日期	

11.6.2 薪酬外包管理执行程序、工作标准、考核指标、执行规范

任务名称	执行程序、工作标准与考核指标
薪酬分析	**执行程序** **1. 决定薪酬外包** 　人力资源部根据本企业当前薪酬现状和薪酬外包成本，结合财务部提供的相关资料，决定将薪酬进行外包。 **2. 确定薪酬外包的内容及范围** 　人力资源部对目前薪酬外包成本进行综合考量，确定薪酬外包的内容及范围，并将其整理成报告提交给运营总监审核，之后报总经理审批。 **3. 确定薪酬外包项目** 　薪酬外包的内容及范围审批通过后，人力资源部确定薪酬外包项目。 **工作重点** 　人力资源部在进行薪酬分析时，须结合本企业近年的销售收入和财务预算。 **工作标准** 　人力资源部应在＿＿＿个工作日内完成薪酬外包的分析工作。
选择人力资源服务公司	**执行程序** **1. 收集人力资源服务公司资料** ☆人力资源部应广泛收集人力资源服务公司的资料。 ☆人力资源部应要求人力资源服务公司提供关于薪酬外包的初步方案。 **2. 考核与评估人力资源服务公司** 　人力资源部对候选人力资源服务公司进行考核与评估。 **3. 签订薪酬外包合同** 　人力资源部相关人员代表企业与已选定的人力资源服务公司代表签订薪酬外包合同。 **工作重点** 　薪酬外包合同须合法合规。 **工作标准** 　人力资源部应在＿＿＿个工作日内完成薪酬外包合同的签订工作。
薪酬发放	**执行程序** **1. 发送工资考核制度** 　人力资源部将本企业的工资考核制度发送给人力资源服务公司。 **2. 代发薪酬** ☆人力资源服务公司负责联系金融机构，双方协商工资发放的方式与时间。 ☆人力资源服务公司根据本企业提供的工资考核制度，实时发放薪酬。 **3. 编制薪酬发放明细表** 　人力资源部和财务部须定期核查人力资源服务公司的薪酬发放明细，并编制薪酬发放明细表。 **工作重点** 　人力资源部应建立薪酬外包风险预警机制，最大限度地防范薪酬外包风险。

任务名称	执行程序、工作标准与考核指标
薪酬发放	**工作标准**
	薪酬发放明细表内容详尽，有各种款项发放说明。
	考核指标
	薪酬发放准确率：目标值为100%。
执行规范	
"工资考核制度""薪酬外包合同""薪酬发放明细表"。	

第三章 人力资源运营管理

11.7 社保代缴管理流程设计与工作执行

11.7.1 社保代缴管理流程设计

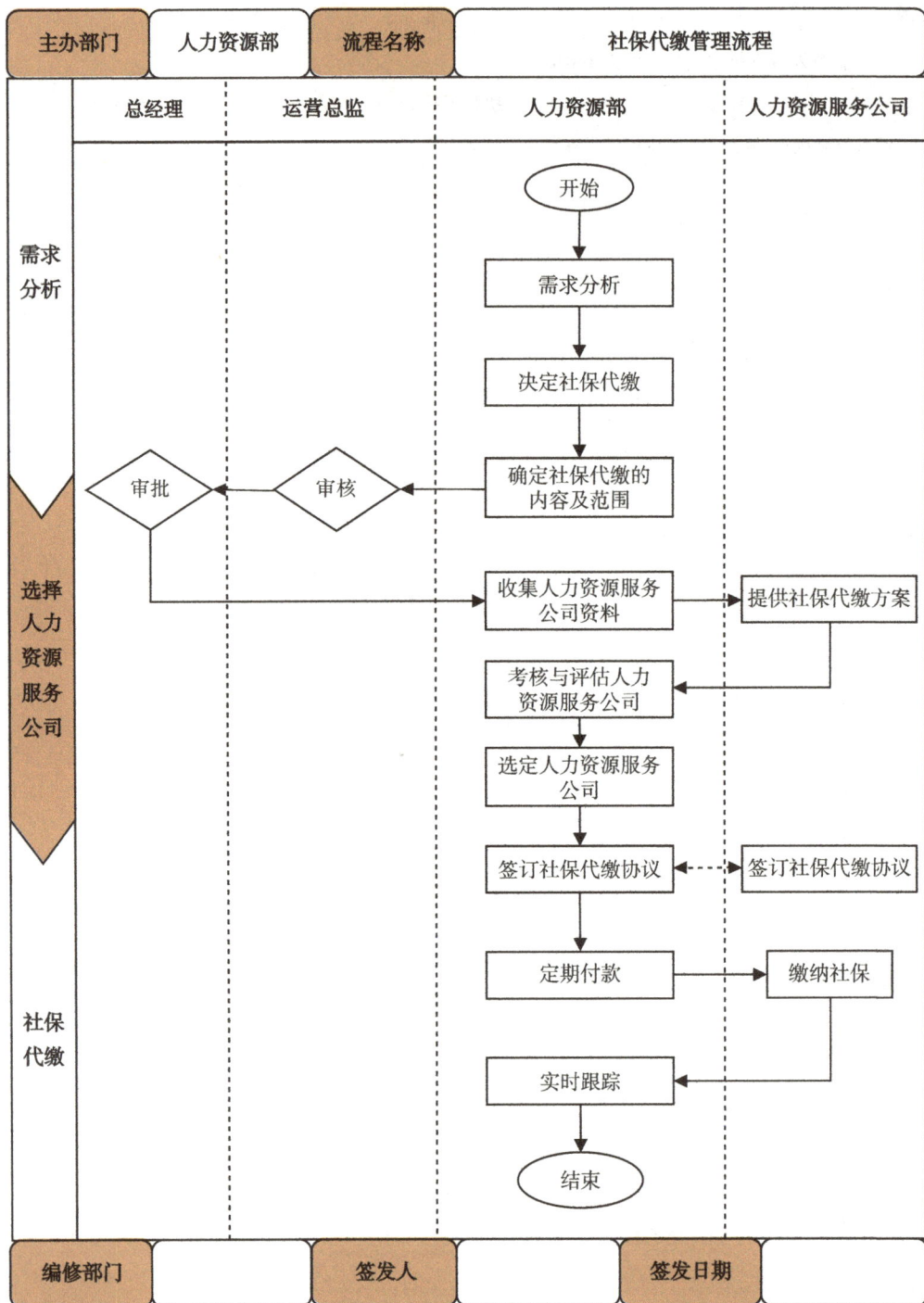

主办部门	人力资源部	流程名称	社保代缴管理流程

总经理	运营总监	人力资源部	人力资源服务公司

需求分析

开始

↓

需求分析

↓

决定社保代缴

↓

确定社保代缴的内容及范围 → 审核 → 审批

选择人力资源服务公司

收集人力资源服务公司资料 → 提供社保代缴方案

考核与评估人力资源服务公司 ←

选定人力资源服务公司

签订社保代缴协议 ⇠ 签订社保代缴协议

社保代缴

定期付款 → 缴纳社保

实时跟踪 ←

结束

编修部门		签发人		签发日期	

11.7.2　社保代缴管理执行程序、工作标准、考核指标、执行规范

任务名称	执行程序、工作标准与考核指标
需求分析	**执行程序** **1.需求分析** 　人力资源部根据本企业的发展战略，结合人力资源当前的人员配备、工作负荷、社保代缴成本等因素进行分析，决定是否需要进行社保代缴。 **2.决定社保代缴** 　人力资源部根据分析结果做出社保代缴的决定，确定社保代缴的内容及范围，并将其整理成报告提交给运营总监审核，之后报总经理审批。 **工作重点** 　人力资源部要了解社保代缴的相关法律法规，实时关注国家相关政策。 **工作标准** 人力资源部应在＿＿＿个工作日内完成社保代缴需求的分析工作。
选择人力资源服务公司	**执行程序** **1.收集人力资源服务公司资料** 　人力资源部应广泛收集人力资源服务公司的资料。 **2.考核与评估人力资源服务公司** ☆人力资源服务公司应向人力资源部提供社保代缴方案。 ☆人力资源部须对候选人力资源服务公司进行考核与评估。 **3.签订社保代缴协议** 　人力资源部相关人员代表企业与已选定的人力资源服务公司代表签订社保代缴协议。 **工作重点** 　社保代缴协议中应包含社保缴纳基数、工伤申报等内容。 **工作标准** 人力资源部应在＿＿＿个工作日内完成社保代缴协议的签订工作。
社保代缴	**执行程序** **1.定期付款** 　人力资源部根据社保代缴协议，定期向人力资源服务公司付款。 **2.缴纳社保** ☆人力资源服务公司根据企业人力资源部提供的员工明细缴纳社保。 ☆企业员工发生变动时，人力资源部应及时将更新后的员工明细交给人力资源服务公司，以便其及时缴纳社保。 **3.实时跟踪** 　人力资源部定期对人力资源服务公司的社保缴纳情况进行核查，及时和社保代缴机构索要缴纳证明。

第三章 人力资源运营管理

任务名称	执行程序、工作标准与考核指标
社保代缴	**工作重点** ☆人力资源部应及时将员工变动信息反馈给人力资源服务公司，避免出现多缴或者少缴社保的情况。 ☆人力资源部应建立社保代缴风险预警机制，最大限度地防范社保代缴风险。
	工作标准
	☆质量标准：社保代缴风险预警机制符合本企业实际。 ☆时间标准：人力资源服务公司应在____个工作日内完成社保缴纳工作。
执行规范	
"社保代缴方案""社保代缴协议"。	

12.1　项目运营管理流程设计

12.1.1　流程设计的目的

企业设计项目运营管理流程的目的如下：

（1）使项目运营更加专业化、合理化，形成规范的操作流程；

（2）从项目计划、项目进度、项目质量和项目成本上严格把控项目的整个过程，提高项目质量，缩短项目时间，为企业创造最大价值。

12.1.2　流程结构说明

项目运营管理包括三大事项，我们可以就每个事项设计相应的流程，即项目计划管理流程、项目进度管理流程和项目质量管理流程，具体如图 12-1 所示。

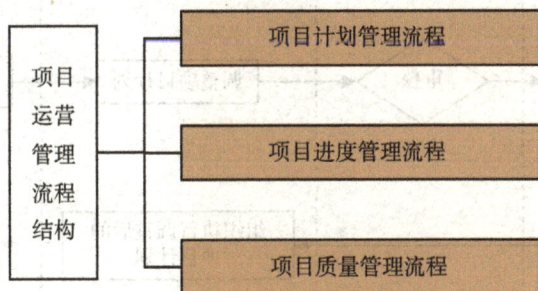

图 12-1　项目运营管理流程结构

12.2 项目计划管理流程设计与工作执行

12.2.1 项目计划管理流程设计

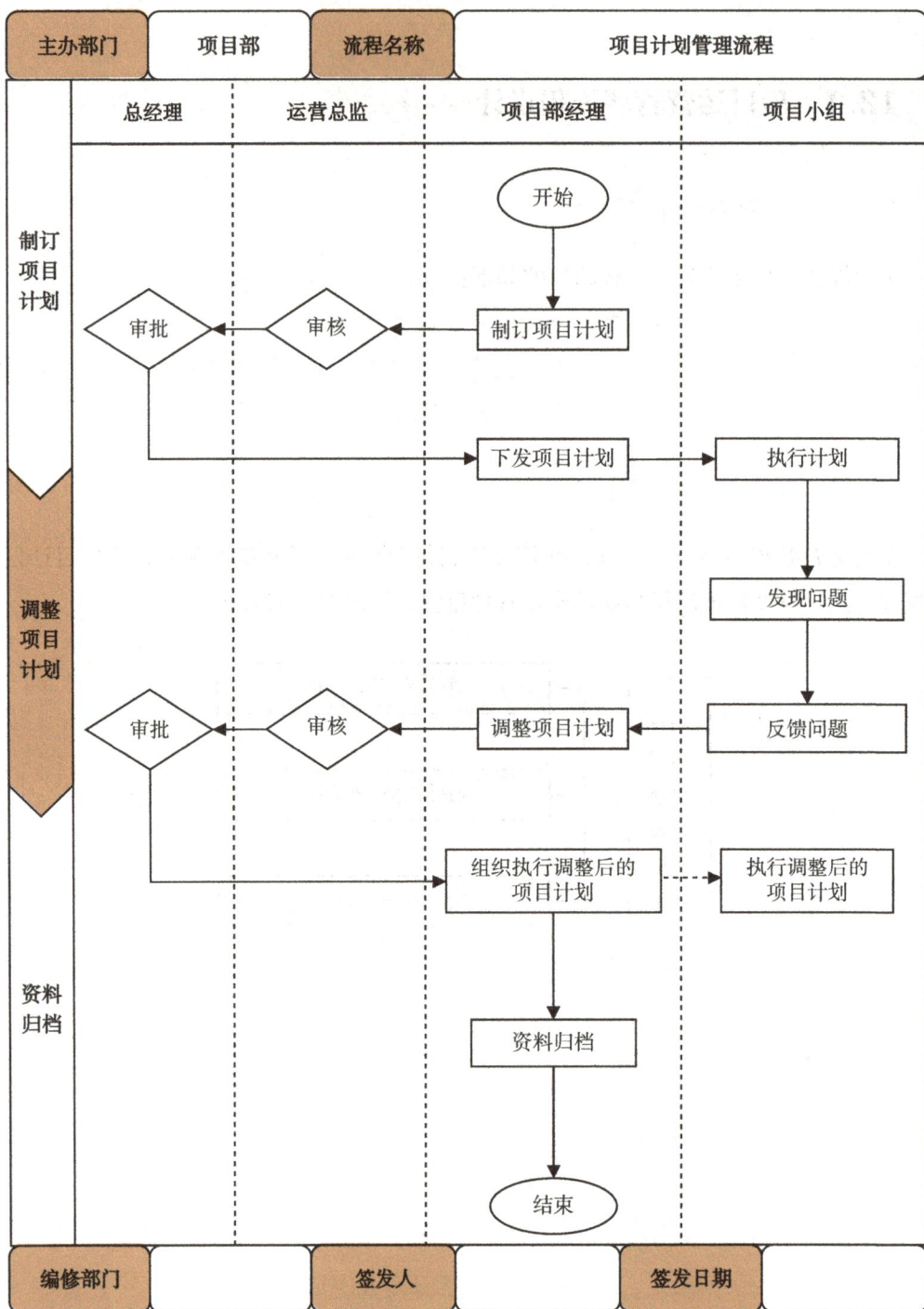

主办部门	项目部	流程名称	项目计划管理流程

总经理	运营总监	项目部经理	项目小组

制订项目计划

开始 → 制订项目计划 → 审核 → 审批

下发项目计划 → 执行计划

调整项目计划

发现问题

反馈问题 → 调整项目计划 → 审核 → 审批

组织执行调整后的项目计划 ⟶ 执行调整后的项目计划

资料归档

资料归档 → 结束

编修部门		签发人		签发日期	

12.2.2　项目计划管理执行程序、工作标准、考核指标、执行规范

任务名称	执行程序、工作标准与考核指标
制订项目计划	**执行程序** **1. 制订项目计划** 　项目部经理根据项目特性制订项目计划，并提交给运营总监审核，之后报总经理审批。 **2. 下发项目计划** 　项目计划审批通过后，项目部经理根据总经理的审批意见修订与完善计划，然后将其下发给项目小组执行。 **工作重点** 　项目计划要切实可行。 **工作标准** 项目部经理应在＿＿个工作日内完成项目计划的制订工作。 **考核指标** 项目计划应一次性审批通过。
调整项目计划	**执行程序** **1. 发现问题** 　项目小组在执行项目计划的过程中发现问题，并反馈给项目部经理。 **2. 调整项目计划** 　项目部经理针对项目小组反馈的问题，调整项目计划，并提交给运营总监审核，之后报总经理审批。 **3. 组织执行调整后的项目计划** 　调整后的项目计划审批通过后，项目部经理组织项目小组执行计划。 **工作重点** 　项目小组应及时将在执行项目计划的过程中发现的问题反馈给项目部经理。 **工作标准** 项目部经理应在＿＿个工作日内完成项目计划的调整工作。
资料归档	**执行程序** 项目部经理应及时将项目计划管理过程中产生的相关资料归档。 **工作重点** 　资料归档应及时。 **工作标准** 资料的归档可参照本企业的资料管理制度执行。
执行规范	
"项目计划""资料管理制度"。	

12.3 项目进度管理流程设计与工作执行

12.3.1 项目进度管理流程设计

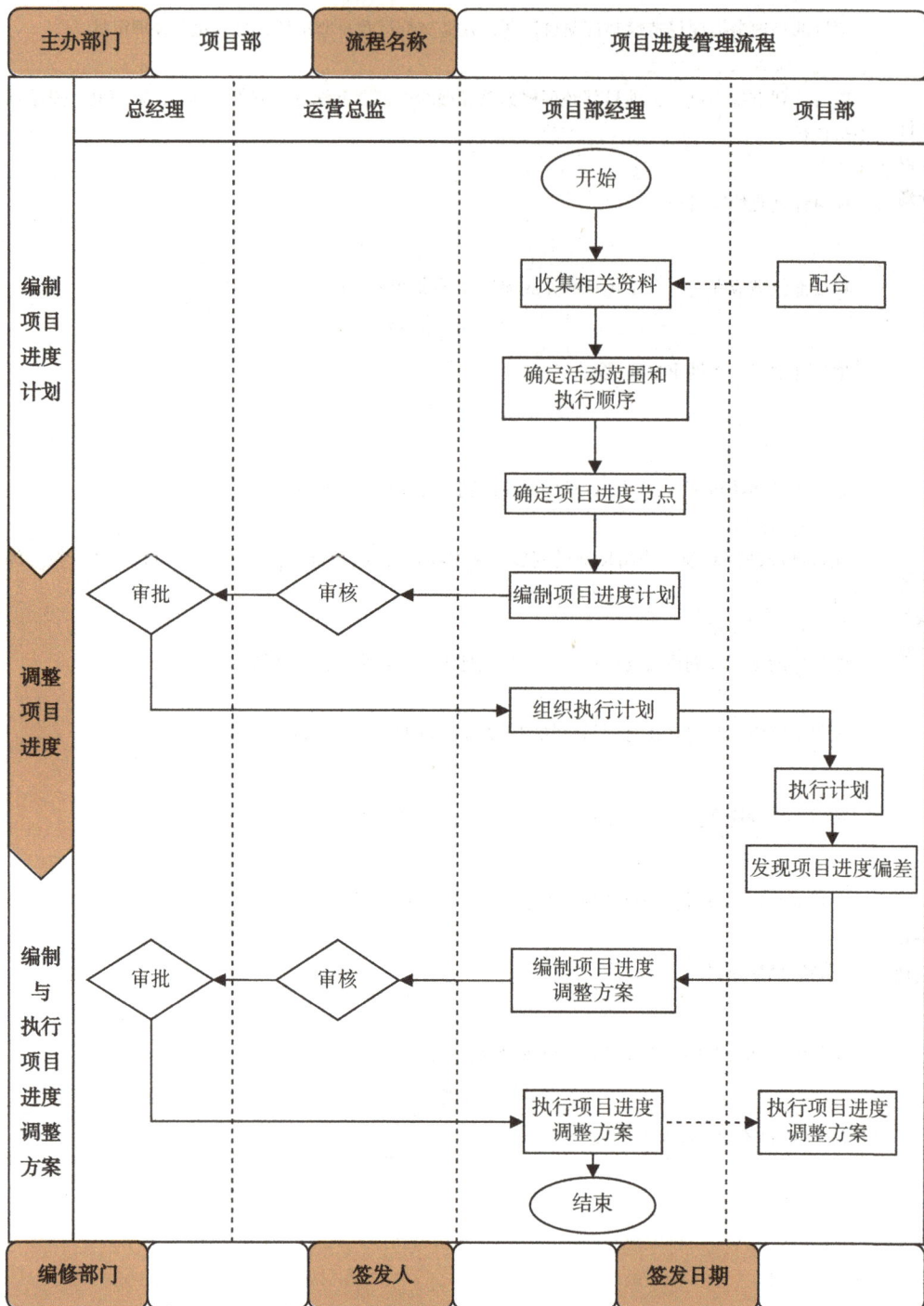

主办部门	项目部	流程名称	项目进度管理流程

	总经理	运营总监	项目部经理	项目部

编制项目进度计划

开始 → 收集相关资料 ← ---- 配合

确定活动范围和执行顺序

确定项目进度节点

审批 ← 审核 ← 编制项目进度计划

调整项目进度

组织执行计划

执行计划

发现项目进度偏差

审批 ← 审核 ← 编制项目进度调整方案

编制与执行项目进度调整方案

执行项目进度调整方案 ---- 执行项目进度调整方案

结束

编修部门		签发人		签发日期	

12.3.2　项目进度管理执行程序、工作标准、考核指标、执行规范

任务 名称	执行程序、工作标准与考核指标
编制 项目 进度 计划	**执行程序** **1.收集相关资料** 　项目部经理在项目部的配合下，收集与项目进度有关的资料。 **2.确定项目具体信息** ☆项目部经理根据已掌握的资料，确定项目的活动范围和执行顺序。 ☆项目部经理应对整个项目活动的资源需求、时间进行预估，并确定合适的项目进度节点。 **3.编制项目进度计划** 　项目部经理根据上述内容编制项目进度计划，并提交给运营总监审核，之后报总经理审批。 **工作重点** 　项目进度节点要科学合理。
	工作标准 项目进度计划可参照本企业的文书写作标准进行编制。
	考核指标 项目进度计划应一次性审批通过。
调整 项目 进度	**执行程序** **1.组织执行计划** 　项目进度计划审批通过后，项目部经理组织项目部执行计划。 **2.发现项目进度偏差** 　项目部在执行项目进度计划的过程中发现进度偏差，并将相关情况反馈给项目部经理。 **工作重点** 　项目部经理应严格按照项目进度控制程序对项目进度进行控制。
	工作标准 项目部经理应在＿＿＿个工作日内完成项目进度调整方案的编制工作。
编制 与 执行 项目 进度 调整 方案	**执行程序** ☆项目部经理根据项目部反映的情况编制项目进度调整方案，并提交给运营总监审核，之后报总经理审批。 ☆项目进度调整方案审批通过后，项目部经理组织项目部执行方案。 **工作重点** 　项目部在执行项目进度调整方案的过程中，发现问题要及时处理。
	工作标准 ☆参照标准：项目进度调整方案可参照本企业的文书写作标准进行编制。 ☆质量标准：项目进度调整方案应一次性审批通过。
	考核指标 项目进度调整方案执行到位。
执行规范	
"项目进度计划""项目进度调整方案"。	

12.4.1　项目质量管理流程设计

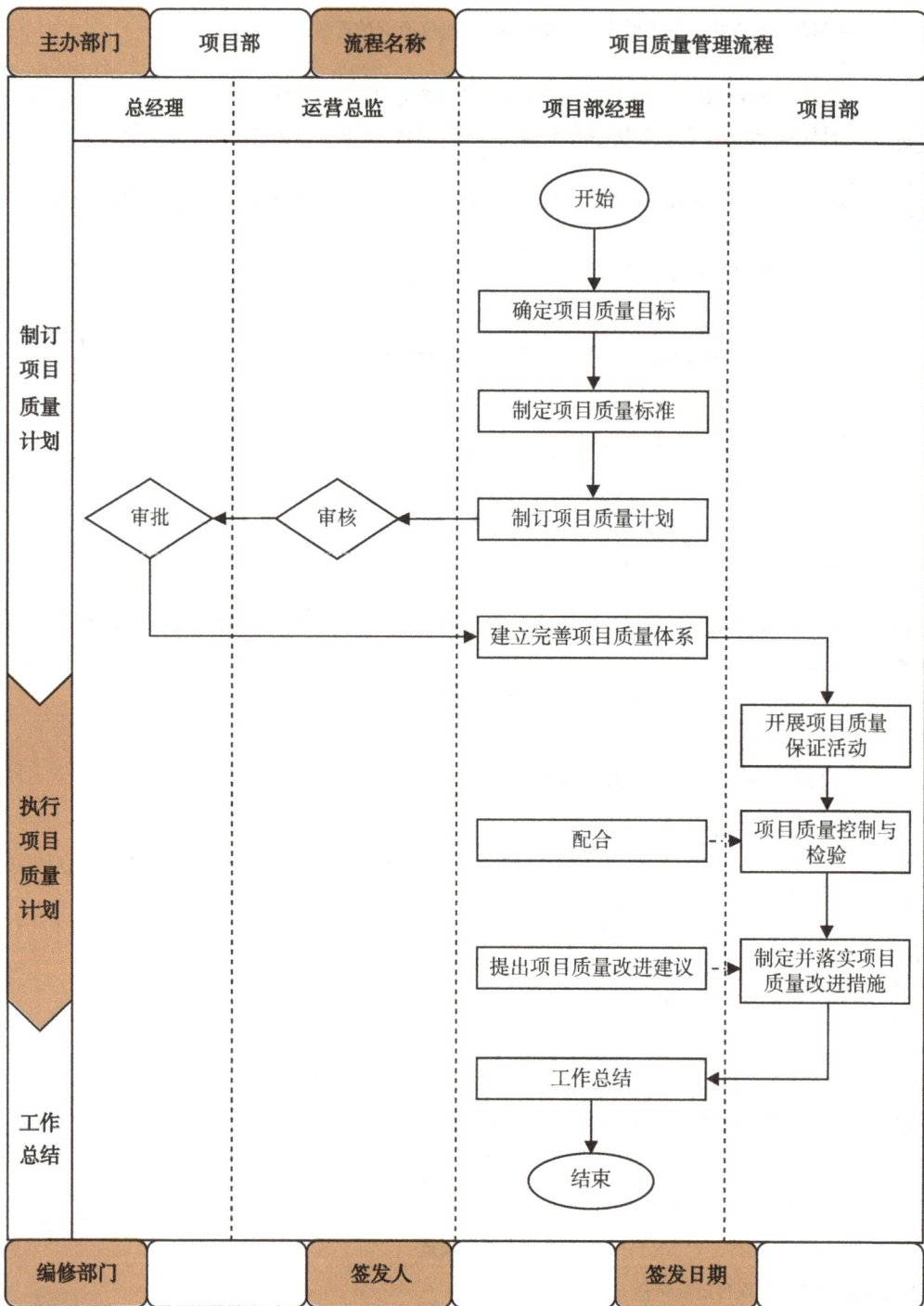

主办部门	项目部	流程名称	项目质量管理流程
总经理	运营总监	项目部经理	项目部

制订项目质量计划

开始

确定项目质量目标

制定项目质量标准

审批 ← 审核 ← 制订项目质量计划

建立完善项目质量体系

开展项目质量保证活动

执行项目质量计划

配合 ⇢ 项目质量控制与检验

提出项目质量改进建议 ⇢ 制定并落实项目质量改进措施

工作总结

工作总结

结束

编修部门		签发人		签发日期	

12.4.2 项目质量管理执行程序、工作标准、考核指标、执行规范

任务 名称	执行程序、工作标准与考核指标
制订 项目 质量 计划	**执行程序** **1.确定项目质量目标** 　项目部经理根据本企业对项目的总体要求，确定项目质量目标。 **2.制定项目质量标准** 　项目部经理根据已掌握的资料，制定科学合理的项目质量标准。 **3.制订项目质量计划** ☆项目部经理根据项目质量目标和质量标准制订项目质量计划，并提交给运营总监审核，之后报总经理审批。 ☆项目质量计划审批通过后，项目部经理应建立完善的项目质量体系。 **工作重点** 　项目部经理必须明确项目的质量目标和质量标准，避免项目后期造成偏差。 **工作标准** 　项目部经理应在＿＿＿个工作日内完成项目质量计划的制订工作。 **考核指标** 　项目质量计划应一次性审批通过。
执行 项目 质量 计划	**执行程序** **1.开展项目质量保证活动** 　项目部根据项目质量计划开展项目质量保证活动，定期评价项目总体绩效，确保项目实施满足相关要求。 **2.项目质量控制与检验** 　项目部对具体项目实施质量控制与检验，以判断它们是否符合相关质量标准，并制定相应措施来消除各种不利因素。 **3.制定并落实项目质量改进措施** 　项目部根据项目质量控制与检验结果，结合项目部经理对项目质量提出的改进建议，制定并落实项目质量改进措施。 **工作重点** 　项目部必须开展项目质量保证活动，检查项目质量是否符合相关要求。 **工作标准** 　在项目质量改进的过程中，项目部人员应填写项目质量检测表、项目质量改进计划表等。
工作 总结	**执行程序** 　上述工作告一段落后，项目部经理应及时总结经验，为日后工作提供借鉴。 **工作重点** 　项目部经理要及时进行工作总结。 **工作标准** 　项目部经理应编制项目质量管理工作总结报告。
执行规范	
"项目质量计划""项目质量管理工作总结报告""项目质量检测表""项目质量改进计划表"。	

第13章 资本运营管理

13.1 资本运营管理流程设计

13.1.1 流程设计的目的

资本运营即以资本增值为目的，对资本进行的运筹和经营活动。资本运营与生产经营是企业经营的两个层面，二者相互联系、相互促进。

企业设计资本运营管理流程的目的是优化企业的资本结构，实现资源优化配置，保证企业利益最大化。

13.1.2 流程结构设计

资本运营管理包括七大事项，我们可以就每个事项设计相应的流程，即企业并购管理流程、资产重组管理流程、集团公司组建管理流程、筹资管理流程、资产剥离管理流程、私募股权投资管理流程和企业托管经营管理流程，具体如图 13-1 所示。

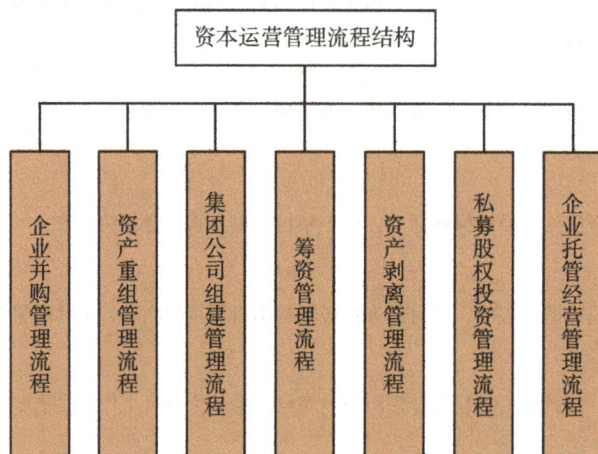

```
                    资本运营管理流程结构
    ┌──────┬──────┬──────┬──────┬──────┬──────┬──────┐
  企业并  资产重  集团公  筹资管  资产剥  私募股  企业托
  购管理  组管理  司组建  理流程  离管理  权投资  管经营
  流程    流程    管理流          流程    管理流  管理流
                  程                      程      程
```

图 13-1　资本运营管理流程结构

13.2.1 企业并购管理流程设计

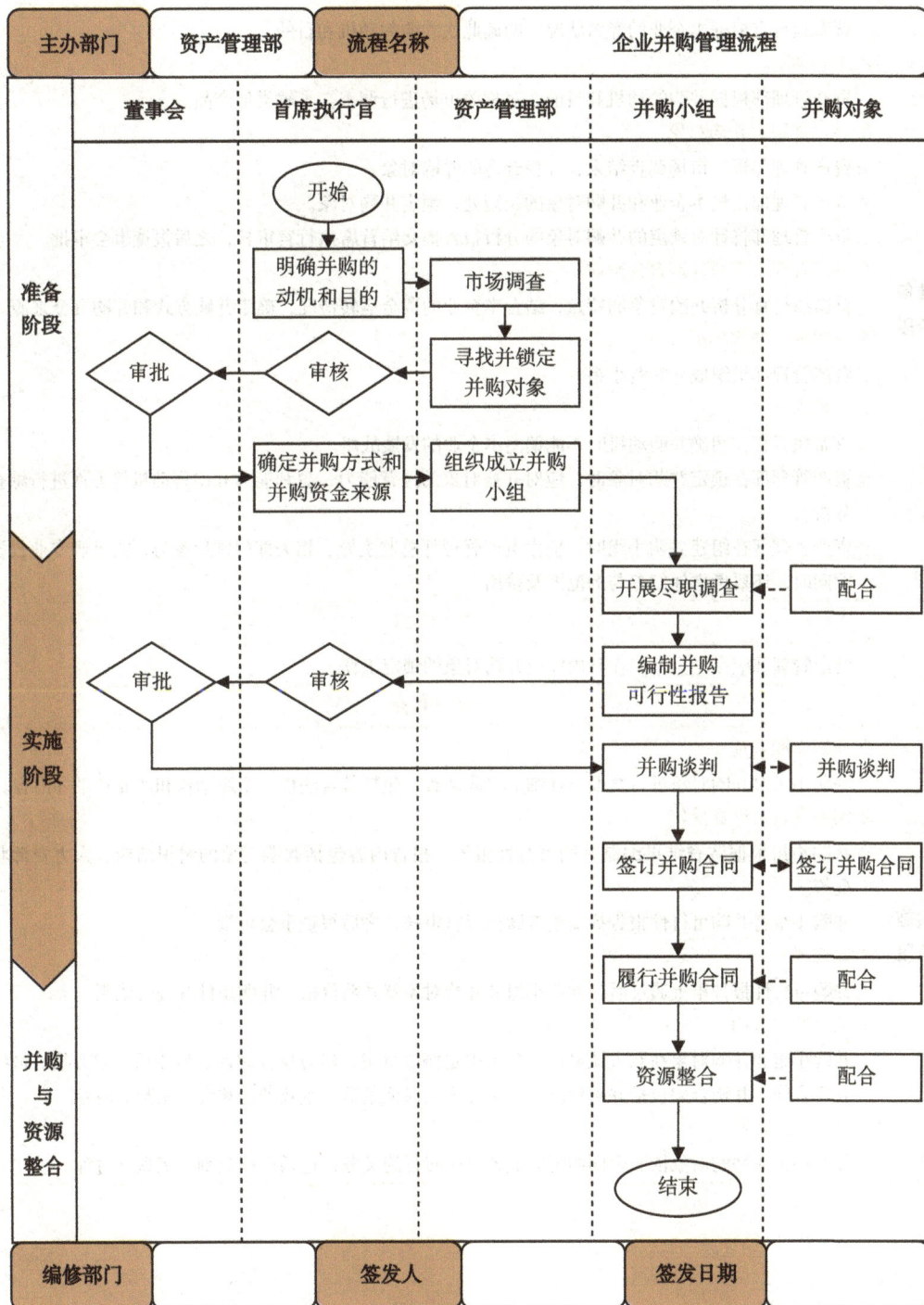

主办部门	资产管理部	流程名称	企业并购管理流程

	董事会	首席执行官	资产管理部	并购小组	并购对象

准备阶段

开始

明确并购的动机和目的 → 市场调查

审批 ← 审核 ← 寻找并锁定并购对象

确定并购方式和并购资金来源 → 组织成立并购小组

实施阶段

开展尽职调查 ⇠ 配合

审批 ← 审核 ← 编制并购可行性报告

并购谈判 → 并购谈判

签订并购合同 → 签订并购合同

并购与资源整合

履行并购合同 ⇠ 配合

资源整合 ⇠ 配合

结束

编修部门		签发人		签发日期	

13.2.2　企业并购管理执行程序、工作标准、考核指标、执行规范

任务名称	执行程序、工作标准与考核指标
准备阶段	**执行程序** **1. 明确并购的动机和目的** 　首席执行官根据本企业的经营状况，明确此次并购的动机和目的。 **2. 市场调查** 　资产管理部根据并购的动机和目的，对相关市场进行调查，了解类似产品。 **3. 寻找并锁定并购对象** ☆资产管理部根据市场调查结果，寻找合适的并购对象。 ☆资产管理部比较本企业和并购对象的长短处，锁定并购对象。 ☆资产管理部将针对锁定的并购对象的分析报告提交给首席执行官审核，之后报董事会审批。 **4. 确定并购方式和并购资金来源** 　首席执行官分析并购对象的特点，结合本企业的资金运转情况，确定并购方式和并购资金来源。 **5. 组织成立并购小组** 　资产管理部组织成立并购小组。 **工作重点** ☆首席执行官在明确并购动机时不能偏离本企业的发展战略。 ☆资产管理部在锁定并购对象时，应对并购对象的经营能力、盈利能力和出售动机等方面进行综合分析。 ☆资产管理部在组建并购小组时，应由资产管理部总监主导、相关部门领导参与；需外聘专业投资顾问时，还要考虑他们参与的范围及费用。 **工作标准** 资产管理部应在____个工作日内完成并购对象的锁定工作。
实施阶段	**执行程序** **1. 开展尽职调查** 　并购小组对并购对象进行全面、详细的尽职调查，包括其合法性、组织结构和产业背景等内容。 **2. 编制并购可行性报告** ☆并购小组根据调查结果编制并购可行性报告，报告内容包括并购对象的组织结构、人力资源状况等。 ☆并购小组将并购可行性报告提交给首席执行官审核，之后报董事会审批。 **3. 并购谈判** 　并购可行性报告审批通过后，并购小组和并购对象就并购价格、并购条件等进行谈判。 **4. 签订并购合同** 　并购小组和并购对象在双方谈判的基础上拟定协议草案，经过反复磋商、修改后，双方签订最终的并购合同。并购合同包括并购价款、支付方式、保证条款、生效条件和资产交割等内容。 **5. 履行并购合同** 　并购小组和并购对象依照合同约定完成各自应履行的义务，包括产权交割、尾款支付等。

任务名称	执行程序、工作标准与考核指标
实施阶段	**工作重点** ☆并购小组在开展尽职调查时可采取直接查阅目标公司的文件、听取经营者的陈述、提问对话等方式。 ☆并购小组在开展尽职调查时须着重注意并购公司的重要法律文件和重大合同，考虑合同的有效期限、合同项下公司的责任和义务、有无重大违约行为等。
	工作标准 并购可行性报告可参照本企业的文书写作标准进行编制。
并购与资源整合	**执行程序** 并购小组对并购对象的资源进行整合，包括财务资源整合、人力资源整合等。 **工作重点** 并购小组在进行法律事务整合时，须重点关注并购对象遗留的重大合同、内部治理结构、原有员工等方面。
	工作标准 并购对象遗留的合同处理严格依照有关规定执行。
执行规范	
"并购管理制度""并购可行性报告""并购对象分析报告""并购合同"。	

13.3 资产重组管理流程设计与工作执行

13.3.1 资产重组管理流程设计

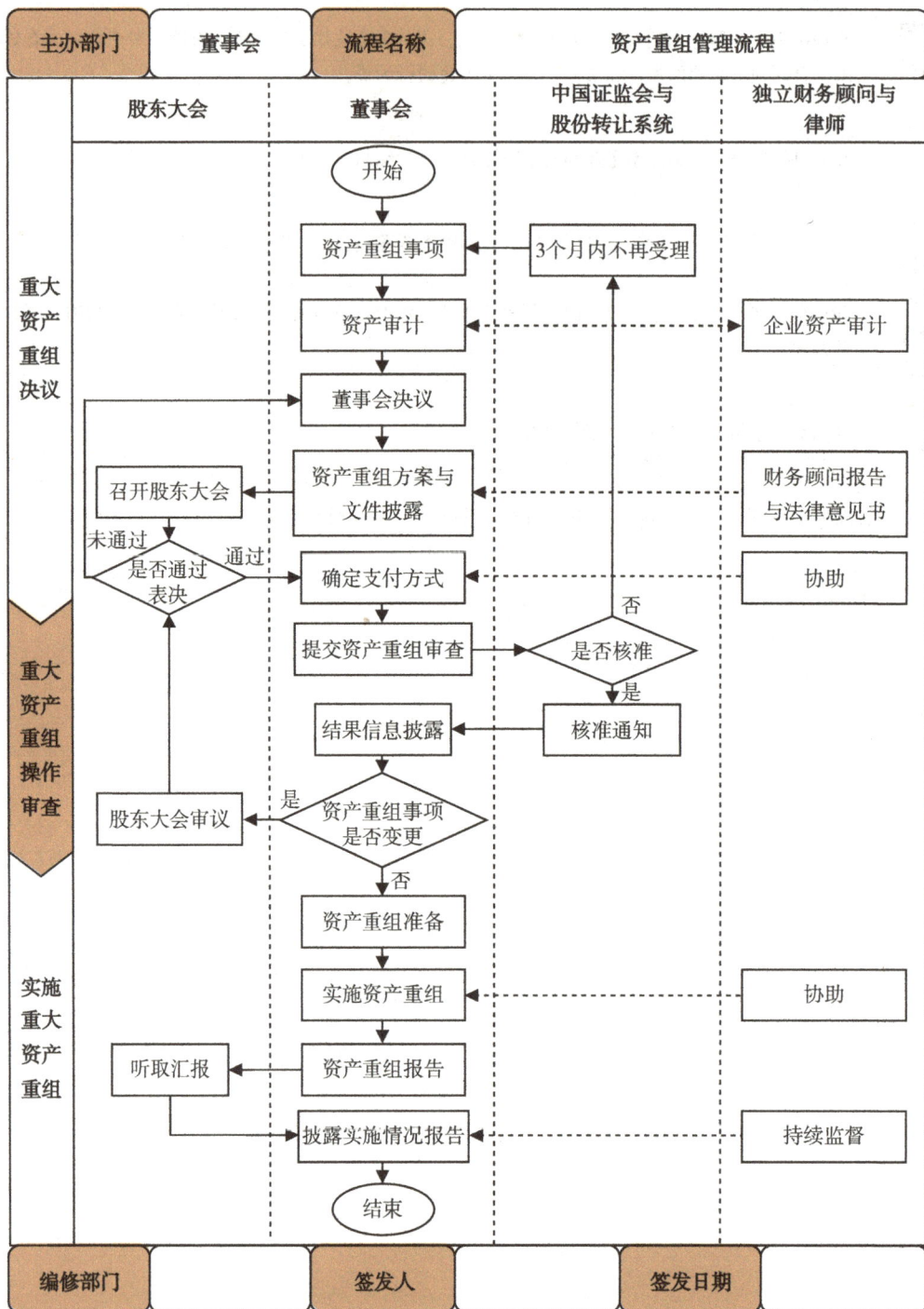

主办部门	董事会	流程名称	资产重组管理流程

	股东大会	董事会	中国证监会与股份转让系统	独立财务顾问与律师

重大资产重组决议

- 开始
- 资产重组事项 ← 3个月内不再受理
- 资产审计 ⇠ 企业资产审计
- 董事会决议
- 召开股东大会 ← 资产重组方案与文件披露 ⇠ 财务顾问报告与法律意见书
- 是否通过表决 （未通过 / 通过）→ 确定支付方式 ⇠ 协助

重大资产重组操作审查

- 提交资产重组审查 → 是否核准（否 → 3个月内不再受理 / 是）
- 结果信息披露 ← 核准通知
- 资产重组事项是否变更（是 → 股东大会审议 → 是否通过表决 / 否）

实施重大资产重组

- 资产重组准备
- 实施资产重组 ⇠ 协助
- 听取汇报 ← 资产重组报告
- 披露实施情况报告 ⇠ 持续监督
- 结束

编修部门		签发人		签发日期	

/ 208 /

13.3.2　资产重组管理执行程序、工作标准、考核指标、执行规范

任务 名称	执行程序、工作标准与考核指标
重大 资产 重组 决议	**执行程序** **1.董事会决议** ☆董事会做出本企业生产经营发展的决策，资产重组事项立项。 ☆资产重组前，企业需聘用独立财务顾问，对企业资产进行全面审计。 ☆董事会召开资产重组会议，对资产重组方案做出决议。 **2.资产重组方案与文件披露** 　　根据企业股份管理章程和相关法律，董事会做出资产重组决议后，将资产重组方案和独立财务顾问与律师给出的相关文件进行信息披露。 **3.召开股东大会** ☆董事会就资产重组决议召开股东大会，由股东大会进行表决。 ☆如股东大会表决不通过，将其返回董事会重新进行决议。 ☆如股东大会表决通过，董事会在独立财务顾问与律师的协助下确定资产重组事项的相关支付方式，提供财务协助。 **工作重点** 　　资产重组工作必须由具备丰富的专业知识和经验、对企业发展情况熟悉的高层管理人员负责。 **工作标准** 　　文件披露包含本次重大资产重组报告书、资产重组方案、独立财务顾问报告、法律意见书及重组涉及的审计报告、资产评估报告（或资产估值报告）等内容。
重大 资产 重组 操作 审查	**执行程序** **1.提交资产重组审查** 　　董事会安排专业人员将企业资产重组的相关信息披露文件进行汇总、整理，报送中国证监会与股份转让系统进行审查。 **2.是否核准** ☆中国证监会与股份转让系统对企业资产重组报送信息依法进行审核，在 20 个工作日内做出核准、中止审核、终止审核、不予核准的决定。 ☆不予核准的，自决定之日起 3 个月内，中国证监会与股份转让系统不再受理该企业发行股份购买资产的重大资产重组申请。 ☆予以核准的，中国证监会与股份转让系统通知该企业核准决定。 ☆董事会在接到核准通知后进行结果信息披露。 **3.资产重组事项是否变更** ☆资产重组事项如进行变更，董事会做出决议后，重新召开股东大会进行审议表决。 ☆资产重组事项如不进行变更，董事会按照核准后披露的资产重组方案开展资产重组工作。 **工作重点** 　　资产重组审查申请提交应规范、严谨，避免出现材料问题影响核准结果，影响企业资产重组进度。

任务名称	执行程序、工作标准与考核指标
重大资产重组操作审查	**工作标准** 企业在接到资产重组核准通知后____个工作日内进行结果信息披露。 **考核指标** 资产重组方案的全面性：方案要对本企业所有待整理组合资产进行合理安排，没有遗漏重要内容。
实施重大资产重组	**执行程序** **1. 实施资产重组** ☆董事会按照资产重组方案进行正式重组前的准备工作。 ☆董事会在独立财务顾问与律师的协助下，组织实施资产重组方案。 **2. 资产重组报告** ☆资产重组项目完毕，董事会根据资产重组情况编制资产重组实施情况报告，并提交给股东大会。 ☆股东大会听取资产重组的实施报告，了解实施情况。 **3. 披露实施情况报告** ☆董事会披露资产重组实施情况报告书，以及独立财务顾问与律师的专业意见。 ☆独立财务顾问与律师应当按照中国证监会的相关规定，对实施重大资产重组的企业履行持续督导职责。持续督导的期限自完成本次重大资产重组之日起，应当不少于一个完整会计年度。 **工作重点** 资产重组工作复杂且内容繁多，具体执行部门应严格按照资产重组方案的规定进行，并充分听取独立财务顾问与律师的意见。 **工作标准** ☆内容标准：资产重组包括扩张性资产重组、收缩性资产重组和整合性资产重组等。 ☆考核标准：企业应在本次重大资产重组实施完毕之日起____个工作日内编制资产重组实施情况报告。
执行规范	
"重大资产重组报告书""资产重组方案""独立财务顾问报告""资产重组法律意见书""资产重组审计报告""资产评估报告""资产重组实施情况报告"。	

13.4.1 集团公司组建管理流程设计

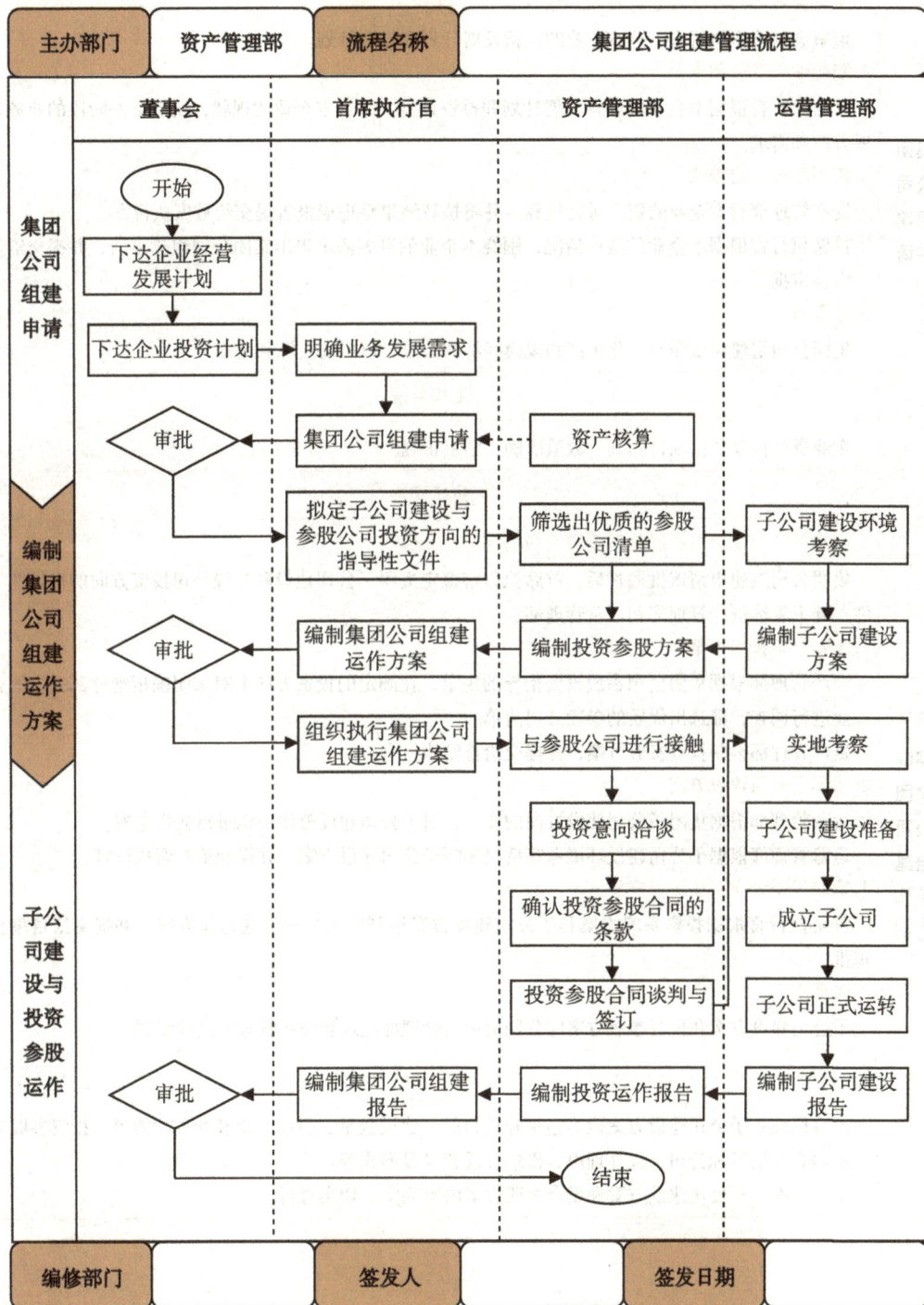

主办部门	资产管理部	流程名称	集团公司组建管理流程

	董事会	首席执行官	资产管理部	运营管理部

集团公司组建申请

- 开始
- 下达企业经营发展计划
- 下达企业投资计划 → 明确业务发展需求
- 审批 ← 集团公司组建申请 ← 资产核算

编制集团公司组建运作方案

- 拟定子公司建设与参股公司投资方向的指导性文件 → 筛选出优质的参股公司清单 → 子公司建设环境考察
- 审批 ← 编制集团公司组建运作方案 ← 编制投资参股方案 ← 编制子公司建设方案

子公司建设与投资参股运作

- 组织执行集团公司组建运作方案 → 与参股公司进行接触 → 实地考察
- 投资意向洽谈 → 子公司建设准备
- 确认投资参股合同的条款 → 成立子公司
- 投资参股合同谈判与签订 → 子公司正式运转
- 审批 ← 编制集团公司组建报告 ← 编制投资运作报告 ← 编制子公司建设报告
- 结束

编修部门		签发人		签发日期	

13.4.2　集团公司组建管理执行程序、工作标准、考核指标、执行规范

任务名称	执行程序、工作标准与考核指标
集团公司组建申请	**执行程序** **1. 下达企业经营发展计划和投资计划** 　董事会向首席执行官下达本企业的经营发展计划和投资计划。 **2. 明确业务发展需求** 　首席执行官根据本企业的经营发展计划和投资计划，结合本企业的现状，明确下一阶段的业务发展方向和需求。 **3. 集团公司组建申请** ☆资产管理部对本企业的资产进行核算，并将核算结果整理成报告提交给首席执行官。 ☆首席执行官根据本企业的资产情况，围绕本企业的发展需求提出集团公司组建申请，并提交给董事会审批。 **工作重点** 　集团公司组建应依照专业化生产和规模经济的要求，以提高资源利用率。 **工作标准** 企业资产核算数据项目明确、数值准确、结果正确。
编制集团公司组建运作方案	**执行程序** **1. 拟定子公司建设与参股公司投资方向的指导性文件** 　集团公司组建申请审批通过后，首席执行官拟定集团子公司建设和参股公司投资方向的指导性文件，并下发给资产管理部和运营管理部。 **2. 编制投资参股方案** ☆资产管理部根据集团公司参股投资指导的规定，在确定的投资方向上对未明确拒绝外部投资的企业进行调查，筛选出优质的参股公司清单。 ☆资产管理部编制投资参股方案，并提交给首席执行官。 **3. 编制子公司建设方案** ☆运营管理部根据集团子公司建设方向的要求，对子公司建设整体环境进行初步考察。 ☆运营管理部根据子公司建设环境考察情况编制子公司建设方案，并提交给首席执行官。 **4. 编制集团公司组建运作方案** 　首席执行官根据投资参股方案和子公司建设方案编制集团公司组建运作方案，并提交给董事会审批。 **工作重点** 　子公司建设方案和投资参股方案应分别由运营管理部经理和资产管理部经理编制。 **工作标准** ☆内容标准：子公司建设方案内容包括建设目的、建设数量、目标城市和业务功能等，投资参股方案内容包括目标公司、选择理由、投资方式和参股形式等。 ☆质量标准：子公司建设方案和投资参股方案内容翔实、切实可行。

企业运营管理 流程设计与工作标准

任务名称	执行程序、工作标准与考核指标
子公司建设与投资参股运作	**执行程序** **1. 确认投资参股合同的条款** ☆集团公司组建运作方案审批通过后，首席执行官组织执行方案。 ☆资产管理部代表企业向参股公司表达投资意愿，双方进行投资意向洽谈。 ☆双方谈判达成一致意见后，资产管理部与参股公司确认投资参股合同的具体条款。 ☆资产管理部根据运作方案的规定，就投资参股合同与参股公司进行签约谈判，双方无异议后签订投资参股合同。 **2. 成立子公司** ☆运营管理部前往参股公司所在城市进行实地考察，了解商业目标的实现条件。 ☆实地考察完成后，运营管理部进行子公司建设的各种准备活动的筹备。 ☆资金、人员、生产资料等到位后，运营管理部推动集团子公司正式成立。 ☆子公司建设完成后投入正式运转，发挥规划的价值。 **3. 编制集团公司组建报告** ☆资产管理部根据投资参股合作情况编制投资运作报告，并提交给首席执行官。 ☆运营管理部根据子公司建设结果和运转情况编制子公司建设报告，并提交给首席执行官。 ☆首席执行官根据投资运作报告和子公司建设报告编制集团公司组建报告，并提交给董事会审批。 **工作重点** ☆投资参股运作要切实符合本企业的发展需求，过程客观、公正，不得损害集团利益。 ☆子公司建设要服务企业供应链，力求解决上下游的问题。 **工作标准** ☆内容标准：投资参股合同内容包括投资金额、投资方式、管理权比例和投票权比例等。 ☆考核标准：资金、人员、生产资料等应在子公司建设前____日到位。 **考核指标** 投资收益率，其计算公式如下： $$投资收益率 = \frac{投资收益}{投资成本} \times 100\%$$

执行规范
"经营发展计划""投资计划""集团公司组建运作方案""投资运作报告""子公司建设报告""子公司建设方案""投资参股方案""投资参股合同""集团公司组建报告"。

第 13 章 资本运营管理

13.5.1 筹资管理流程设计

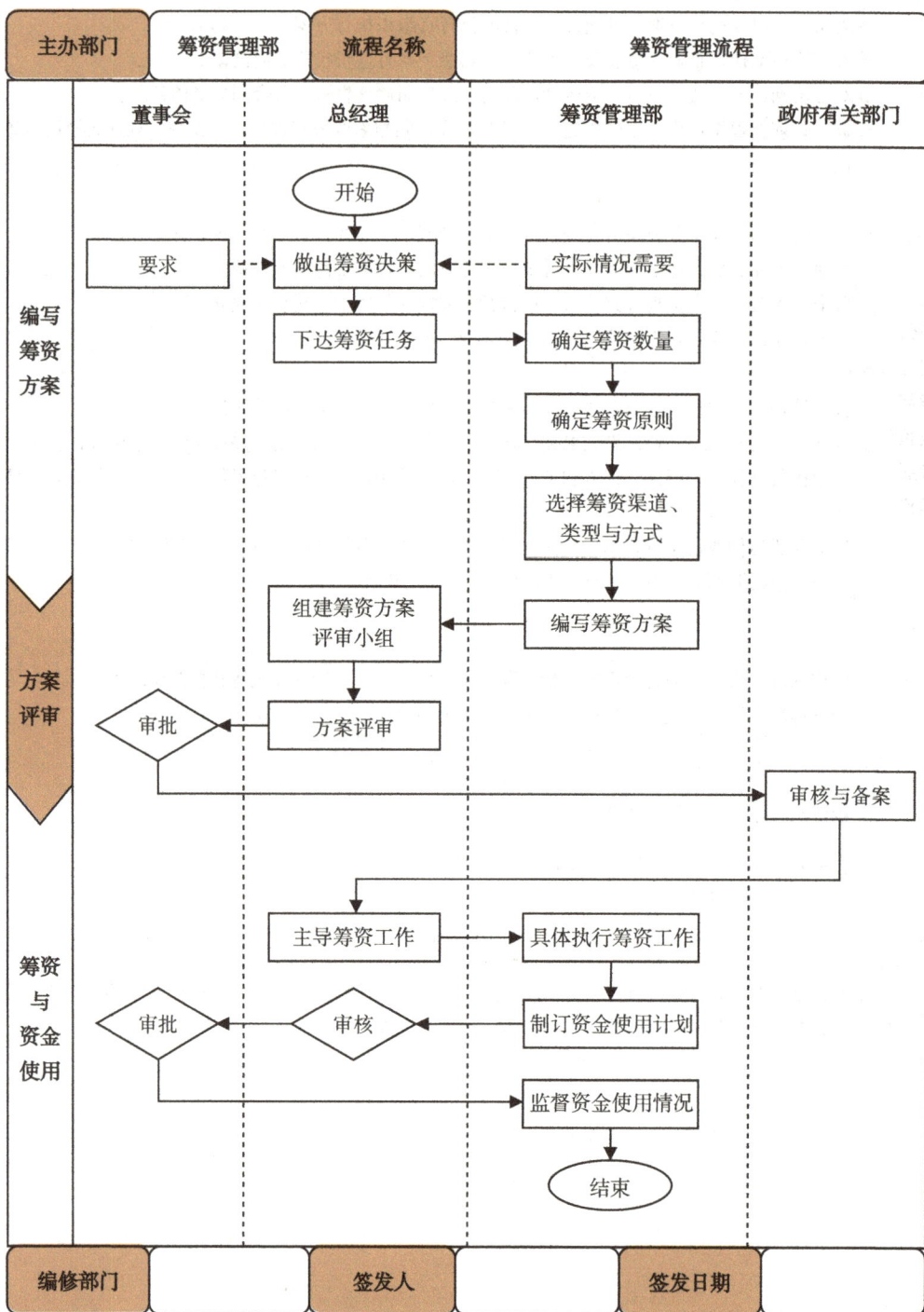

主办部门	筹资管理部	流程名称	筹资管理流程

	董事会	总经理	筹资管理部	政府有关部门

编写筹资方案

开始

要求 ┄┄→ 做出筹资决策 ←┄┄ 实际情况需要

下达筹资任务 → 确定筹资数量

确定筹资原则

选择筹资渠道、类型与方式

组建筹资方案评审小组 ← 编写筹资方案

方案评审

审批 ← 方案评审

审核与备案

筹资与资金使用

主导筹资工作 → 具体执行筹资工作

审批 ← 审核 ← 制订资金使用计划

监督资金使用情况

结束

编修部门		签发人		签发日期	

13.5.2 筹资管理执行程序、工作标准、考核指标、执行规范

任务名称	执行程序、工作标准与考核指标
	执行程序
编写筹资方案	**1. 做出筹资决策** 　总经理按照董事会的要求，结合实际情况需要，做出筹资决策，并将筹资任务下达给筹资管理部。 **2. 确定筹资数量** 　筹资管理部接到筹资任务后，首先要确定筹资数量，以便做后续规划。 **3. 确定筹资原则** 　筹资管理部要确定筹资原则。一般来说，企业筹资要坚持合法性、及时性、适当性、风险最小和成本最低等原则。 **4. 选择筹资渠道、类型与方式** ☆筹资渠道是筹集资金的来源和通道，筹资管理部要尽可能开发多个筹资渠道。 ☆筹资管理部要准备多种筹资方式以供备用或将各类方案结合使用。 **5. 编写筹资方案** 　确定好筹资数量、筹资原则、筹资方式、筹资类型等要素后，筹资管理部编写筹资方案，并提交给总经理。 **工作重点** ☆筹资渠道决定筹资类型，筹资类型决定筹资方式，不同类型的筹资方式可以相互组合，一次筹资行为可以有多种筹资方式。 ☆筹资管理部要谨慎选择筹资类型，如权益筹资和债务筹资，二者分别改变企业所有者权益结构和债务资本结构，会对企业造成完全不同的影响。
	工作标准
	筹资方案可参照本企业的文书写作标准进行编写。
	执行程序
方案评审	**1. 组建筹资方案评审小组** 　总经理抽调筹资管理部、财务部、法务部等部门专业人士组建筹资方案评审小组。 **2. 方案评审** ☆总经理主导筹资方案评审小组评审筹资方案。 ☆评审结束后，总经理将筹资方案提交给董事会审批。 **3. 审核与备案** 　筹资方案审批通过后，筹资管理部将方案报政府有关部门进行审核与备案。 **工作重点** 　总经理个人评审筹资方案难免会出现失误，此时组建筹资方案评审小组可大大提高评审的准确率。
	工作标准
	筹资方案通过董事会的审批，并在政府有关部门处登记备案。

任务 名称	执行程序、工作标准与考核指标
筹资 与 资金 使用	**执行程序**
	1.主导筹资工作 　　企业筹资方案最终确定后，由总经理主导筹资工作，负责调配人员、出面洽谈等工作。 **2.具体执行筹资工作** 　　筹资管理部负责具体的筹资工作，协助总经理进行筹资，辅助总经理做决策。 **3.制订资金使用计划** ☆筹资管理部要制订资金使用计划，对筹集的资金的用途做出具体的规划。 ☆筹资管理部将资金使用计划提交给总经理审核，之后报董事会审批，审批通过后方可执行。 **4.监督资金使用情况** 　　筹资管理部要监督资金使用情况。 **工作重点** 　　由于企业筹资工作涉及大量资金问题，并影响企业发展整体进程，因此一般由总经理负责。
	工作标准
	企业成功筹集到资金。
执行规范	
"筹资方案""资金使用计划"。	

13.6 资产剥离管理流程设计与工作执行

13.6.1 资产剥离管理流程设计

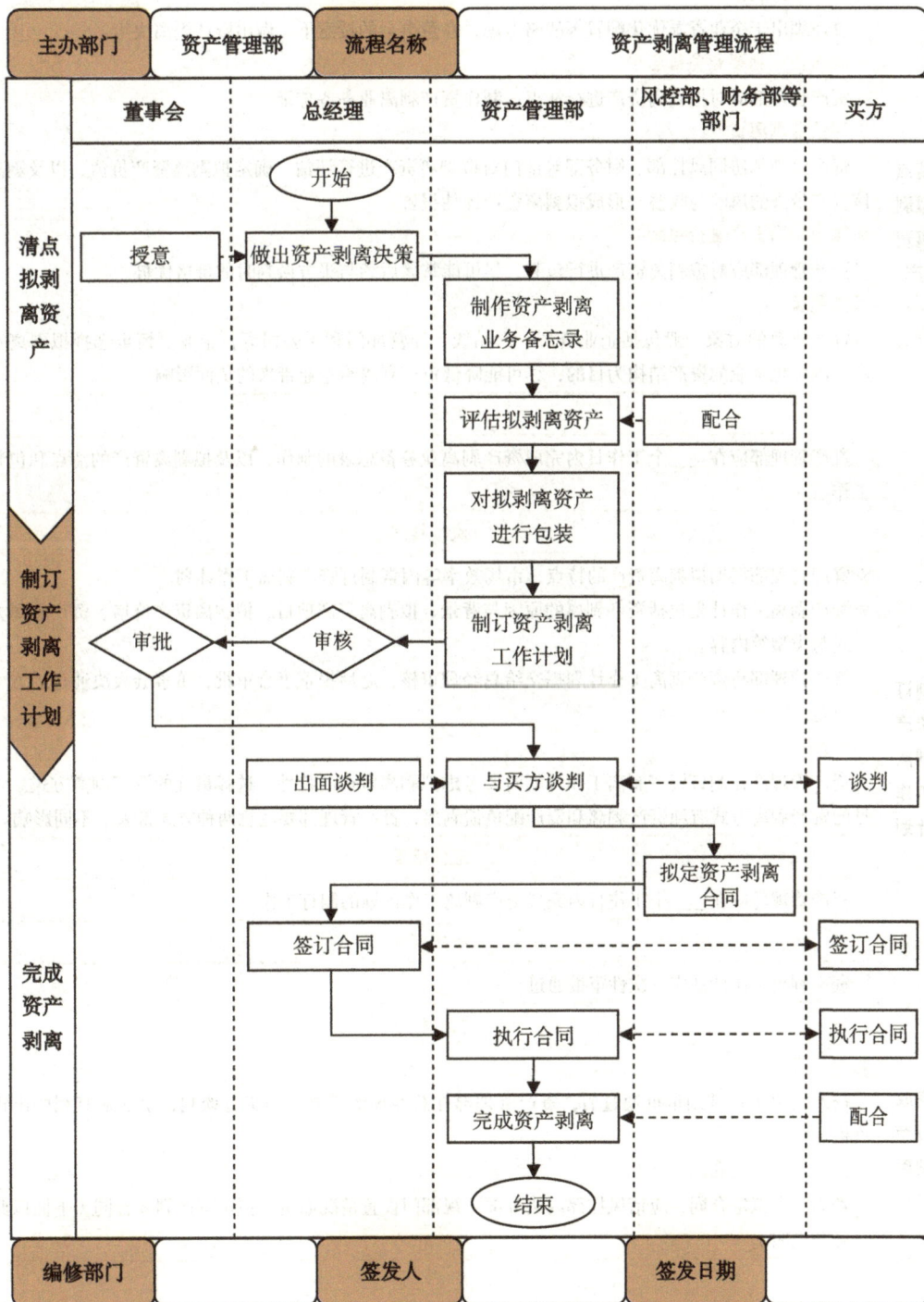

主办部门	资产管理部	流程名称		资产剥离管理流程	
	董事会	总经理	资产管理部	风控部、财务部等部门	买方

流程图内容：

清点拟剥离资产

开始 → 做出资产剥离决策（授意）→ 制作资产剥离业务备忘录 → 评估拟剥离资产（配合）→ 对拟剥离资产进行包装

制订资产剥离工作计划

制订资产剥离工作计划 → 审核 → 审批

完成资产剥离

出面谈判 / 与买方谈判（谈判）→ 拟定资产剥离合同 → 签订合同（签订合同）→ 执行合同（执行合同）→ 完成资产剥离（配合）→ 结束

编修部门		签发人		签发日期	

第 13 章 资本运营管理

/ 217 /

13.6.2 资产剥离管理执行程序、工作标准、考核指标、执行规范

任务名称	执行程序、工作标准与考核指标
清点拟剥离资产	**执行程序** **1. 做出资产剥离决策** 总经理出于企业资源优化配置等战略考虑，在董事会的授意下，做出资产剥离决策。 **2. 制作资产剥离业务备忘录** 资产管理部应对拟剥离资产进行清点，制作资产剥离业务备忘录。 **3. 评估拟剥离资产** 资产管理部协同风控部、财务部等部门对拟剥离资产进行评估，确定拟剥离资产价值，以及剥离该资产带来的风险与收益，形成拟剥离资产评估报告。 **4. 对拟剥离资产进行包装** 资产管理部应对拟剥离资产进行包装，尽可能掌握后续与买方谈判时的价格优势。 **工作重点** 资产剥离的对象一般包括企业资产、产品线、经营部门和子公司等，企业要慎重选择拟剥离资产，以优化企业的资产结构为目的，尽可能降低资产剥离给企业带来的负面影响。 **工作标准** 资产管理部应在____个工作日内完成资产剥离业务备忘录的制作，以及拟剥离资产的清点和包装工作。
制订资产剥离工作计划	**执行程序** ☆资产管理部根据拟剥离资产的特点、市场效率等因素制订资产剥离工作计划。 ☆资产剥离工作计划包括资产剥离的原因与背景、拟剥离资产项目、拟剥离资产价格、资产剥离方式与类型等内容。 ☆资产管理部将资产剥离工作计划提交给总经理审核，之后报董事会审批，董事会表决通过后方可执行。 **工作重点** 资产管理部在制订资产剥离工作计划时要考虑拟剥离资产的特性，选择最优的资产剥离方式。常见的资产剥离方式有纯资产剥离和资产配负债剥离，资产管理部要注意两种方式带来的不同影响。 **工作标准** 资产管理部应在____个工作日内完成资产剥离工作计划的制订工作。 **考核指标** 资产剥离工作计划应一次性审批通过。
完成资产剥离	**执行程序** **1. 与买方谈判** 资产剥离工作计划审批通过后，资产管理部在总经理的带领下与买方谈判，争取最有利的出售价格。 **2. 拟定资产剥离合同** ☆若为我方拟定合同，应请风控部或法务部（视部门设置情况而定）拟定资产剥离合同（下面以此展开说明）。

任务名称	执行程序、工作标准与考核指标
完成资产剥离	☆若为买方拟定合同，应请风控部或法务部（视部门设置情况而定）对资产剥离合同进行审核，确认合同无法律风险和漏洞。 **3. 签订合同** 双方经过谈判协商后，总经理代表企业与买方签订资产剥离合同。 **4. 完成资产剥离** 资产管理部负责后续资产剥离的具体事宜，处理资产剥离遗留问题。 **工作重点** 资产剥离合同签订前，要由专业法务团队对合同文本进行评审。
	工作标准
	双方签订资产剥离合同，完成资产剥离工作。
	执行规范
"资产剥离业务备忘录""拟剥离资产评估报告""资产剥离工作计划""资产剥离合同"。	

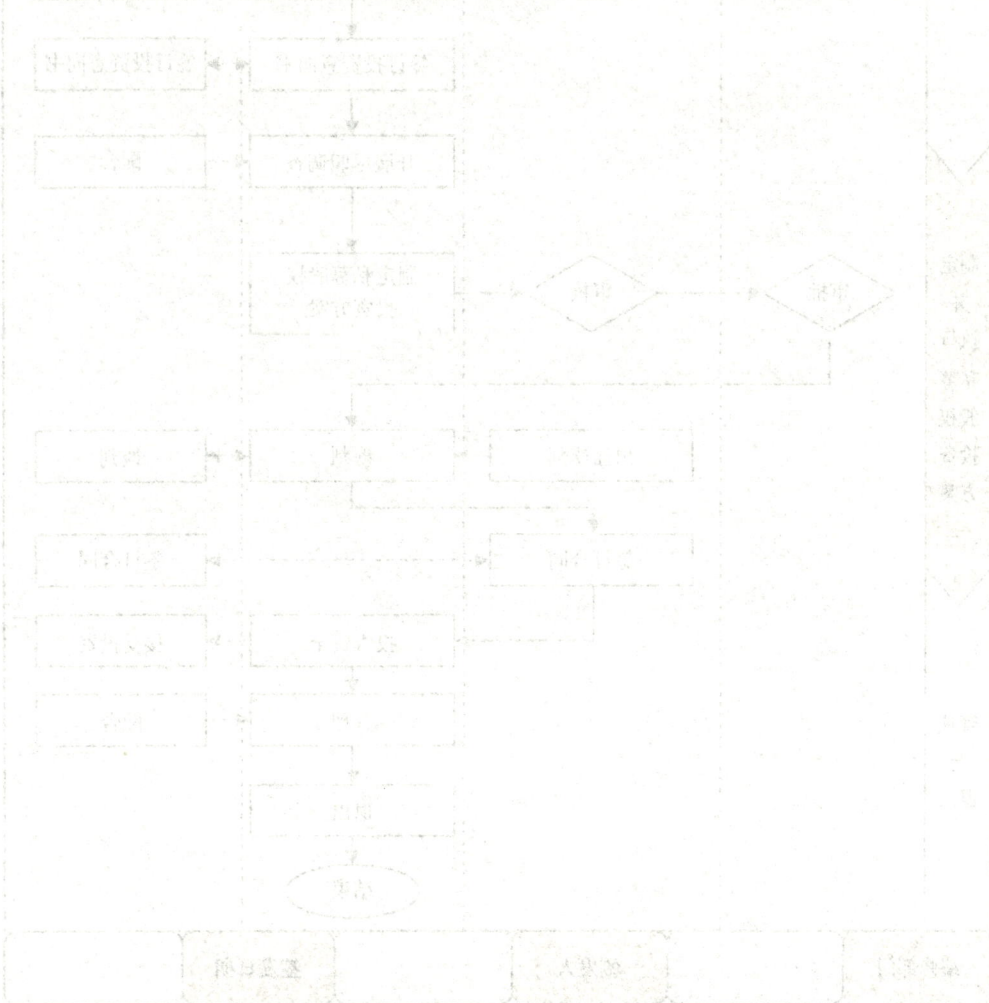

第 13 章　资本运营管理

13.7.1　私募股权投资管理流程设计

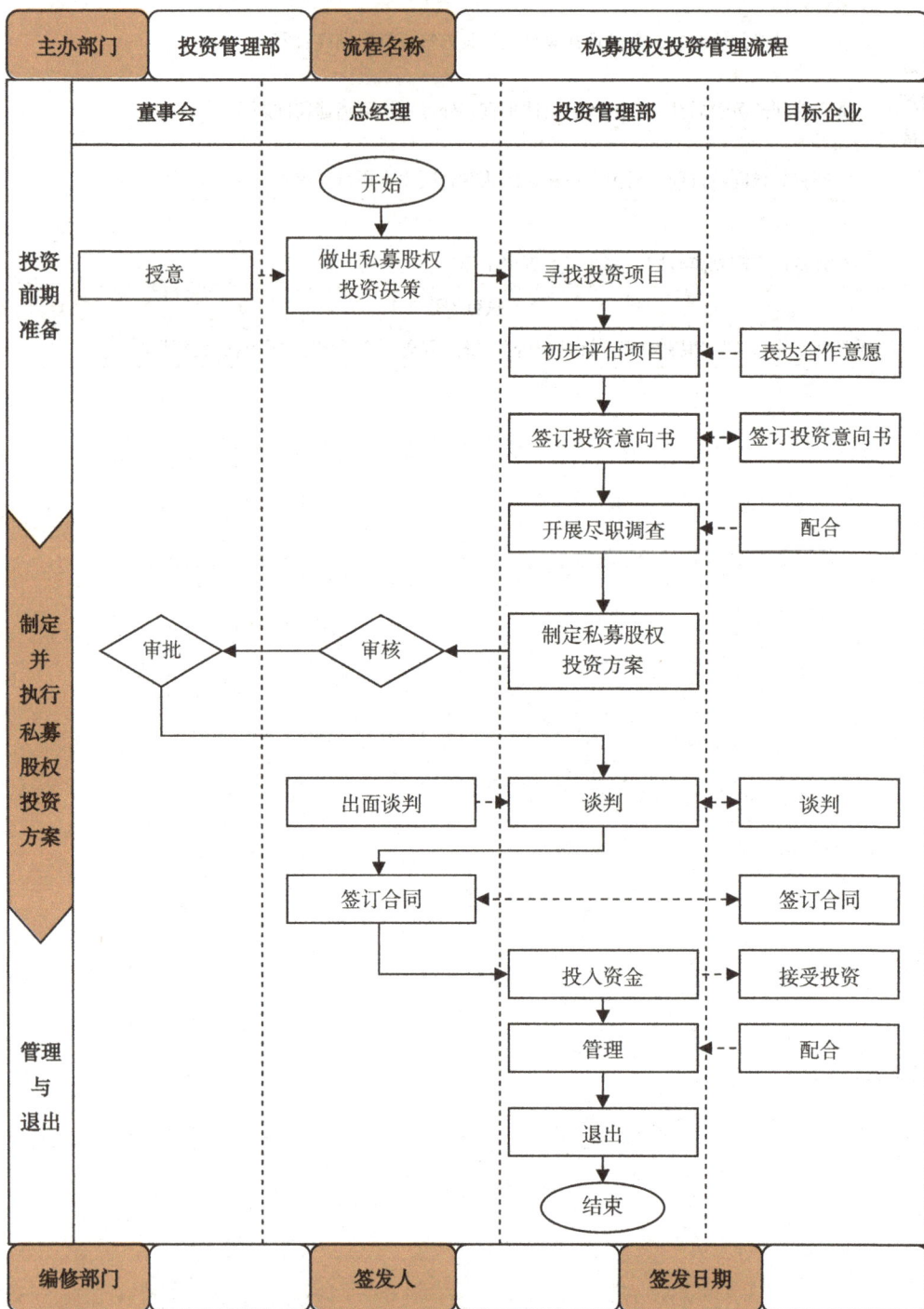

主办部门	投资管理部	流程名称	私募股权投资管理流程

	董事会	总经理	投资管理部	目标企业

投资前期准备

- 开始
- 授意 → 做出私募股权投资决策 → 寻找投资项目
- 初步评估项目 ⤙⤚ 表达合作意愿
- 签订投资意向书 → 签订投资意向书
- 开展尽职调查 ⤙⤚ 配合

制定并执行私募股权投资方案

- 审批 ← 审核 ← 制定私募股权投资方案
- 出面谈判 ⤙⤚ 谈判 ⤙⤚ 谈判
- 签订合同 ← 签订合同
- 投入资金 ⤙⤚ 接受投资

管理与退出

- 管理 ⤙⤚ 配合
- 退出
- 结束

编修部门		签发人		签发日期	

13.7.2 私募股权投资管理执行程序、工作标准、考核指标、执行规范

任务名称	执行程序、工作标准与考核指标
	执行程序
	1. 做出私募股权投资决策
	☆总经理出于本企业资本运营的战略考虑，在董事会的授意下，做出私募股权投资决策。
	☆总经理将私募股权投资决策告知投资管理部，并向其交代任务细节，让其负责私募股权投资的具体事宜。
	2. 寻找投资项目
	投资管理部利用本企业资源扩展对外联系和人际网络，获取潜在的项目信息。
	3. 初步评估项目
	☆投资管理部在获得相关信息后，要主动联系目标企业，向其表达投资意愿，如果对方也有意愿，就可进行初步评估。
	☆初步评估主要包括评估目标企业的竞争优势、经营规模、发展战略、行业发展潜力、管理层素质和预期回报等内容。
投资前期准备	**4. 签订投资意向书**
	☆投资管理部对目标企业初步评估并认为符合要求后，可邀约目标企业进行第一次正式商务会谈。
	☆双方达成一致意见后可签订投资意向书，初步确定资金数量、股权价格、利润保障、退出方式等事项，作为后续签订正式合同的基础和依据。
	5. 开展尽职调查
	☆双方签订投资意向书后，投资正式进入尽职调查阶段。投资管理部要对目标企业的运营状况、法律状况、风险状况、财务状况和信用状况等方面进行全面的调查，调查的目的是发现问题、发现价值及核实信息。
	☆投资管理部要撰写尽职调查报告，详细描述目标企业的实际情况。
	工作重点
	初步评估是企业单方面进行的，在不与目标企业直接正面接触的情况下进行评估，可以避免评估未通过带来的对方时间成本和情感上的浪费。
	工作标准
	☆完成标准：投资管理部与目标企业达成合作意向，签订投资意向书，完成尽职调查。
	☆目标标准：投资管理部通过尽职调查，全面了解目标企业的实际情况。
	执行程序
	1. 制定私募股权投资方案
制定并执行私募股权投资方案	☆投资管理部制定私募股权投资方案，方案内容包括估值定价、资本结构、融资安排和退出策略等。
	☆投资管理部将私募股权投资方案提交给总经理审核，之后报董事会审批，董事会表决通过后方可执行。
	2. 谈判
	私募股权投资方案审批通过后，投资管理部在总经理的带领下与目标企业进行谈判，双方交流意见，明确私募股权投资事项的各个细节。
	3. 签订合同
	双方经过谈判协商达成一致意见后，总经理代表企业与目标企业签订私募股权投资合同。

任务名称	执行程序、工作标准与考核指标
制定并执行私募股权投资方案	**工作重点** 　　私募股权投资合同签订前，要由专业法务团队对合同文本进行评审，投资回报率和投资风险是评审的主要内容。 **工作标准** 　　私募股权投资方案通过领导的审核与审批；总经理代表企业与目标企业签订私募股权投资合同。 **考核指标** ☆私募股权投资方案制定的及时性：应在____个工作日内完成。 ☆私募股权投资方案应一次性审批通过。
管理与退出	**执行程序** **1.投入资金** 　　私募股权投资合同签订后，投资管理部代表企业完成投资工作，目标企业接受投资。 **2.管理** ☆投资管理部代表企业按照合同约定选择合适的监管方式，如采取报告制度、监控制度、参与重大决策和进行战略指导等对目标企业进行管理。 ☆投资管理部利用企业的资源和渠道帮助目标企业进入新市场，促进其发展。 ☆目标企业应配合投资管理部的一系列管理策略。 **3.退出** 　　投资管理部根据目标企业的股权增值情况，选择恰当的时机和方式将所持有的股权套现或转换为可流通的债券。 **工作重点** 　　私募股权投资方的退出是私募股权投资环节中的最后一环，该环节关系到投资的收回及增值的实现，直接影响企业的投资回报率。无论采取哪种形式的投资，其目的都是获取高额收益，而退出渠道是否畅通是关系到私募股权投资能否成功的重要问题。因此，退出策略是投资管理部在筛选目标企业和制定私募股权投资方案时就必须规划好的事项。 **工作标准** ☆完成标准：投资管理部完成投资基金退出工作，将股权变现。 ☆目标标准：通过私募股权投资和退出操作，企业获得预期利润。 **考核指标** 　　投资回报率，其计算公式如下： $$投资回报率 = \frac{投资所得年利润或投资年均利润}{投资总额} \times 100\%$$
执行规范	
"尽职调查报告""投资意向书""私募股权投资方案""私募股权投资合同"。	

13.8.1 企业托管经营管理流程设计

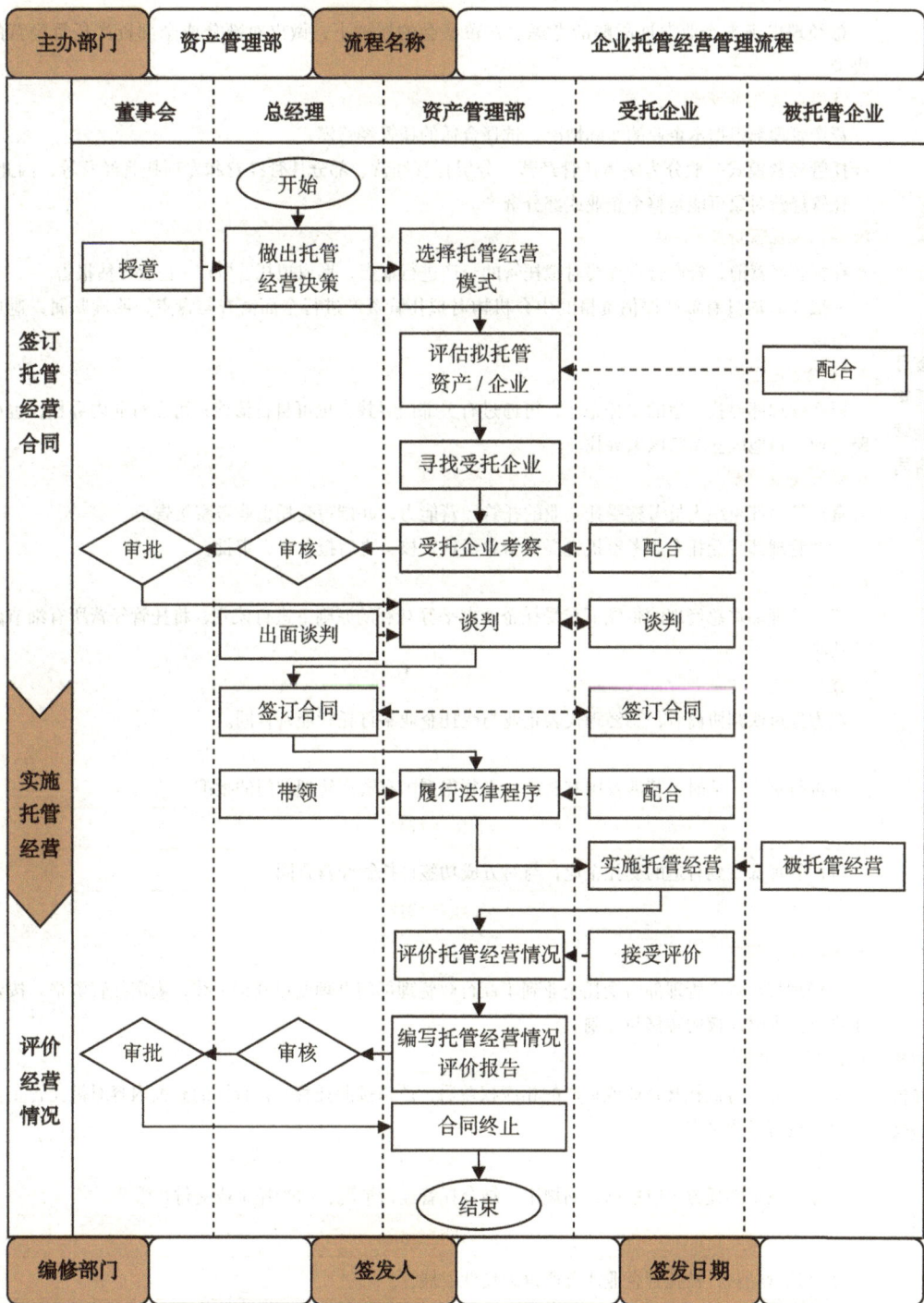

主办部门	资产管理部	流程名称	企业托管经营管理流程		
	董事会	总经理	资产管理部	受托企业	被托管企业

签订托管经营合同

开始 → 做出托管经营决策 ← 授意

选择托管经营模式

评估拟托管资产/企业 ←---- 配合

寻找受托企业

审批 ← 审核 ← 受托企业考察 ← 配合

出面谈判 → 谈判 ←→ 谈判

实施托管经营

签订合同 ←---- 签订合同

带领 → 履行法律程序 ← 配合

实施托管经营 ← 被托管经营

评价托管经营情况 ← 接受评价

评价经营情况

审批 ← 审核 ← 编写托管经营情况评价报告

合同终止 → 结束

编修部门		签发人		签发日期	

13.8.2 企业托管经营管理执行程序、工作标准、考核指标、执行规范

任务名称	执行程序、工作标准与考核指标
签订托管经营合同	**执行程序** **1. 做出托管经营决策** 　总经理出于本企业发展战略的考虑，在董事会的授意下，做出对部分或全部资产托管经营的决策。 **2. 选择托管经营模式** ☆资产管理部根据本企业的实际情况，选择合适的托管经营模式。 ☆托管经营模式一般分为整体托管经营、分层托管经营、部分托管经营和专项托管经营等，因此，托管经营对象可能是整个企业或部分资产。 **3. 评估拟托管资产／企业** ☆在托管经营前，资产管理部要对拟托管的资产进行盘点，形成拟托管资产／企业评估报告。 ☆一般需聘请具有资产评估资格的中介机构对拟托管资产进行全面清查与盘点，明确归属，避免争议。 **4. 寻找受托企业** 　资产管理部寻找合适的受托企业，可通过有关部门寻找，也可自行洽谈；可在行业内寻找，也可跨行业、跨地区甚至跨国家寻找。 **5. 受托企业考察** ☆资产管理部组织人员考察受托企业的托管经营能力，并撰写受托企业考察报告。 ☆资产管理部将受托企业考察报告提交给总经理审核，之后报董事会审批。 **6. 谈判** 　资产管理部在总经理的带领下与受托企业在平等互利的原则下进行谈判，将托管经营所有细节谈清晰。 **7. 签订合同** 　双方经过谈判协商后，总经理代表企业与受托企业签订托管经营合同。 **工作重点** 　在进行资产评估时，若涉及国有资产，必须得到国有资产管理部门的批准。 **工作标准** 资产管理部找到合适的受托企业，与对方成功签订托管经营合同。
实施托管经营	**执行程序** **1. 履行法律程序** 　总经理带领资产管理部与受托企业到工商行政管理部门办理变更登记手续，确定托管资格，按要求进行法人财产权的转移与交割。 **2. 实施托管经营** 　受托企业取得被托管企业或资产的相应权益后，严格按照托管经营合同的有关内容对被托管企业或资产进行经营管理。 **工作重点** 　企业（属于委托方）应根据合同规定，结合托管经营情况，向受托企业交付托管费。 **工作标准** 通过托管经营，被托管企业或资产得到良性发展。

任务 名称	执行程序、工作标准与考核指标
实施 托管 经营	**考核指标**
	变更登记手续办理的及时性：无延期情形。
评价 经营 情况	**执行程序**
	1. 评价托管经营情况 资产管理部要对受托企业的托管经营情况进行评价，编写托管经营情况评价报告，并提交给总经理审核，之后报董事会审批。 **2. 合同终止** 托管经营期满后，双方根据合同规定对被托管企业或资产的法人财产权进行处置。 **工作重点** 资产管理部应合理选择托管经营期满后的处置办法。
	工作标准
	托管经营期满后的处理办法依据合同约定执行。
	执行规范
	"拟托管资产 / 企业评估报告""受托企业考察报告""托管经营评价报告""托管经营合同"。

第 13 章 资本运营管理

14.1　新媒体运营管理流程设计

14.1.1　流程设计的目的

新媒体运营管理是指利用新媒体实现企业品牌、文化和产品等方面的计划、组织和控制，通常包括创作新媒体内容、组织新媒体活动、分析新媒体数据和管理新媒体粉丝等。新媒体运营管理是企业在新时代下树立企业形象、宣传企业品牌、推动产品销售等重要活动的必要基础。企业设计新媒体运营管理流程的目的如下：

（1）建立健全企业的新媒体管理体系，提高新媒体运营管理水平，确保新媒体发挥重要作用；

（2）规范新媒体的运营过程，提升新媒体的运营效率。

14.1.2　流程结构设计

新媒体运营管理包括八大事项，我们可以就每个事项设计相应的流程，即新媒体内容运营管理流程、新媒体活动运营管理流程、新媒体数据分析管理流程、新媒体粉丝管理流程、微信运营管理流程、直播运营管理流程、短视频运营管理流程和社群运营管理流程，具体如图 14-1 所示。

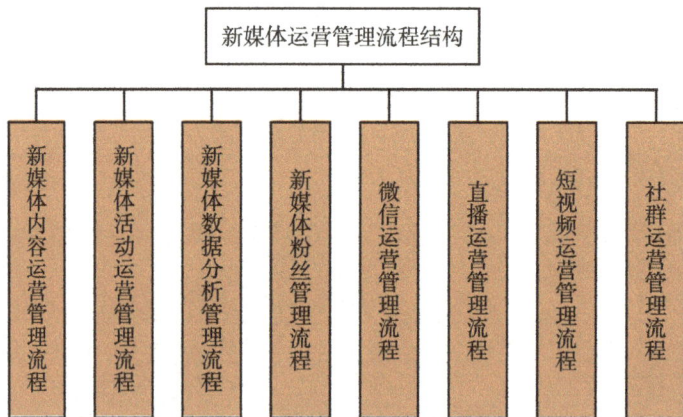

图 14-1　新媒体运营管理流程结构

14.2 新媒体内容运营管理流程设计与工作执行

14.2.1 新媒体内容运营管理流程设计

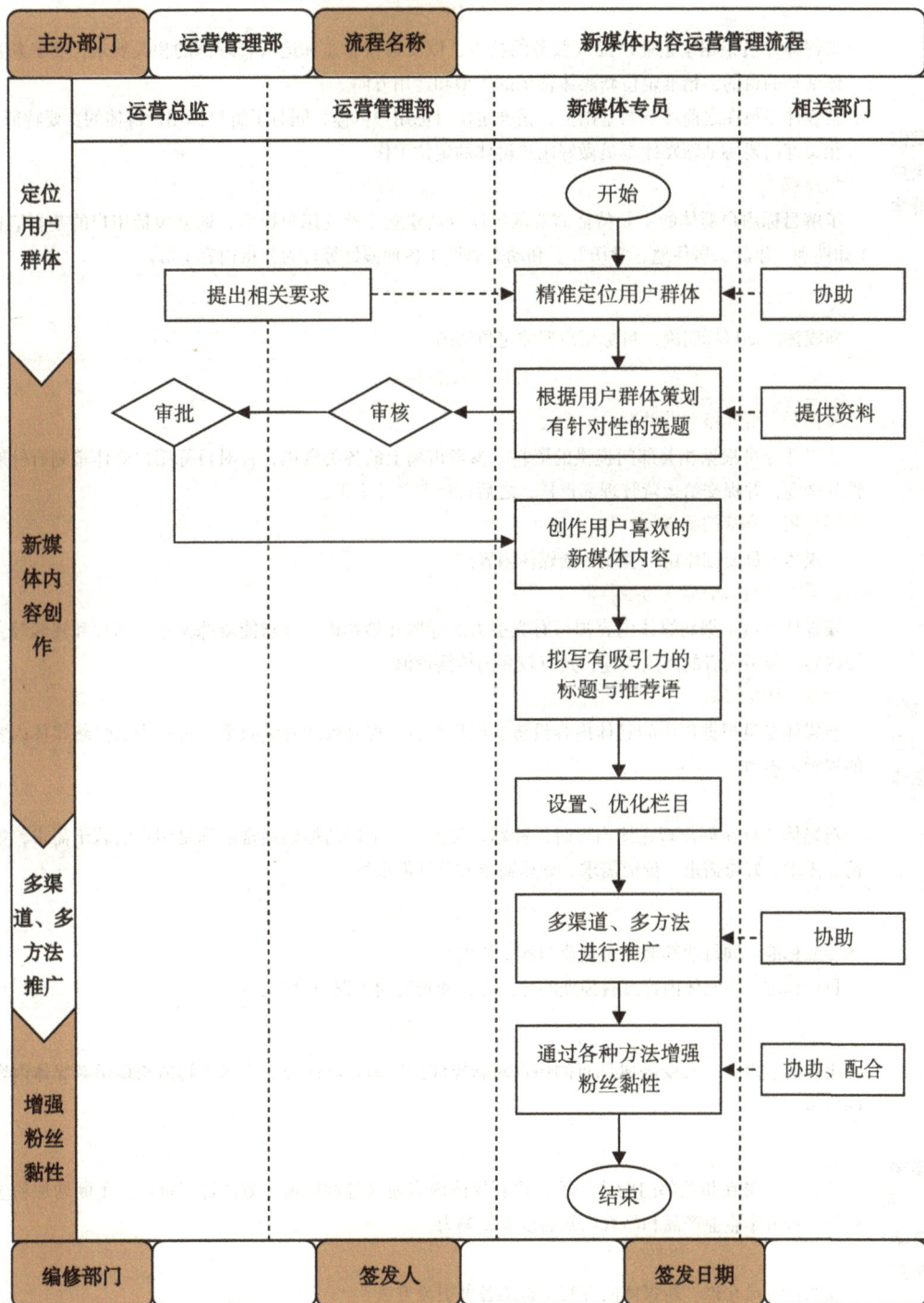

主办部门	运营管理部	流程名称	新媒体内容运营管理流程

	运营总监	运营管理部	新媒体专员	相关部门
定位用户群体			开始	
	提出相关要求		精准定位用户群体	协助
	审批 ← 审核 ←		根据用户群体策划有针对性的选题	提供资料
新媒体内容创作			创作用户喜欢的新媒体内容	
			拟写有吸引力的标题与推荐语	
			设置、优化栏目	
多渠道、多方法推广			多渠道、多方法进行推广	协助
			通过各种方法增强粉丝黏性	协助、配合
增强粉丝黏性			结束	

编修部门		签发人		签发日期	

第 14 章 | 新媒体运营管理

14.2.2 新媒体内容运营管理执行程序、工作标准、考核指标、执行规范

任务名称	执行程序、工作标准与考核指标
定位用户群体	**执行程序** ☆新媒体专员根据本企业产品或服务的特点，以及运营总监和运营管理部的相关要求，明确新媒体活动的目的，精准定位新媒体营销的类型和运用方向。 ☆新媒体专员在之前环节的基础上，精准定位目标用户群体，同时了解目标用户群体的主要特征。 ☆相关部门要协助新媒体专员做好用户群体的定位工作。 **工作重点** 了解目标用户群体的主要特征需要新媒体专员建立完整的用户模型，通常包括用户的基本信息（如性别、年龄、居住地、学历等）和动态属性（各种偏好等行为分析内容）等。 **工作标准** 新媒体活动目标明确，目标用户群体定位清晰。
新媒体内容创作	**执行程序** **1. 根据用户群体策划有针对性的选题** 新媒体专员根据相关部门提供的资料，参考市场上的各类资讯，针对目标用户群体策划有针对性的选题，并提交给运营管理部审核，之后报运营总监审批。 **2. 创作用户喜欢的新媒体内容** 新媒体专员要创作用户喜欢的新媒体内容。 **3. 拟写有吸引力的标题与推荐语** 新媒体专员根据新媒体内容拟写有吸引力的标题和推荐语，要求能凝练文章、图片和视频等主要内容，吸引读者的阅读兴趣，具有较高的传播价值。 **4. 设置、优化栏目** 新媒体专员根据创作的具体内容设置、优化栏目，提升版式视觉效果，进一步增强新媒体内容的视觉冲击力。 **工作重点** 新媒体专员在创作新媒体内容时，标题是关键，一个好的标题通常能满足用户的若干需求，如情感需求、好奇需求、价值需求、娱乐需求和关怀需求等。 **工作标准** ☆参照标准：同行业其他优秀企业的新媒体内容。 ☆目标标准：新媒体内容具有强烈的冲击力，能长时间占据用户的心智。 **考核指标** 用户满意度：以接受随机调查的用户对新媒体内容满意度评分的算术平均值来衡量新媒体内容的质量。
多渠道、多方法推广	**执行程序** 新媒体专员在相关部门的协助下，将新媒体内容通过各种渠道、方法进行推广，不断增加粉丝数量，提升本企业产品和品牌的知名度和影响力。 **工作重点** 新媒体专员在推广新媒体内容时要善用各种引流方法。

任务 名称	执行程序、工作标准与考核指标
多渠 道、多 方法 推广	**工作标准**
	通过推广新媒体内容，粉丝数量达到目标值。
增强 粉丝 黏性	**执行程序**
	新媒体专员通过开展各种活动、采用合适的方法来增强粉丝黏性。 **工作重点** 新媒体内容运营的目的是增强粉丝黏性。
	工作标准
	通过各种活动、方法增强粉丝黏性，实现新媒体营销目标。
执行规范	
"用户群体定位报告""新媒体内容创作细则"。	

14.3.1 新媒体活动运营管理流程设计

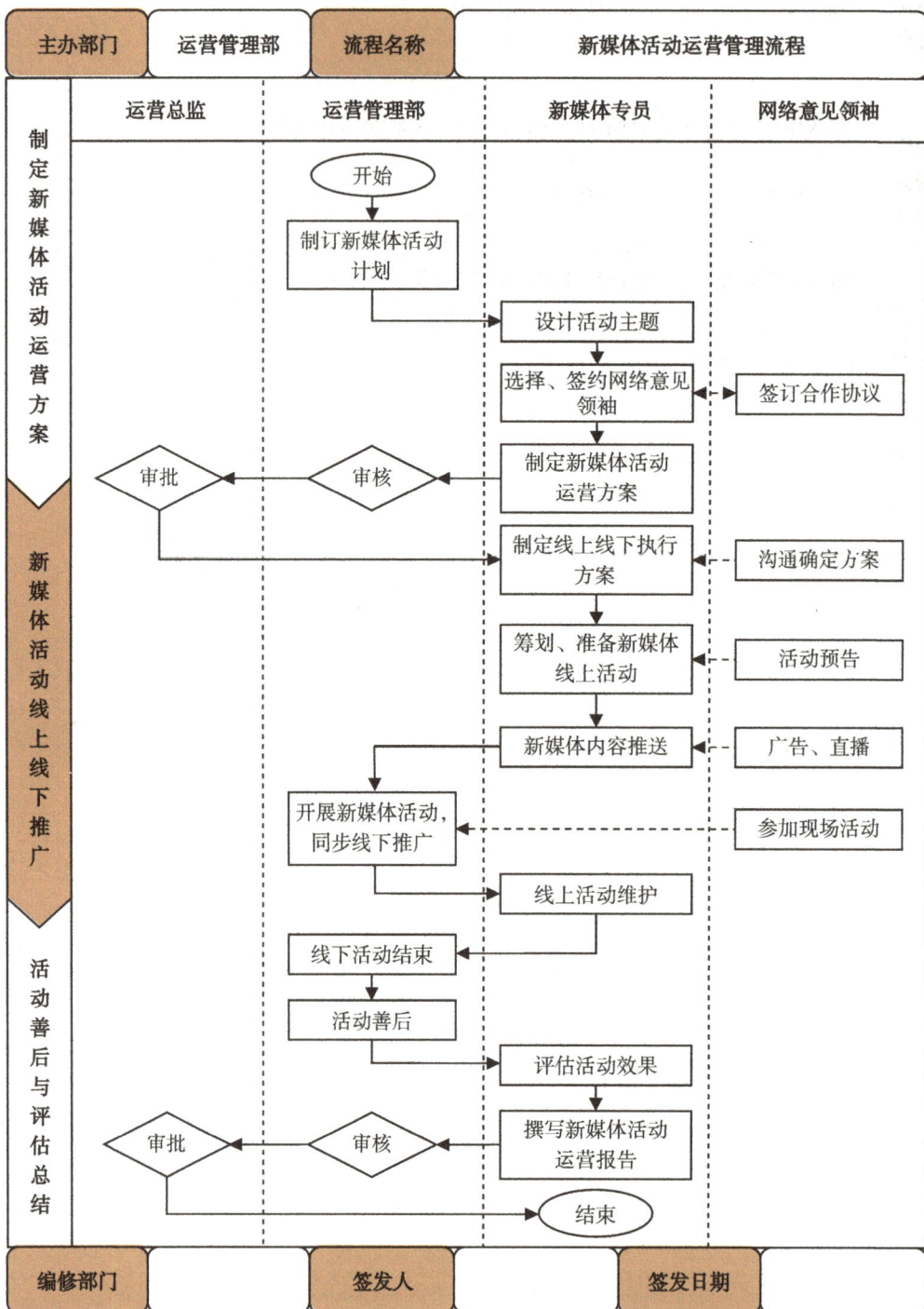

主办部门	运营管理部	流程名称	新媒体活动运营管理流程

	运营总监	运营管理部	新媒体专员	网络意见领袖

制定新媒体活动运营方案

开始

制订新媒体活动计划

设计活动主题

选择、签约网络意见领袖 ← 签订合作协议

审批 ← 审核 ← 制定新媒体活动运营方案

制定线上线下执行方案 ← 沟通确定方案

新媒体活动线上线下推广

筹划、准备新媒体线上活动 ← 活动预告

新媒体内容推送 ← 广告、直播

开展新媒体活动，同步线下推广 ← 参加现场活动

线上活动维护

线下活动结束

活动善后与评估总结

活动善后

评估活动效果

审批 ← 审核 ← 撰写新媒体活动运营报告

结束

编修部门		签发人		签发日期	

14.3.2　新媒体活动运营管理执行程序、工作标准、考核指标、执行规范

任务名称	执行程序、工作标准与考核指标
制定新媒体活动运营方案	**执行程序** **1.设计活动主题** ☆运营管理部根据本企业的营销策略与年度营销计划，制订新媒体活动计划。 ☆新媒体专员按照新媒体活动计划，设计新媒体活动主题。 **2.选择、签约网络意见领袖** 　新媒体专员在主流新媒体平台上筛选符合本企业要求和标准的网络意见领袖，双方经过谈判协商达成一致意见后，签约网络意见领袖作为活动嘉宾，负责企业新媒体活动宣传推广工作。 **3.制定新媒体活动运营方案** 　新媒体专员根据新媒体活动主题制定新媒体活动运营方案，并提交给运营管理部审核，之后报运营总监审批。 **工作重点** 　新媒体专员在筛选网络意见领袖时应严格按照相关要求和标准执行，确保签约嘉宾没有潜在损害企业形象的因素。 **工作标准** 新媒体活动运营方案内容包括新媒体活动主题、具体事项、节点流程和关键要素等。 **考核指标** 新媒体活动运营方案应一次性审批通过。
新媒体活动线上线下推广	**执行程序** **1.制定线上线下执行方案** ☆新媒体活动运营方案审批通过后，新媒体专员根据运营总监的审批意见确定正式的活动运营方案，进一步制定新媒体活动的线上线下执行方案。 ☆新媒体专员与网络意见领袖沟通、讨论线上线下执行方案的合作细节，确定网络意见领袖在各新媒体平台上的工作内容。 **2.筹划、准备新媒体线上活动** ☆新媒体专员创作与活动主题对应的宣传营销内容，检查各新媒体平台账号的运作情况。 ☆签约的各大新媒体平台网络意见领袖在自身影响范围内进行活动预告，吸引粉丝、消费者的持续跟踪与关注。 **3.新媒体内容推送** ☆新媒体专员将活动宣传文案等内容上传到各个新媒体平台。 ☆网络意见领袖根据线上线下执行方案的日程安排，参加广告、直播等活动。 **4.开展新媒体活动，同步线下推广** ☆运营管理部按照线上线下执行方案开展同步线下推广活动，控制活动进程，维护现场秩序。 ☆网络意见领袖根据线上线下执行方案的要求参加现场活动，与粉丝、消费者进行互动。 **5.线上活动维护** 　各新媒体平台按计划开展线上活动，新媒体专员按执行方案维护活动热度。

任务名称	执行程序、工作标准与考核指标
新媒体活动线上线下推广	**工作重点** ☆线下执行方案部分应准确把握线下活动进程、节点。 ☆运营管理部应安排专人严格按照要求检查、验收线下活动的准备工作，确保活动如期、正常开展。 ☆线下活动必须与新媒体线上活动同步且主题内容一致。
	工作标准
	线下推广活动准备工作必须包括所有活动细节。
活动善后与评估总结	**执行程序**
	1.线下活动结束 　线下推广活动结束后，运营管理部组织人员散场，维护现场安全和秩序。 2.活动善后 　运营管理部组织人员清理现场，按要求归还场地，清点相关物品，保护企业资产。 3.撰写新媒体活动运营报告 ☆新媒体专员统计新媒体线上活动和线下同步活动期间的销售数据及新增消费者数量，评估新媒体活动效果。 ☆新媒体专员根据新媒体活动效果的评估情况撰写新媒体活动运营报告，并提交给运营管理部审核，之后报运营总监审批。 **工作重点** 　运营管理部必须维护好散场秩序，避免发生安全事故。
	工作标准
	☆质量标准：新媒体同步线下活动进程安全有序，活动善后处理妥当。 ☆时间标准：新媒体专员应在＿＿＿个工作日内完成新媒体活动运营报告的撰写工作。
	执行规范
	"新媒体活动计划""新媒体活动运营方案""线上线下执行方案""新媒体活动运营报告"。

14.4 新媒体数据分析管理流程设计与工作执行

14.4.1 新媒体数据分析管理流程设计

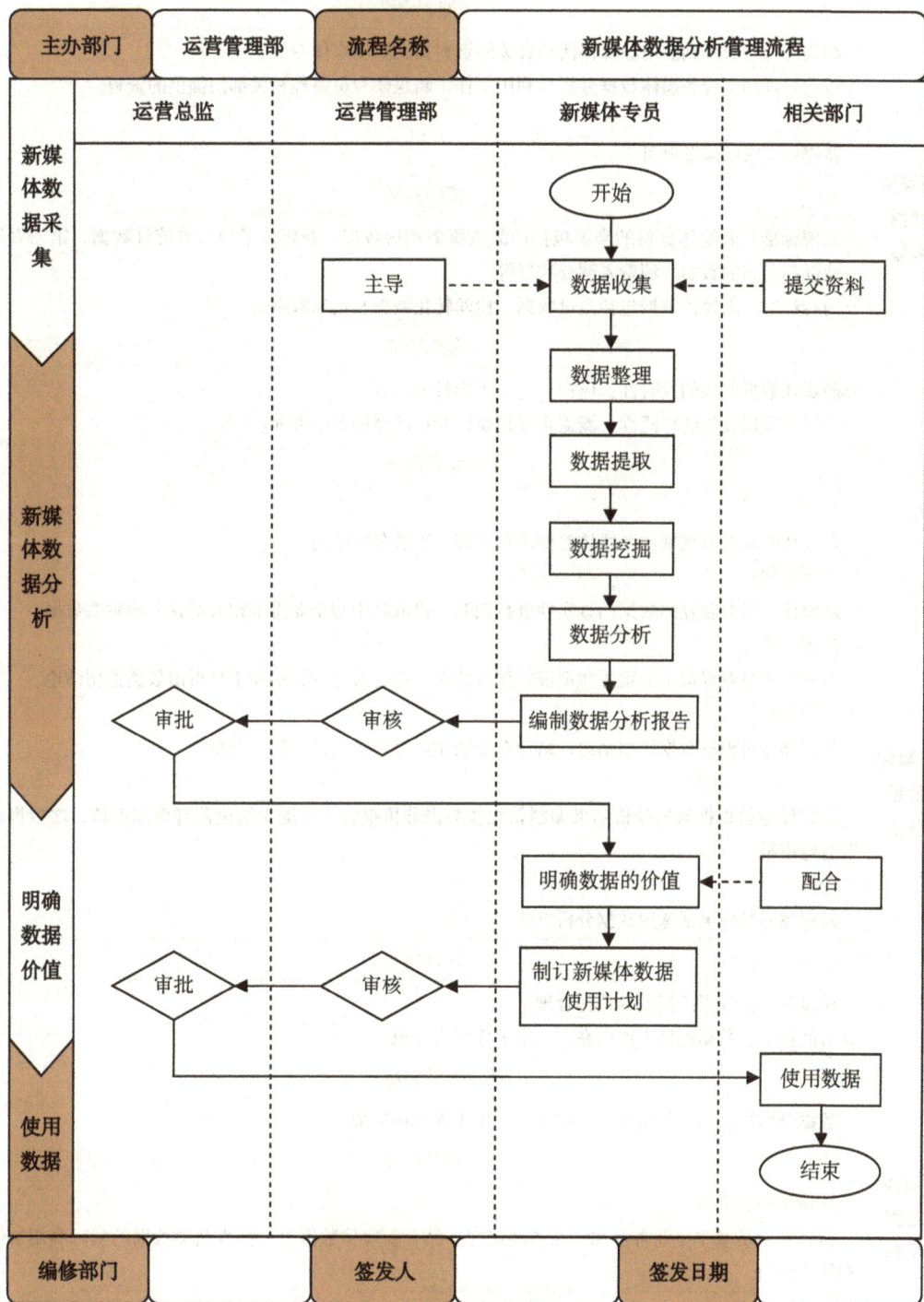

主办部门	运营管理部	流程名称	新媒体数据分析管理流程

	运营总监	运营管理部	新媒体专员	相关部门

新媒体数据采集

```
                              ┌────────┐
                              │  开始  │
                              └────┬───┘
                                   │
        ┌──────┐            ┌────────────┐          ┌──────────┐
        │ 主导 │----------→ │  数据收集  │←-------- │ 提交资料 │
        └──────┘            └──────┬─────┘          └──────────┘
                                   │
                            ┌────────────┐
                            │  数据整理  │
                            └──────┬─────┘
                                   │
                            ┌────────────┐
                            │  数据提取  │
                            └──────┬─────┘
```

新媒体数据分析

```
                            ┌────────────┐
                            │  数据挖掘  │
                            └──────┬─────┘
                                   │
                            ┌────────────┐
                            │  数据分析  │
                            └──────┬─────┘
                                   │
      ◇审批◇  ←  ◇审核◇  ←  ┌────────────────┐
                            │ 编制数据分析报告 │
                            └────────────────┘
```

明确数据价值

```
                          ┌────────────────┐      ┌──────┐
                          │ 明确数据的价值 │←---- │ 配合 │
                          └────────┬───────┘      └──────┘
                                   │
      ◇审批◇  ←  ◇审核◇  ←  ┌────────────────┐
                            │ 制订新媒体数据 │
                            │    使用计划    │
                            └────────────────┘
```

使用数据

```
                                              ┌──────────┐
                                              │ 使用数据 │
                                              └────┬─────┘
                                                   │
                                              ┌────────┐
                                              │  结束  │
                                              └────────┘
```

编修部门		签发人		签发日期	

/ 233 /

14.4.2　新媒体数据分析管理执行程序、工作标准、考核指标、执行规范

任务名称	执行程序、工作标准与考核指标
新媒体数据采集	**执行程序** ☆相关部门将收集到的与新媒体活动有关的资料提交给新媒体专员。 ☆运营管理部主导新媒体数据分析与利用工作，新媒体专员整理相关部门提供的资料。 **工作重点** 新媒体资料的来源要可靠。 **工作标准** ☆来源标准：新媒体资料的来源包括产品或服务销售数据、新媒体平台官方统计数据、第三方权威部门公布的数据、消费者调查数据等。 ☆内容标准：新媒体数据包括流量数据、粉丝转化数据和粉丝数据等。 **考核指标** ☆新媒体数据收集的及时性：应在____个工作日内完成。 ☆新媒体数据收集的广泛性：涵盖企业新媒体营销活动的各个方面。
新媒体数据分析	**执行程序** 1.数据整理 　新媒体专员对收集到的新媒体数据进行整理，以备分析使用。 2.数据提取 　新媒体专员对新媒体数据的真实性进行判断，提取其中与企业需求相关的各方面重要数据。 3.数据挖掘 　新媒体专员对提取出的重要数据进行深入挖掘，通过合适的算法和工具得出数据挖掘结论。 4.数据分析 　新媒体专员根据数据挖掘结论，结合企业的生产经营活动进行数据分析。 5.编制数据分析报告 　新媒体专员根据数据分析结果编制新媒体数据分析报告，并提交给运营管理部审核，之后报运营总监审批。 **工作重点** 　新媒体专员应灵活选用数据分析方法。 **工作标准** ☆质量标准：数据挖掘工具选择合理。 ☆时间标准：数据挖掘工作应在____个工作日内完成。 **考核指标** 数据分析报告编制的及时性：应在____个工作日内完成。
明确数据价值	**执行程序** 1.明确数据的价值 　新媒体专员基于企业自身和产品市场情况，结合新媒体数据分析报告明确数据的实际利用价值和使用价值。

任务 名称	执行程序、工作标准与考核指标
明确 数据 价值	**2.制订新媒体数据使用计划** 新媒体专员应制订新媒体数据使用计划，并提交给运营管理部审核，之后报运营总监审批。 **工作重点** 新媒体数据计划要切实可行。
	<div align="center">**工作标准**</div>
	新媒体数据使用计划要规定何时、何地、何种情况下，什么人可以使用该项数据，并对数据使用过程做出具体规范。
使用 数据	<div align="center">**执行程序**</div>
	新媒体数据使用计划审批通过后，相关部门根据计划的要求使用数据。 **工作重点** 相关部门在使用新媒体数据时应及时记录对数据的使用意见和建议。
	<div align="center">**工作标准**</div>
	相关部门要严格按照新媒体数据使用计划使用数据。
	<div align="center">**考核指标**</div>
	意见和建议的质量：具备实际意义和启发作用的意见和建议有____条。
<div align="center">**执行规范**</div>	
"新媒体数据管理制度""新媒体数据分析报告""新媒体数据使用计划"。	

第 14 章｜新媒体运营管理

14.5　新媒体粉丝管理流程设计与工作执行

14.5.1　新媒体粉丝管理流程设计

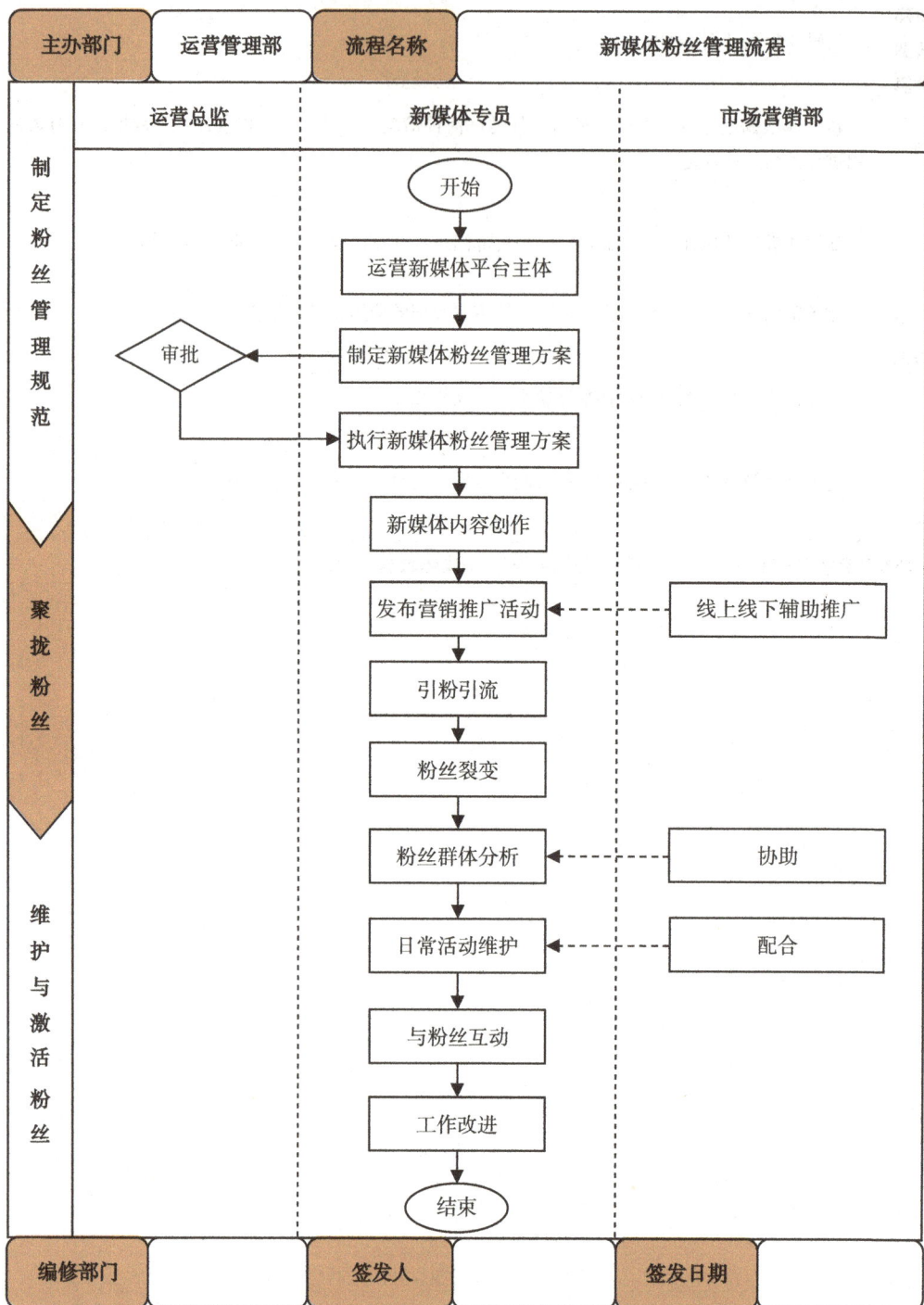

主办部门	运营管理部	流程名称	新媒体粉丝管理流程

	运营总监	新媒体专员	市场营销部

制定粉丝管理规范 / 聚拢粉丝 / 维护与激活粉丝

- 开始
- 运营新媒体平台主体
- 制定新媒体粉丝管理方案 → 审批
- 执行新媒体粉丝管理方案
- 新媒体内容创作
- 发布营销推广活动 ← 线上线下辅助推广
- 引粉引流
- 粉丝裂变
- 粉丝群体分析 ← 协助
- 日常活动维护 ← 配合
- 与粉丝互动
- 工作改进
- 结束

编修部门		签发人		签发日期	

/236/

14.5.2　新媒体粉丝管理执行程序、工作标准、考核指标、执行规范

任务名称	执行程序、工作标准与考核指标
制定粉丝管理规范	**执行程序** **1.运营新媒体平台主体** 　新媒体专员要运营好企业的新媒体平台。 **2.制定新媒体粉丝管理方案** 　新媒体专员根据本企业的新媒体营销战略，结合新媒体平台发布的管理制度制定新媒体粉丝管理方案，并提交给运营总监审批。 **3.执行新媒体粉丝管理方案** 　新媒体粉丝管理方案审批通过后，新媒体专员具体执行方案。 **工作重点** 　市场营销部应在吸引粉丝和增强粉丝活跃度上多加思考。 **工作标准** 新媒体粉丝管理方案内容包括粉丝获取、粉丝互动、粉丝维护、粉丝调动和粉丝变现等。
聚拢粉丝	**执行程序** **1.新媒体内容创作** 　新媒体专员有计划地围绕某一类或几类主题创作新媒体内容。 **2.发布营销推广活动** ☆新媒体专员按照本企业营销计划的进程，在新媒体平台上发布企业活动，以实现本企业的营销推广目标。 ☆市场营销部根据本企业营销计划的安排，对新媒体平台上的活动予以支持，协调线上线下相关部门做好营销推广活动。 **3.粉丝裂变** 　新媒体专员要设计一些分享、推送活动，以达到引粉引流、促进粉丝的口碑传播和裂变的目的。 **工作重点** 　市场营销部要确保在各个新媒体平台上活动的一致性。 **工作标准** ☆依据标准：新媒体营销活动符合本企业营销计划的要求。 ☆审核标准：新媒体营销活动要满足鲜明的活动主题、积极正向的整体价值导向、富有调动性的活动渲染气氛等重要条件。
维护与激活粉丝	**执行程序** **1.粉丝群体分析** 　新媒体专员在市场营销部的协助下，根据粉丝在新媒体平台上的日常行为和活跃情况，对粉丝进行行为分析，对粉丝群体做群体画像。 **2.日常活动维护** 　新媒体专员根据对粉丝的分析情况，设计有针对性的活动主题，定期与不定期地举行各种活动，保持粉丝活跃度。

（续）

任务 名称	执行程序、工作标准与考核指标
维护 与 激活 粉丝	**3. 与粉丝互动** 　　新媒体专员在日常的维护活动中应与粉丝充分互动，提高粉丝的忠诚度，进一步了解粉丝对企业产品或服务的意见和建议。 **4. 工作改进** 　　新媒体专员根据粉丝的意见和建议，不断改进自身工作。 **工作重点** 　　新媒体专员在与粉丝互动的过程中言行举止应得体。
	<div align="center">**工作标准**</div>
	☆依据标准：根据新媒体粉丝的关注时间、兴趣爱好、活跃程度、购买力等对粉丝进行画像分析。 ☆内容标准：日常活动互动包括内容分享、签到打卡、征集有奖和红包接龙等。
	<div align="center">**执行规范**</div>
	"新媒体粉丝管理方案"。

14.6.1 微信运营管理流程设计

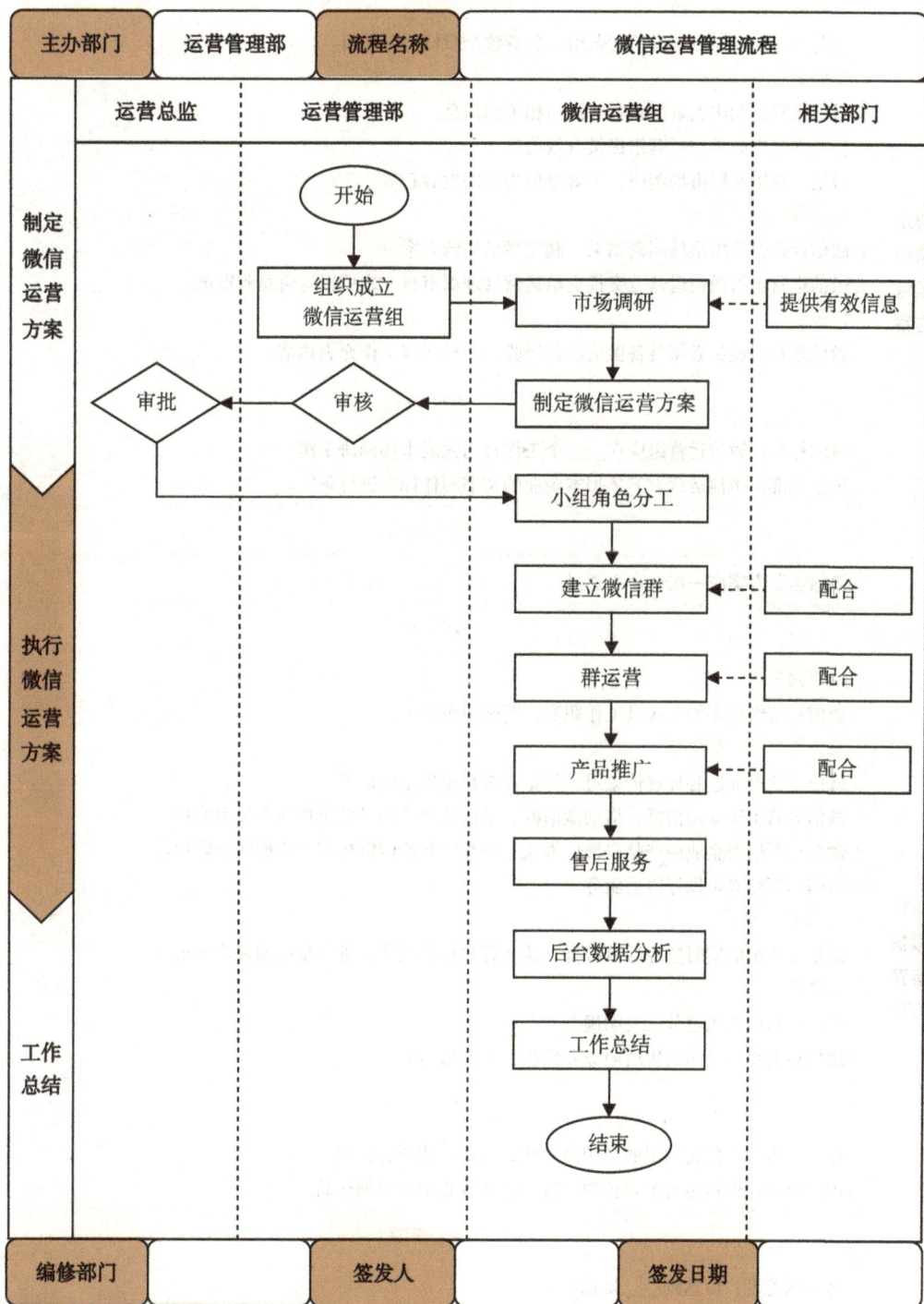

主办部门	运营管理部	流程名称	微信运营管理流程

	运营总监	运营管理部	微信运营组	相关部门
制定微信运营方案		开始		
		组织成立微信运营组	市场调研	提供有效信息
	审批	审核	制定微信运营方案	
			小组角色分工	
执行微信运营方案			建立微信群	配合
			群运营	配合
			产品推广	配合
			售后服务	
			后台数据分析	
工作总结			工作总结	
			结束	

编修部门		签发人		签发日期	

第14章 新媒体运营管理

14.6.2　微信运营管理执行程序、工作标准、考核指标、执行规范

任务名称	执行程序、工作标准与考核指标
制定微信运营方案	**执行程序** **1. 组织成立微信运营组** 　运营管理部组织成立微信运营组，负责整个微信运营项目。 **2. 市场调研** ☆微信运营组利用大数据收集与微信相关的信息。 ☆相关部门应向微信运营组提供有效信息。 ☆微信运营组开展市场调研，了解微信当下的发展趋势。 **3. 制定微信运营方案** ☆微信运营组根据市场调研结果，制定微信运营方案。 ☆微信运营组将微信运营方案提交给运营管理部审核，之后报运营总监审批。 **工作重点** 　微信运营组成员必须具备微信运营经验，并对运营工作充满热情。
	工作标准
	☆时间标准：微信运营组应在____个工作日内完成市场调研工作。 ☆依据标准：微信运营方案依据本企业的文书写作标准进行制定。
	考核指标
	微信运营方案应一次性审批通过。
执行微信运营方案	**执行程序** **1. 小组角色分工** 　微信运营组应先划分成员工作职责，明确角色分工。 **2. 建立微信群，群运营** ☆微信运营组通过各种宣传渠道，将企业客户聚集至微信平台。 ☆微信运营组建立微信群，借助微信群、微信公众号和微信小程序来吸引客户。 ☆微信运营组将企业的产品以微信推文、小程序和群内链接等方式推送给客户。 ☆微信运营组必须做好售后服务。 **3. 后台数据分析** 　微信运营组应实时监控后台数据，统计客户行为数据，进一步挖掘客户需求。 **工作重点** ☆微信运营组的角色分工要明确。 ☆微信运营组对产品的售后服务要到位，不能敷衍客户。
	工作标准
	☆服务标准：微信运营组成员用语文明，礼貌对待所有客户。 ☆内容标准：微信运营组宣传的广告、图文等必须为原创作品。
	考核指标
	客户满意度：应达到____%以上。

任务 名称	执行程序、工作标准与考核指标
工作 总结	**执行程序**
	微信运营组应对微信运营的整个过程进行工作总结。
	工作重点
	微信运营组要重视工作总结。
	工作标准
	微信运营组应在____个工作日内完成工作总结。
执行规范	
"微信运营方案"。	

第 14 章 新媒体运营管理

14.7.1 直播运营管理流程设计

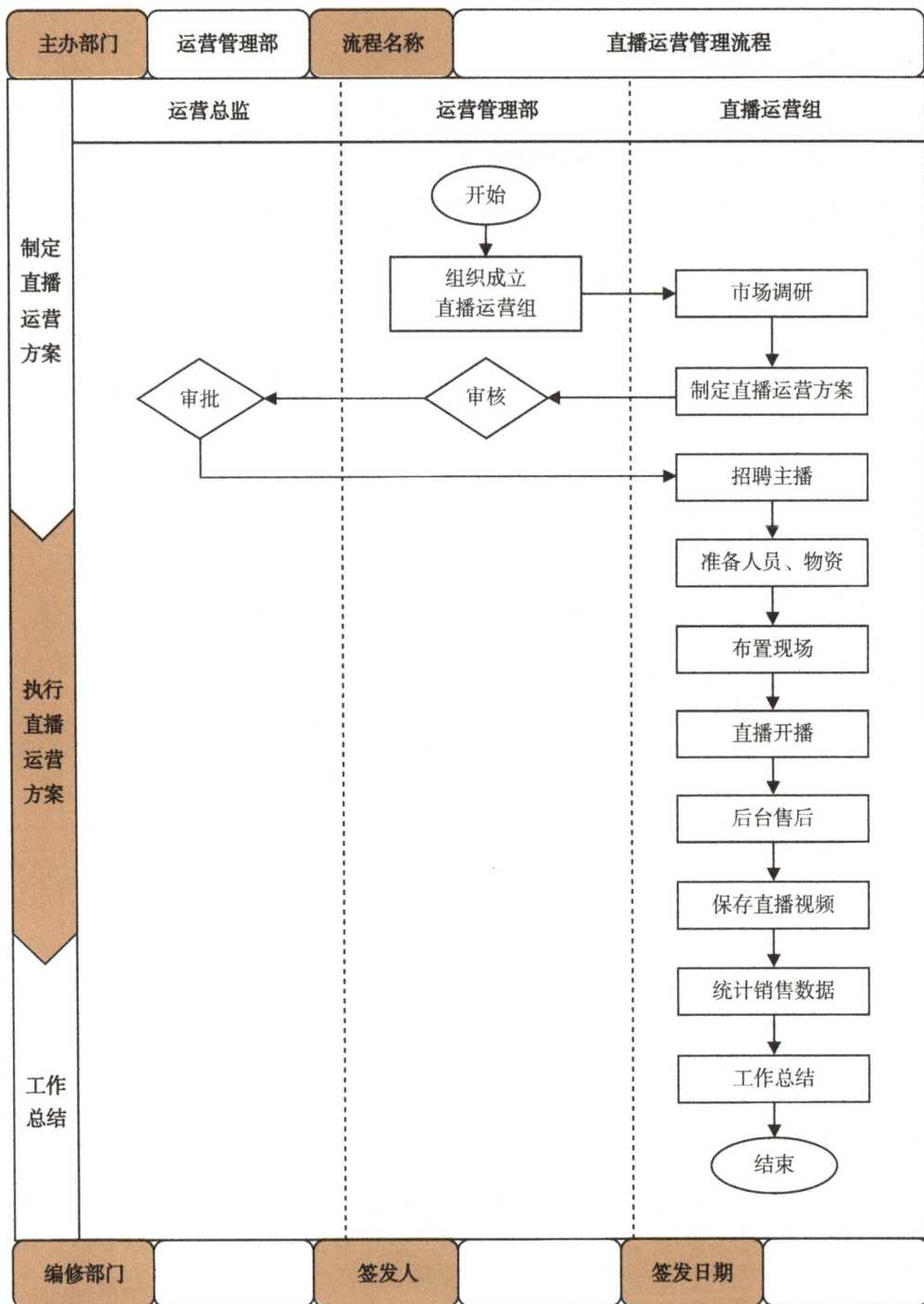

主办部门	运营管理部	流程名称	直播运营管理流程

	运营总监	运营管理部	直播运营组
制定直播运营方案		开始 → 组织成立直播运营组	市场调研
	审批 ←	← 审核 ←	制定直播运营方案
执行直播运营方案			招聘主播
			准备人员、物资
			布置现场
			直播开播
			后台售后
			保存直播视频
			统计销售数据
工作总结			工作总结
			结束

编修部门		签发人		签发日期	

14.7.2 直播运营管理执行程序、工作标准、考核指标、执行规范

任务名称	执行程序、工作标准与考核指标
	执行程序
制定直播运营方案	**1. 组织成立直播运营组** 　运营管理部组织成立直播运营组，负责直播、策划和运营整个过程。 **2. 市场调研** 　直播运营组进行市场调研，了解当下的直播发展趋势。 **3. 制定直播运营方案** 　直播运营组根据市场调研结果制定直播运营方案，并提交给运营管理部审核，之后报运营总监审批。 **4. 招聘主播** 　人力资源部根据招聘需求，招聘合适的主播。 **工作重点** ☆直播运营组成员须对直播行业有独到的见解，而且具备丰富的新媒体运营经验。 ☆直播平台的选择须在企业预算范围内。 ☆直播运营方案的制定符合规范。
	工作标准
	直播运营组应在____个工作日内完成直播运营方案的制定工作。
执行直播运营方案	**执行程序** **1. 准备人员、物资** ☆直播运营组对主播进行系统培训，降低失误概率。 ☆直播运营组需要提前进行直播预告。 ☆直播运营组要提前测试直播现场的网络、设备，确保其状态良好。 ☆直播运营组要明确小组成员的工作职责。 **2. 布置现场** ☆直播运营组准备并检查拍摄道具，如三脚架、产品标签等。 ☆直播运营组通知主播提前到场，整理服装，理清思路。 **3. 直播现场** ☆直播运营组在直播现场进行监督、管控，主播按照预演等流程进行产品推广。 ☆直播运营组须监控后台的销售情况，及时处理客户问题。 ☆直播运营组同时需要保存直播视频，以便后期复盘分析。 **工作重点** ☆直播运营组在直播前要布置好直播现场。 ☆直播运营组应制定突发事件处理方案。
	工作标准
	直播现场的环境要遵循 5S 管理原则。
	考核指标
	直播销售额：应不低于____元。

任务 名称	执行程序、工作标准与考核指标
工作 总结	**执行程序**
	直播运营组应对直播运营的整个过程进行总结。 **工作重点** 　直播运营组要重视工作总结。
	工作标准
	直播运营组应在＿＿＿个工作日内完成工作总结。
	执行规范
"突发事件处理方案""直播运营方案"。	

14.8.1 短视频运营管理流程设计

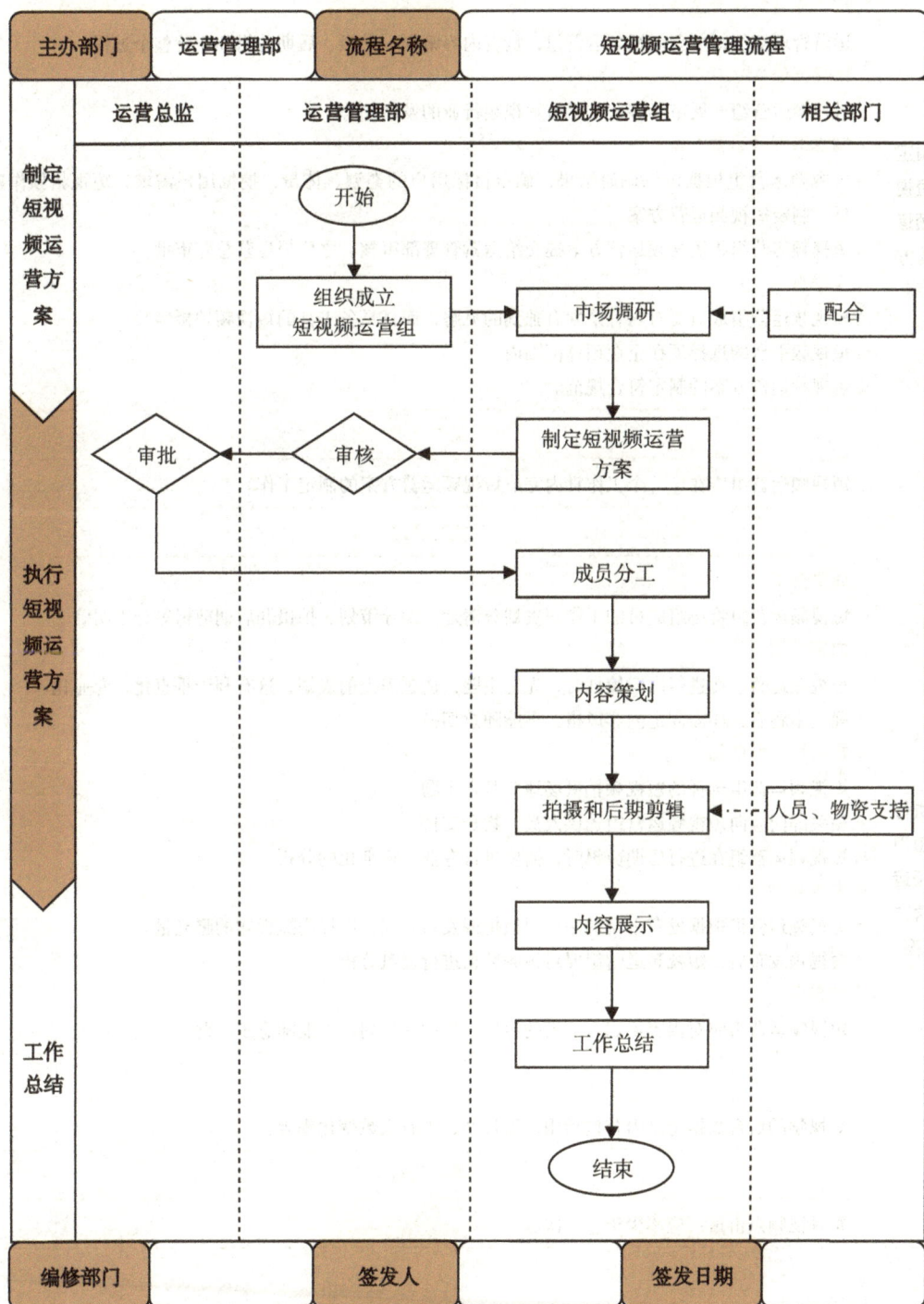

主办部门	运营管理部	流程名称	短视频运营管理流程

	运营总监	运营管理部	短视频运营组	相关部门

制定短视频运营方案

执行短视频运营方案

工作总结

开始

组织成立短视频运营组 → 市场调研 ← 配合

审批 ← 审核 ← 制定短视频运营方案

成员分工

内容策划

拍摄和后期剪辑 ← 人员、物资支持

内容展示

工作总结

结束

编修部门		签发人		签发日期	

14.8.2 短视频运营管理执行程序、工作标准、考核指标、执行规范

任务名称	执行程序、工作标准与考核指标
制定短视频运营方案	**执行程序** **1. 组织成立短视频运营组** 　运营管理部组织成立短视频运营组，负责内容策划、拍摄、后期剪辑和运营整个过程。 **2. 市场调研** 　短视频运营组开展市场调研，了解短视频行业的发展趋势。 **3. 制定短视频运营方案** ☆短视频运营组根据市场调研结果，确定目标用户的类型、体量，挖掘用户需求、短视频创作素材，制定短视频运营方案。 ☆短视频运营组将短视频运营方案提交给运营管理部审核，之后报运营总监审批。 **工作重点** ☆短视频运营组成员要对内容策划有独到的见解，而且具备丰富的短视频拍摄经验。 ☆短视频平台的选择须在企业预算范围内。 ☆短视频运营方案的制定符合规范。 **工作标准** 　短视频运营组应在＿＿＿个工作日内完成短视频运营方案的制定工作。
执行短视频运营方案	**执行程序** **1. 成员分工** 　短视频运营组将小组成员的工作职责划分清楚，编导策划、拍摄和后期剪辑等分工明确。 **2. 内容策划** ☆短视频运营组在进行内容策划时，先定主题，选题需提前规划，这有利于垂直化、专业化。 ☆确定主题后，还需固定内容风格，不能随意切换。 **3. 拍摄和后期剪辑** ☆短视频运营组选择的短视频拍摄场地要契合主题。 ☆相关部门应向短视频运营组提供人员、物资支持。 ☆短视频运营组在进行后期剪辑时，需要进行专业、精细化的分析。 **4. 内容展示** ☆短视频运营组根据发布平台的用户习惯把握发布时间，以提高短视频的曝光量。 ☆短视频发布后，短视频运营组要对视频数据进行复盘分析。 **工作重点** 　短视频运营组应对内容策划有清晰的定位、长期的规划，不能随意定主题。 **工作标准** 　短视频的后台数据记录内容包括用户增长率、观看人数变化率等。 **考核指标** 　每月视频点击量：应不少于＿＿＿次。

任务 名称	执行程序、工作标准与考核指标
工作 总结	**执行程序** 　　短视频运营组应对短视频运营的整个过程进行总结。 **工作重点** 　　短视频运营组要重视工作总结。
	工作标准 　　短视频运营组应在＿＿个工作日内完成工作总结。
	执行规范
	"短视频运营方案"。

14.9 社群运营管理流程设计与工作执行

14.9.1 社群运营管理流程设计

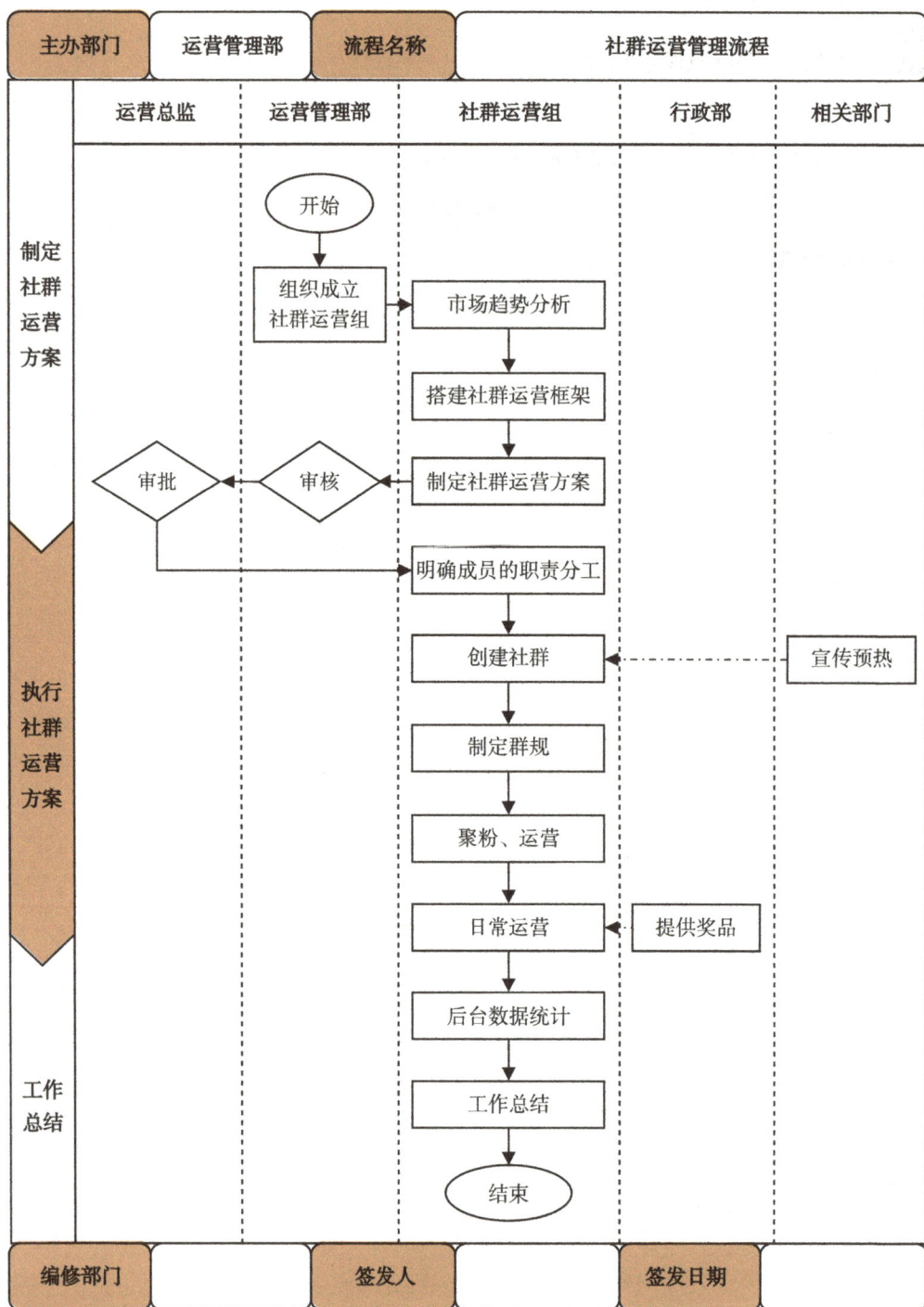

主办部门	运营管理部	流程名称	社群运营管理流程

	运营总监	运营管理部	社群运营组	行政部	相关部门

制定社群运营方案

开始

组织成立社群运营组 → 市场趋势分析

搭建社群运营框架

审批 ← 审核 ← 制定社群运营方案

明确成员的职责分工

执行社群运营方案

创建社群 ←┄┄ 宣传预热

制定群规

聚粉、运营

日常运营 ←┄ 提供奖品

后台数据统计

工作总结

工作总结

结束

编修部门		签发人		签发日期	

企业运营管理 流程设计与工作标准

14.9.2　社群运营管理执行程序、工作标准、考核指标、执行规范

任务 名称	执行程序、工作标准与考核指标
制定 社群 运营 方案	**执行程序** **1. 组织成立社群运营组** 　运营管理部组织成立社群运营组，负责社群载体选择、内容推广和运营整个过程。 **2. 市场趋势分析** 　社群运营组通过对本企业产品的定位分析，对产品的用户群体进行数据分析，并分析社群当下的发展趋势。 **3. 制定社群运营方案** ☆社群运营组根据市场趋势分析结果，搭建整个社群运营框架，制定社群运营方案。 ☆社群运营组将社群运营方案提交给运营管理部审核，之后报运营总监审批。 **工作重点** 　市场趋势分析需要结合当下实事热点和国家最新的相关政策进行。 **工作标准** ☆时间标准：社群运营组应在____个工作日内完成社群运营方案的制定工作。 ☆设立标准：社群运营组成员有明确的选择标准，组内角色定位清晰。
执行 社群 运营 方案	**执行程序** **1. 明确成员的职责分工** 　社群运营组应明确成员的职责分工。 **2. 创建社群** ☆社群运营组选择社群载体，如微信群、QQ 群和论坛等。 ☆确定社群载体后，社群运营组创建社群。 ☆相关部门可提前为社群宣传预热。 **3. 制定群规** 　社群运营组应针对社群制定群规。 **4. 聚粉、运营** ☆社群运营组可通过企业官网、微博、线下活动等渠道聚集社群成员。 ☆社群运营组按照社群运营方案对社群进行日常运营。 ☆社群运营组在对成员进行奖励时，奖品可由行政部提供。 **工作重点** ☆社群运营组在选择社群载体时，应结合本企业的实际情况，不能完全跟随主流。 ☆社群运营组建立的群规内容主要包括三点：鼓励行为、违规行为和违规处理方案。 ☆社群运营组对社群的日常运营是一项长期、持久的活动，必须每日进行。 **工作标准** 　社群运营组成员在社群运营期间必须使用文明用语。 **考核指标** 　社群成员活跃度：应达到____% 以上。

任务名称	执行程序、工作标准与考核指标
工作总结	**执行程序** 社群运营组应对社群运营的整个过程进行总结。 **工作重点** 社群运营组要重视工作总结。 **工作标准** 社群运营组应在＿＿＿个工作日内完成工作总结。
执行规范	
"社群运营方案"。	